史学史管見

明清史論集 4

岸本美緒著

研文出版

史学史管見——明清史論集4／目　次

史学史管見
——明清史論集 4

はしがき

本書で第四集となる「明清史論集」シリーズはいずれも、この二〇数年来、各方面からのご依頼をいただいて執筆してきた文章をテーマ別にまとめたもので、若干の例外はあるものの、専門家以外の方々にも気軽に読んでいただける「肩の凝らない」論集であることを意図している。本集では、「史学史管見」と題して、戦前以来の、或いは現代の歴史研究の方法に関わる文章をまとめてみた。その実、「時代区分論」など史学方法論に関わる文章で他の集に収録されているものもあり、シリーズ全体として必ずしも厳密に系統立てて構成されているわけではないことを、私の計画性の欠如による不備として、まず読者の皆様にお詫びしておきたい。

「史学史」といっても、私の場合は、史学史の専門家でないこともあり、歴史学の方法的な流れを広く見渡してその動向を大局的に描いてゆくという作業は、能力の及ばないところである。「管見」という語の意味については、国語辞典によって様々な説明があると仄聞するが、本書についていえば、文字通り「管中より物を窺う如く、見識の狭小なる」（『六部成語』吏部）ことを言うのであり、かつ、謙譲の語ではなく実態を指すものである。ただ、私の場合、「管」のイメージは、単に「狭小」であるというよりは、狭いながらもそれを通じて豊饒な鉱脈の存在を感じ取ることができるチャネルでもある。そこには「管」を通じて著者たちから私に働きかけてくれる一種の気の流れとでもいうべきものがあるように感じられる。そのような刺激に励まされながら私は、数十年間、細々ながらも勉強を続けてこられたのだと思う。

本書の第Ⅰ部は、戦前から戦後初期の中国史研究に関わる比較的長文の動向論文を二篇収録している。第Ⅱ部は、中国史研究の範囲を超えて様々なシンポジウムや雑誌の特集にお誘いいただいた際の文章をまとめたものである。そして第Ⅲ部は、今まで執筆させていただいた書評のうち、やや長めのものを選んで載せた。これらの文章のなかには、知識や読解力の不足による不適切な見解や、配慮に欠けた勇み足の評言も多々あったと思う。それにもかかわらず、対話の機会を提供してくださった著者、編集者、オーガナイザーの皆様の度量の広さに心から謝意を表したい。

研文出版の山本實氏には、「明清史論集」の第一集の企画から本集に至るまで、長年にわたり暖かく細やかなご配慮をいただきましたことを、厚く御礼申し上げます。

なお、本書所収の文章は、原載時から三〇年近くを経ているものもあり、その間に出版された関連文献は数多い。本書では、それらを補充・注記することはしていないが、特に論旨に関連するものについては、「＊」記号を付して補足を行った。

I　中国社会論の系譜

伝統中国の経済秩序をどのようにモデル化するか
――村松祐次の中国経済論を中心に――

はじめに

二〇世紀日本における経済史研究を巨視的に振り返ってみるならば、西洋史及び日本史の研究が学界を主導してきたこと、またそこで意識的・無意識的に用いられる理論が欧米発の理念的モデルに支えられていたことは、おそらく否定できないであろう。アジア関係の経済史研究も中国経済史を中心として相当の蓄積を持っているが、特に前近代に関していえば、それはいわば「事実」の領域に止まっており、理論モデルに言及されるにしても、西洋モデルの部分的なあてはめ、ないし「西洋モデルは当てはまらない」式のネガティブな言及に止まる状況が長く続いてきた。しかし、経済史研究というものが、人類の経済活動（この「経済」という語自体も問題であるが(1)）の理解を目指すものである以上、世界の人口の大きな部分を占めてきたアジア諸地域における経済のあり方について、比較史的考察に役立つようなポジティブなモデルを作ってゆくことは、少なからぬ経済史研究者にとって、魅力的な試みと感じられるであろう。

むろん、従来そのような試みがなかったわけではない。そうした方向をめざし日本のアジア経済史研究にも大きな影響を与えた研究潮流として、一九七〇年代から日本の学界で注目を集めるようになった経済人類学を挙げることができる。ただ経済人類学が中国経済史研究に与えた影響は、必ずしも単純ではない。たとえばポランニー（K. Polanyi）の『大転換』（*The Great Transformation*, 原著一九四四年）が日本語に翻訳された一九七〇年代半ばにおける日本の明清経済史研究の状況を考えてみると、封建制論が主流の地位を占めて既に数十年たっており、「一九世紀の大転換以前においては、経済システムは社会システムのなかに埋め込まれていた」といったポランニーの主張は、ある意味で当然のことと受け取られたともいえよう。日本の明清経済史研究者が直面していたのはむしろ、ヨーロッパ封建制の理念的なモデルとは異なる当時の中国経済の特質をどのように理論化するかという問題であった。即ち、帝政時代の中国においては、生業選択、土地売買、小作関係などを含め、今日でいう経済活動の広範な領域が個々人間の「自愿非逼（自発的合意に基づくもので強制ではない）」の契約に——少なくとも形式的には——まかされていたが、いわゆる「封建制」とは異なるそうした「自由」さをどのようにとらえるか、そしてそうした「自由」な選択を通じて展開される独特の経済的諸事象をどのように説明するかという問題である。

一九七〇年代半ばという同じ時期に、東南アジアを専門とする農業経済学者の原洋之介は、民国期華北農村の共同慣行を数理経済学的に説明する試み(2)を行った。その試みは、一部の中国経済史研究者の注意を引きながらも孤立した事例に止まったが、「制度の存在形態の変化の外的観察だけから組み立てられた発展段階論は、人間の行動の理解という点で不充分」であり「人間の行動の動機についての現実的で妥当な仮定から、ある具体的な歴史的制度の成立・展開を説明づけようとする方法こそが、現代の経済史学に最も必要とされているのではなかろうか」という原の主張は、その後の中国経済史研究の方向性を、少なくとも部分的に予見するものだったと考えられる。八〇年代以降、原は地域の文化的な個性により重心をおきつつ、「地域研究と経済学との架橋をめざす」論著(3)を刊行し、アジア経済史研究の領域に少なからぬ影響を与えてきた。

欧米においても、経済学と中国経済史研究を結び付けようとする試みは従来行われてきている。たとえばトーマス・ロウスキとリリアン・リーによって編集された論文集『経済学的視点からみた中国の歴史』(4)がその例である。同書の序文において編者は、従来のアメリカにおける中国経済史研究が、社会史的・制度史的分析に傾き、「経済学的」分析を欠いていたことを強調し、経済学的な視点について、より自覚的であるべきことを主張する。経済学的視点とは、編者によれば、選択、合理性、機会費用、均衡などのキーワードで表されるような経済学的なものの考え方のことであるが、それは現代の経済理論を中国にそのままあてはめることではなく、仮説としての経済理論を念頭において理論に基づく分析を行うことである、という。ただ同書に収録された諸論文においては、統計的手法は用いられているものの、経済理論のキー概念について中国に即した検討が行われているものはほとんど無いように見受けられた。経済学と中国経済史研究とを架橋するためには、精緻な統計学的手法に先立ち、むしろキー概念を素朴に考えなおしてみることが必要なのではないだろうか。

本稿では、このような課題を先駆的に追求した試みとして、二〇世紀半ばに発表された村松祐次という研究者の「中国経済の社会態制」に関する議論を紹介するとともに、若干の私見を述べてみたい。村松の「態制」論については、近年の日本の中国経済史研究ないし現代中国経済研究の分野では時折言及され、その内容は日本の研究者の間ではある程度知られているが、中国の学界では今までほとんど注目されることがなかった。このたび屋下屋を架す愚を顧みず「日中学者中国古代史論壇」の場を借りて村松理論を紹介した理由は、今日の中国の研究者からみて、村松「態制」論がどのように受け取られるか、かねてより興味を感じていたからである。賛同されるにせよ批判されるにせよ、村松理論を媒介にして新たな議論の糸口をさぐることができれば、本稿の目的は達せられたといえよう。

I　伝統中国経済論の諸タイプ

村松の議論を紹介するに先立ち、明清中国経済に関するイメージの全体的な広がりのなかでの村松説の位置づけを示すため、近百年の日本における議論のタイプを概略的に整理しておきたい。あまりにも粗雑なまとめ方であることを承知の上で仮に、他地域（特に西洋）との対比で中国の特徴を強調する立場を「類型論」、他地域（特に西洋）と同様の発展コースを想定する立場を「発展論」として縦

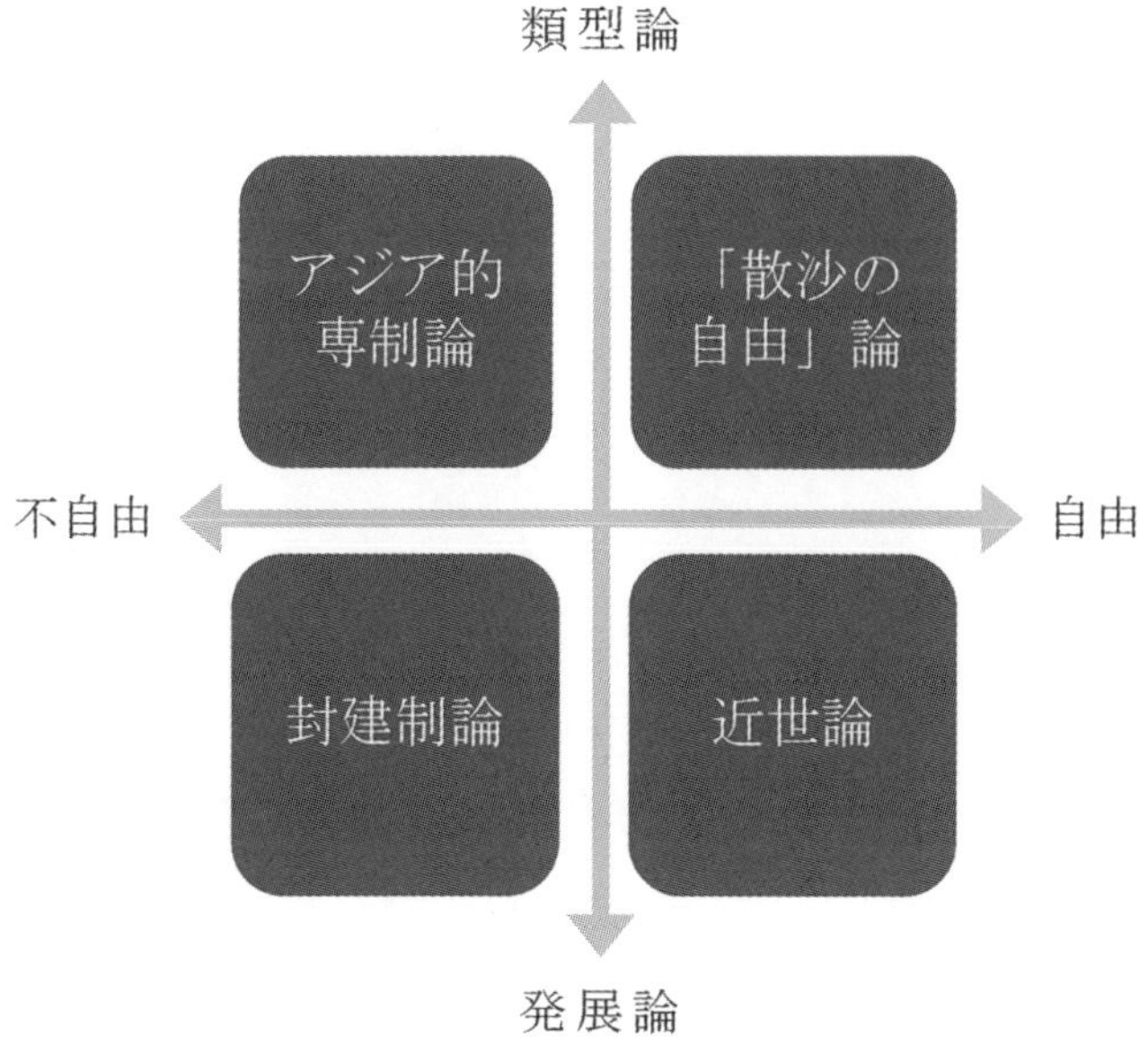

軸にとり、明清中国経済の主要なイメージを「不自由さ」としてとらえるか「自由さ」としてとらえるかを横軸にとって図表化してみるならば、基本的なタイプとしては、以下の四つが挙げられるだろう。

① 類型論Ⅰ「アジア的専制」論

このタイプは、一九世紀ヨーロッパの自意識の対極に形成されてきたアジア像の一環といえるもので、「アジア的専制」「アジア的共同体」などの概念のもとに、個人に対する束縛・規制の面を強調する。近代ヨーロッパの「自由」との対比で、専制国家や血縁集団、地縁集団の拘束力、重農抑商政策などに注目するのである。しかしこれは、価値的に逆転すれば、日本のアジア主義を支えた「利己主義的競争社会としてのヨーロッパ　対　親和的共同体社会としての中国・日本」という議論にもつながり得る。戦後の「アジア的専制」論としては、社会主義体制をアジア的専制論と重ね合わせるウィットフォーゲル（Karl Wittfogel）の議論が有名であるが、日本ではウィットフォーゲル説は露骨な反共理論として、おおむね批判の対象であった。しかし近年では、「民主派」的立場に立って現在の中国の支配体制を伝統的専制国家の延長上にとらえる観点から、ウィットフォーゲルを再評価する動きもある。(5)

② 類型論Ⅱ「散砂の自由」論

このタイプは、近代ヨーロッパとの対比における類型化という意味ではⅠと共通だが、Ⅰとは逆に、「秩序・統合の欠如」に焦点を当てるもので、中国社会における「散砂のような自由」（まとまりがなくてバラバラなこと）、規制の微弱（制度的インフラの欠如）、リスク・不安定性、といったものを強調する。このような中国イメージは、清末以来の政治改革者たち（梁啓超や孫文など）にかなり広く共有されていた。中国の改革者たちから見れば、こうした状況を克服して近代的国家統合を実現することが目指されたわけだが、日本から見た場合、これは「団体的秩序をもつヨーロッパ・日本　対　無秩序な中国」という議論につながりやすかった。このタイプの議論については、戦後日本の学界では、発展の契機を欠いた理論として否定的に見られることが多かったが、近年ではむしろ、伝統中国経済のこうした「自由」さが、ポストモダン的な見地から改めて注目されているといえよう。(6)

③　発展段階論Ⅰ「封建制論」

戦後の日本では、上記①②のような議論をともに、アジア社会の発展を捉えることのできなかった「停滞論」として批判し、ヨーロッパをモデルとした発展段階のなかに中国の歴史の各時期を位置づける試みがなされた。発展段階論のなかで最も強力であったのは、マルクス主義的（より正確に言えばスターリンの定式による）発展段階論で、生産様式を基準とする段階区分からいえば、宋代から清代は地主制の時代として「封建制」即ちヨーロッパの中世に当る段階に位置づけられた。この議論の最大の難点は、宋代以降に集権の度を強めた帝政国家はヨーロッパの封建（レーエン）制度と対極的な性格を持つということで、この難問を解決するために「地主階級の利害を代表する専制国家」とか「集権国家の傘のもとで展開した地主の事実上の領域支配」といった、やや強引な論理が用いられた。

④　発展段階論Ⅱ「近世論」

宋代以降近世論は二〇世紀初めの内藤湖南の所説に始まるとされるが、一般に広く知られるようになったのは、戦後になってからである。内藤湖南は、唐末から宋代（一〇世紀前後）を中国史上の大きな変革期ととらえ、中央集権的な国家体制、都市・商業の発達、儒学の革新、庶民文化の興隆などを指摘して、これらの変化をヨーロッパのルネサンスにたとえた。この議論の弱点は、中国がこのように先進的であったとするなら、なぜその後継続的に発展していかなかったのかという点の説明である。(7) ③の議論では、中国にも近代的発展の契機はあったが帝国主義によって阻害された、という説明が可能なのだが、④の場合には、先進的であった中国がなぜ停滞ないし後退したのか、という難問に答える必要があるのである。

この四タイプを中心とする研究動向を極めて大雑把に描いてみるならば、戦後の日本では、①②を「停滞論」として批判しつつ、発展段階論が「理論的」研究の主流を占めるようになり、その枠組みの中で議論が行われる傾向が強かったといえよう。③と④はその枠組みのなかでの論争の主役であった。[8] その後、ヨーロッパ史を理念的モデルとする発展段階論の行き詰まりとともに、「発展」よりも中国社会の「型」に注目する類型論的な方向へとシフトが起こるのが一九八〇年代である。しかしその「類型」とは、結論としての停滞・不変を強調するものではなく、むしろそこでは、社会変動を説明する方法としての意義――即ち、当時の人々の思考様式に沿った、内在的に理解できる行動の合成として変動を捉える――が重視されているといえるだろう。[9] それらの「型」論は、発展論と結びついて多系的発展論（中国はヨーロッパと異なる発展経路をたどったという議論）として現れる場合もあったが、それは同時に、④の議論に付きまとう上記の難問に答えるための④のヴァリエーション――中国は「遅れた」のではなく「違う道」を辿ったのである――としても機能したといえる。[10]

戦後は忌避される傾向のあった類型論的な議論は、現在ではむしろ、かなり広範な読者をもっており、私見では、伝統中国社会のもつある種の自由さ・流動性と活力に注目しつつ②に近いタイプの議論をする論者が比較的多いように思う。そこには恐らく、現在の中国の「社会主義市場経済」下における人々の、水を得た魚のような活発な動き、急速な経済発展と、それに伴う一種の「危うさ」のようなものに着目しつつ、その淵源をたどる、という問題関心があるのではないかと思われる。それは別の面からいえば、②の議論において中国と対比されている西洋型の秩序のあり方はもう「古い」のではないか、というポストモダン的な問いとも関わるといえよう。

以上述べた日本での動向は、国際的な研究状況とむろん無縁ではない。ここでは日本の研究状況と興味深い対比を示す英語圏の状況についてのみ簡単に触れておこう。

ポール・コーエン（Paul Cohen）が一九八四年の有名な著書『中国に歴史を発見する（*Discovering History in China*）』[11]でアメリカにおける中国近代史研究の動向を整理した時、そこでの主な動向は、静態的な文化類型論から動態的な歴史の発見へ、という形で提示された。即ち、戦後一九六〇年代までの近代中国研究を規定した主なパラダイムは「西洋の衝撃―中国の反応」及び「伝統―近代」という二項対立的な構図であり、そこでは「伝統」はほぼ固定的に捉えられ、西洋との遭遇によってはじめて変化するものと考えられていた。それに対し、一九七〇年代以降の新傾向として登場した「中国自身に即した（China-centered）」アプローチは、中国の内発的な発展に着目（歴史を発見）するものであった、という。この変化を上記の4タイプに当てはめてみると、①から④へのシフトと見ることができるだろう。その後も、英語圏での「ヨーロッパ中心主義批判」的傾向をもつ研究は、たとえばマックス・ウェーバーなどの中国論を①の代表として設定した上で、中国において近代的要素（自治、市民社会、市場経済、民事司法など）が自生的に成長したことを論証する――即ち④の立場から①を批判する――というスタンスを取るものが多いように思われる[12]。しかし、④のタイプの議論は必然的に「それではなぜ中国は西洋より立ち遅れたのか」という問いを惹起する。そうした問いに直面するなかで、「大分岐（the great divergence）」論[13]や多系的発展論が注目を集めている、というのが現状ではないかと考えられる。

以上のように、伝統中国経済論といっても百家争鳴であり、すっきりと整理することは難しい。ただ、本稿で紹介する村松説について、これが現在の日本の学界において「正しい」議論として大方の承認を得ているかのような偏った印象を与えるといけないので、あえて冗長な紹介を行った次第である。

Ⅱ　村松祐次の「社会態制」論[14]

さて前置きが長くなったが、以下紹介する村松祐次の所論は、上記の分類では②のタイプに近い議論であり、発展段階論を基調とする戦後の中国研究のなかではあまり顧みられることがなかった[15]ものの、近年は比較的注目されているようで、中国史研究のみならず現代中国経済研究においても、時々言及されている[16]。

まず村松祐次の略歴を紹介する。村松氏は一九一一年生まれ、東京商科大学（現在の一橋大学）の卒業で、戦時中は陸軍主計少尉として一時中国大陸に滞在し[17]、一九四〇年に東京商科大学助教授に就任した。その後同大学東亜経済研究所の研究員を経て、一九四九年に同大学が一橋大学と改名して以後、経済学部の教授として一貫して勤務した。一九六二年に一橋大学から経済学の博士号を授与されているが、その博士論文は「清末江南地主制の史料的研究」という題で、地主の租桟に関する一次資料を大量に使用した実証研究である。本論文はその後、『近代中国の租桟』（東京大学出版会、一九七〇年）という題で出版されて日本学士院賞を受賞し、アメリカでも一部が翻訳出版されて、氏の代表作と目されている。一橋大学経済学部長、また大学紛争時には学長代行も務め、学内行政にも手腕を発揮した。氏は一九七四年病気で逝去したが、それは一橋大学定年退職の直前のことであった。

村松が卒業した東京商科大学は一九二〇年に設立された官立の商科大学で、実務家的な気風とともに、海外の経済事情に対する関心が強かった。村松の指導教員であった根岸佶は、中国の行会について広範な調査に基づく多数の著作を発表した研究者である。戦後の一橋大学も、経済学を中心とする社会科学の総合大学として発足したが、当時の学界で一般に強い力を持っていたマルクス主義経済学の潮流とは一線を画する独特の学風を持っていた。村松の研究の背景には、東京商大から一橋大に至る、実務家的センスに基づくアカデミズムともいうべき学風があるといえるだろう。

以下、『中国経済の社会態制』の方法的特徴に重点をおきつつ、その内容を概観してみたい。

（1）　問題関心と方法

本書の序文は、昭和二四（一九四九）年五月一七日付であり、即ち中華人民共和国成立前夜、その後の経済建設がどのようなものになるのか、全く予測のつかない段階で書かれている。村松は、中国共産党が中国全土を掌握する日は近いと見ていたが、その経済建設については、それほど楽観的ではなかった。
中共のいわゆる新民主主義革命は、用兵完了の日に成るのでなくて、実はその時に始まるのである。この膨大な農業国を資本化し、やがて中共究極の目標であるその社会化への道を開くという課題は、明日の事業として彼らの肩に背負わされている。……従来の経済社会態制に対する最大限度の寛容を通じて、おもむろにその再編を図ろうとする中共の態度は、決して単に一時的な民心安定策に出でたものではない。それほど**この国の経済社会態制の革新には大きな障害と困難が横たわっている**のだと見なくてはならぬ。…（iii頁。ゴシック及び「……」は岸本。以下同様）
それでは、ここでいう中国の「社会経済態制」を村松はどのように見ていたのだろうか。
本書は結局そのような**中国経済の伝統的な態制**、その社会的な制度的な框廓の考究を通じて明日の中共経済のあり方を間接的に考えようとしたものであるが、そこで絶えず人の用いる「封建的」という語の使用を避けたのは、**近代ヨーロッパ的でない、産業資本主義的でない経済のあり方にも、国によって様々な相違があり得る**ことを考えたからである。もちろん現実を要約し整序するための、段階概念の有用さを否定しようとするのではない。しかし少くとも同様に「封建的」心情の残存が問題にされている日本の場合と比較すれば、中国のそれがどれほど**個性的**な傾斜をもつものであるかは自ら明らかであろう。……西欧の歴史的発展から抽出された段階構成を一度離れて、虚心に在来の社会構造と西欧的——世界的なものとの距離の測定を志すべきだと考えたからである。（iv頁）

即ち村松は本書で、西欧などとは異なる中国経済の「個性」を主題としているのである。[18] 本書の方法は第一章で述べられているが、それは今日の経済史研究者の目から見ても興味深いものといえよう。[19] 村松によれば、経済を観察する方法として、数字による統計から見る方法と、経済主体間の社会的な関係、即ち狭義の「態制」を追求する方法とがあるが、後者のなかにもまた、二つの部面がある、という。その二つの部面とは、（Ⅰ）外部的（規制的）な秩序――国家の法律、社会的慣行など、（Ⅱ）内部的（組織的）な秩序――合資組織、家内工業、問屋制度など、である。

特定の法的―慣行的な秩序の間に、個々の経済主体は無数の為し得べきこと、為し得べからざること……の体系によって制約され、互に結合せられる。広い意味で**社会規範とか社会倫理**とかいう言葉が、そのような体系を指すものだと言ってもよいであろう。あるいはそれがいつか**個々の経済主体の行動をほとんど反射的に左右し、特定の社会における個々の成員の生活に一種独特のリズムを与える**ということを考えれば、これと表裏一体をなすものとして特定の社会の「心意」とか、「国体意識」とか、「生活感覚」とかいうものを考えることも可能である。

中国経済全体を競技に例えれば、前に挙げた経済事象の量的側面への投影は、得点のスコーアであるし、ここでいう狭義の外部的態制、個々の経済主体を制約する社会的な規範は、中国経済に特有な「**競技規則**」だとも見られよう。……そしてそのような外部的な、規制的な框の中に、狭義の態制の第一のもの（Ⅰ）が見出されると共に、これに応じて、これに則して、その中で個々の経済主体が、その経済的行為の効果を拡充し、強化し、確保するために造る人の配置、物の区分、経営及び生活の内部的規制の秩序、つまり上に言う態制の第二の面（Ⅱ）が見られることになるのである。競技についての前の比喩を再度持ち出せば、これは**ポジションの決定、練習のスケジュール、試合に際してのチームの編成**に当るであろう。（一三―一四頁）

ここでいう「態制」という語は、村松の独特の用語であるように思われるが、それは次のように説明されている。

個々の経済的行為、個々の経済生活はいつでも特定の……社会関係の中で営まれている。人と人との具体的関係の間で、人々の経済的欲求が、社会的行動に現実化せられるのである。……そしてそのような特定の社会的関係の中で営まれる個々の経済生活が、同時にその特定の経済社会的関係――ここでいう経済の態制を変貌せしめつつ存続せしめるのである。……だから個々の経済主体の、個々の経済生活を離れて別に「態制」がある訳でなく、そのような態制から遊離して、かつ経済学が時に考えたような、純粋に経済的な行為があるわけでもない。そこに中国の社会とか経済とかを極めて具象的につかむことのできる一面があり、おそらく唯一の面があるように、自分には考えられる。（一〇―一一頁）

即ち、ここで「態制」とは、人々の主体的行為の集合として形成されながら、同時に人々の行為を規制するといった、自己組織的な――そして文化的な個性と強固な持続性をもつ――過程の産物として定義されているように思われる。それが競技の比喩を以て示されていることが本書の大きな特色であろう。そこで試合を行うプレイヤーは、自らの利益を求めて行動するが、ホモ・エコノミクス（homo economicus）式の抽象的な個人ではなく、特定の社会の倫理を内面化した経済主体として捉えられている。そしてまた、本書のもう一つの特色は、「態制」のなかに、いわば競技のルールに当たるような全体的な規範と、個々のプレイヤーが採用する「定石」に当たるような一般的戦略とを区別している点である。[20] 西欧と中国との相違を強調しながらも、本書が国家や共同体による束縛を強調する「アジア的専制」論とは全く逆に、経済活動の主体たる人々の意図と動機に関心を集中していることは明らかであろう。以下、具体的な論の展開を見てみよう。

（2）「安定なき停滞」

本書を象徴するキーワードとしてしばしば挙げられるのは、第二章第五節のタイトルである「中国経済の安定のない停滞」という語である。著者によれば、中国の零細経営は「経済的にすこぶる強い競争力と、社会態制的には極めて高い安定度をもっている」（五六頁）。

中国の工場制工業の拡大が緩慢であり、生産構成が……平板単調の趣を脱却せず、経済全体の静態性が著しく感ぜられるのは、よく言われるように、外国企業からの圧迫や競争よりも、むしろ国内における零細産業からの過度の競争によるものであったと言ってよいであろう。……市況の激変に遇えばすぐ倒閉するようなそれらの小企業は、絶えず交替しながらも次々に設立せられて、経済構造全体としてはいつもそれらの旧生産組織が中国経済の広い基底を形成している。……そこには絶えず苛酷な競争が行われて、個々の業者については新陳交換が急速に行われるが、しかもそのような不安定な基調の上で、構造的には「停滞」、安定のない停滞があると言ってよいの

である。(五八頁)

方顕廷は他国の水準において、やや大きいと見られる規模で営まれている工業は、そうしなければ経営が全然成り立たない産業種別だけで、大規模にでも小規模にでも経営し得るような企業は、すべて少しでも小規模に経営せられるのが、中国経済の一つの重要な特色だと言っている。……中国には何らかの社会的条件があって、それが経営の最も有利なオプティマルな規模を、甚だ小さいものにしているということでなくてはならない。……そのような社会的条件は……明らかに金利と地代との著しく高いのはその一つである。賃銀の著しく低廉なことはその二つである。そして……**経済活動の行われる社会的条件、経済心意のあり方、これが最も決定的な、第三の因子**である。(六一―六二頁)

労働賃金の低さは産業資本主義成立の一つの条件であるが、中国では生産組織を拡大して低廉な労働力を組織する方向に行かなかった。それはなぜか。著者によれば

生産資本主義的でない、したがって究極において**家計的傾向の強い経済心情**の上では、機械施設のための金利の高さと人力の低廉さとの対照がいよいよ強く意識せられる。結果としては人力が機械を駆逐することにならざるを得ないのである。しかも……その供給は甚だ弾力性に乏しく、最悪の事態においては、生存限界ギリギリの点まで引き下げられる大きな幅を、そこでは賃銀がもっている。……そしてこの人力の商品化とその不当廉売の上に、資本主義工業と競争してこれと対抗し得る程の家内工業や手工業の強さが載っている(六八頁)

という。また、金利についても、中国において金利が高いのは蓄積の不足によるのではなく、「中国の金利が本来生産資本の収益率とは無関係に定まる消費金利であり、投機金利たる性格をもつ」ことによる、とされる。即ち

そこには、そのような蓄積を生産資本としてでなく、消費のために保蔵せらるべき富と考えるか、あるいは単に利付資本と見るような経済心情と、したがって強い貨殖主義がある。中国の工業化を妨げ、その経済形態を停滞的にし、したがって低い生産力と人口の「過剰」化とをもたらしているものは、余剰や潜在的な蓄積の絶対的な欠乏であるよりも、そのような余剰の生態・蓄積をもつ商人・地主・個々の官僚の経済心意と経済行動だと言わなくてはならない。（七四頁）

（3）外部的態制――国家・社会団体

では、中国経済のこのような特徴は、どのような「態制」のもとで形成されるのであろうか。著者のいう「外部的態制」即ち経済を規制する枠組みということで日本人がまず思い浮かべるのは、政府とか、日本の江戸時代でいえば「村」とか、そういうものであろう。著者は、中国の政府や社会団体は、西洋のそれとは大きく異なるという。政府については

中国の政府の組織には、清代以前から、**極めて統一的な、中央集権的な外形の下に、甚だ複元的・分散的な傾向**を包蔵していた。そしてそれは中国の「政府」―あるいは官僚制度のうちで、**中国の個々の官吏が示す極めて個別主義的な、私人的な行動態様**と結びついている……。（一一〇頁）

その説明として本書で挙げられている例は多いが、民国時期のみならず清代にも当てはまるものと

しては、たとえば土地税の徴収が「定額請負の形」即ち定額を上級官庁に送ればそのほかは地方官の自由裁量となっていたこと、その結果、地方官の私家計と地方政府の公会計とが融け合っていること、政府は通貨の発行は熱心に行ったが、通貨制度を全体として統一し、これを維持する点においては不熱心であったこと、などが挙げられる。著者によれば「〔中国の政府は〕全体として市場のために配慮し、経済のために計画する公共的規制者ではない。画一的な制定法を創設し維持することによって、経済関係に可計量的な、安定した基底を与えることは、その任務と考えられていない。西欧風な意味での統治とか行政とかは、中国になかったと言って確かによろしいであろう」(一四五頁)という。

さて次に、中間的諸団体即ち村・宗族・ギルドなどについて見てみよう。これらの団体はともすれば「封建的」な性格のもの、即ち「個々人の合理的な経済計画を抑圧する封鎖的な殻のような「協同体」」として考えられていた。しかし著者によれば、中国におけるこれらの団体は、個々の成員の利益追求を抑えるというよりはむしろ、激しい競争のなかで、個々人が利益を守るために集団を形成したものに他ならない。たとえばギルドの場合も、公的権力たることへの指向を持たず、「常に成員の個別生活に対する外部からの侵害を、個々の場合ごとに斥け、これにPassive resistanceを試みるという自衛的・防禦的立場に止まっている」(一七〇頁)のである。

このような「外部態制」のもとで、中国の市場秩序は、一見すると矛盾するように見える二つの特色を示すこととなる。

一つは徹底した自由競争的な形である。他の一つは逆にそこでは市場活動が絶えず狭隘な、私人的保証の範囲に制約せられ、人的関係を辿ってでなければ行われないという古風な形姿である。それは日本で「近代的」と通称せられる近代西欧的市場の概念と、一面では甚だ近く、一面では甚だ遠い。……「自由競争」と「私人的保証」という一見矛盾するごとき二つの事態が、ここに併行し得るのは、ここで人的制約とか人的保証というものが、決して自由な経済的意志の決定を抑圧する経済外的な「伝統」や、身分的な制約によって課されたものでないという事情に基づく。むしろそのように**経済を外部から規制し、制約する秩序が、「統治」によっても、「身分」によっても、「伝統」によっても、与えられていないということの内に、一方では最も市場的な、極度に自由な価格競争の行われる理由があり、同時に正に同じ点に、そのような市場秩序の保証を、私人的な盟約……に求めざるを得ない不安がある**のである。公共的保証を私人的構成に求める結果は、当然に仲間内の仁義と仲間外に対する無制約的自由とを分裂せしむることになり、市場秩序全体としては絶えず個々の場合について、対人保証を求めざるを得ない程、いよいよ不安定な、競争的な形を結果するのである。……しかもそれらの人的関係は、常にそのように自由な競争的な関係を局地的に成立させるための保証しか行わないのが通例であるから、**中国の市場秩序は一面において甚だ無制約的・開放的で、他面において局地的・複元的なものにならざるを得ない**のである。（一七八―一七九頁）

（4）　内部的態制――合資経営、労働請負など

続いて、「内部態制」即ち、中国の人々が形成する経済的組織の特質についての著者の議論を見よ

う。この部分では、土地所有、小作関係、合股（合資経営）、問屋制度、「包工」（労働請負）制度、などが分析されるが、幾つかの問題に対する著者の解答を挙げておこう。

中国の商工業組織は、比較的狭い熟知者の範囲内で結成せられ、それも原則的には一時的・短期的な組合形態を採るばかりで、広範囲からの蓄積を大資本に集中した永続的な株式会社制度が行われるに至らないのはなぜか――

資本の集中は身分的・伝統的・「封建的」な制約が存することによって妨げられるのではない。**人的信用すなわち個人的熟知や、情誼にたよらなくては、資本授受に必要な安定感の保証が得られず**、長期信用の付与に不可欠な社会的信頼の基礎が法制によって与えられていないこと、集中せられた資本が、家計計算的な資本所有者によって分散せしめられる所に、事態の核心が存すると見るべきである。……事態の核心はむしろ人々の行動が余りにも個別合理的であることに存する。**余りに個別合理的な経済意識が恒常的な経営の発展よりも、成員個々の利益を先行せしめる**ように見える所に、中国の経営組織が一時的な組合関係の離合集散に止まっている真実の基底が求められるべきであろう。（二二六―二三一頁）

中国の工場や鉱山においては、会社が個々の労働者と直接雇用契約を結ぶのでなく、労働者の口入・管理を請け負う中間人が介在することが多いが、ピンはねや労働者の生活水準低下という弊害にもかかわらず、こうした労務管理が行われるのはなぜか――

そこには熟視すると、**経営組織の全体が個々の成員の個人関係に分解せられて行き、個々の成員**

の利害とか計算が、組織全体の利害と遊離して、前面に押し出されている感じを禁じ得ない。そして中国の労働請負制度一般の基底も、……そのような個人的な関係、個人的な影響力を介在させるのでなくては、組織とその能率との維持が困難なことに基づいていると見られるのである。……あらゆる成員が有機的組織の一分枝として全体の中に吸収せられることを通じて、初めて可能になる分業と協業とを、工場制工業組織の重要な特色であるとすれば、それと最も遠い構成と構成意思とが、ここには見られるのである。……規模の拡大が能率の上昇をでなく、しばしば低下を齎すのは当然だと言わなくてはならぬ。（二四六頁）

以上、まとめるならば、中国の経済秩序の特色は、著しい個別主義的傾向、即ち人々が個人の利益を第一に考えるという「合理的」思考を極限まで追求する結果、全体の観点からみると、「安定なき停滞」の陥穽に陥っている点に求めることができよう。

（5）　村松の予測は当たったか

著者は、こうした分析をふまえて、共産党政権のその後について、次のように予測する。中国共産党は、こうした経済態制を一挙に変更しようとはしないであろう。しかし、現在の社会態制が存続する限り、経済の不安定さと貧富の差はなくならないのであって、この問題を解決するには、「統治・治安の秩序、行政・経営・生活組織の全面にわたって、新しい原理と新しい行動規範としたがって新しい形態とが作り出されなくてはならぬであろう。……中共が単に政権の掌握のみに甘んずるのでなく、社会態制と社会心情との「革命」を完遂する日を遙かに待望しなくてはならぬ。」（二六四―二六

五頁）

中国共産党は経済態制の急速な変革は行わないであろうという著者のこの予測は、短期的には当たらなかった。中国共産党は、建国当初は「新民主主義」を掲げ、社会主義の実現を遠い将来のこととしていたが、朝鮮戦争を機に急速な社会主義改造、農業集団化を開始し、著者が描いたような自由競争体制を急速に変革していった。それでは、文化大革命終了後、市場経済へと復帰した中国では、著者が描いたような経済態制と経済心情とは、復活したのであろうか、或いは全く新しいものへと変貌しているのだろうか。官僚の不正蓄積などに見られる「私人的」性格や、経済活動における私的関係の重要性、といった点では、本書に描かれた状況は今日にも受け継がれているように見える。しかし一方、改革開放後の中国経済は、「停滞」どころではなく、急速かつ持続的な成長を実現している。その理由はさまざまであろうが、法整備などによる経済秩序の安定化や、また長期にわたる経済成長そのものが、資金所有者の考え方を「生産資本主義」的なものへとシフトさせていっているのかもしれない。ただそこにも、零細な業者が短期的な利益を求めて起業と倒閉を繰り返すといった、村松のいう「安定なき」過当競争の残影を見て取ることは可能だろう(21)。

Ⅲ　村松理論の妥当性と今後の課題

中国伝統経済の特質を体系的に提示する試みとしての村松の議論がもし今日においても一定の示唆

を与え得るとすれば、我々はそれを今後どのように生かしていくべきだろうか。村松の中国経済論に関する従来の評価は、おおむね四つの立場から行われているといえる。第一に、経済研究の方法論としての評価。第二に清末—民国期経済研究における村松の議論の妥当性。第三に現代中国経済分析における有用性。第四に、明清経済研究における有用性。以下、そのそれぞれについて、簡単に検討してみたい。

（1） 方法論の観点から

注（19）所引の古田和子の評言に「今日でいえばまさしく比較制度分析の手法」とあるように、村松のいう「態制」とは、比較制度分析でいう「制度」と大きく重なり合う。そもそも、本書の冒頭で中国経済全体を「競技」に例え、その「競技規則」や「選手編成」を観察しようとする基本的問題設定自体が、ダグラス・ノース(22)のような近年の比較制度分析の理論を想起させる。そしてまたその「態制」を、専制論や封建制論のように外から押し付けられた枠組みととらえるのでなく、「人と人との具体的関係の間で、人々の経済的欲求が、社会的行動に現実化せられる。……そしてそのような特定の社会的関係の中で営まれる個々の経済生活が、同時にその特定の経済社会的関係——ここでいう経済の態制を変貌せしめつつ存続せしめる」（一〇頁）とあるような、自己組織的な形でとらえていること、そして「態制」のなかに規制的枠組み（外部的態制）としての「競技規則」と組織上の戦略（内部的態制）としての「選手編成」を区別していることなども、当時としては突出して洗練された方法であると評価できよう。本書のなかで村松は、今日の比較制度分析の研究者のように数式を使った数理

的な説明を行うことはしていないが、基本的なアイデアは「まさしく比較制度分析の手法」に通ずるといっても過言ではないと思われるのである。

ここでは、いくつかの点について、その方法的特徴を考察してみよう。第一に、発展論的な研究潮流の立場からみて、村松の議論は「発展の契機を欠いた類型論・停滞論」として批判される場合が多かったが、そのようにとらえてよいのか、という問題である。本書のキーワードが「安定なき停滞」であるからには、村松の議論を「停滞論」と呼ぶことも誤りではないだろう。ただ、彼の議論が中国社会の本質的・絶対的な停滞性を主張するものであったのかといえば、そうはいえないであろう。「特定の社会的関係の中で営まれる個々の経済生活が、同時にその特定の経済社会的関係……を変貌せしめつつ存続せしめる」といった前引の文章は、態制の「変貌」を想定している。村松はまた、中国の将来を展望するなかで、次のようにも述べている。

もちろん筆者はそのような中国の現存の態制の固定と不変とを、原理的に定立することなどを試みようとしているのではない。……自分の考えている「態制」は絶えず変化し得、また徐々に変化しているようなものなのである。ただそれだけにそれの不連続的な一新は、一般に困難であるだけでなく、中国の場合にはその安定[23]—停滞性が特に著しい、という経験的事態の平明な認識を提示しようとするに過ぎない。……余りにも安易に、隣邦における政治局面の変化が、そのまま社会経済態制の激変につながるように考えることは、中国における現実の事態を、希望に基づくにせよ危惧に基づくにせよ、主観によって歪曲するものであり、現情を見誤まる危険が大きいばかりでなく、困難な態制的条件の錯綜を切り開いて、革命を推進しようとしている隣邦の新人達に対し、敬意を払うゆえんでさえあるまい、と自分は考えるのである。（九頁）

ここで村松がいう「安定—停滞」とは、いわばゲーム理論でいう「ナッシュ均衡」（各プレイヤーが自分だけ行動を変えても得にならない状態）のようなもので、いったんその状態が形成され、さらに人々のメンタリティにまで浸透している場合、それを外からの法や命令によって変えることは容易ではない、と村松は考えていたのである。上述のようにその予測は「当たった」とは言えないわけだが、中国共産党による急激な社会主義建設が中国経済の正常な発展を阻害したと考える立場からは、村松の予言は逆の意味で「当たった」と見なすこともできよう。

「態制」のこのような「安定—停滞」性は、本来中国に限らずヨーロッパ諸国であれ日本であれ見られるものだが、中国の場合は、その「安定—停滞」性が他地域に比べて特に著しく、またその「態制」が「個別主義」を通じて大規模な産業の発達を阻害する方向に働いている、ということが村松の見解であった。これについては、以下の諸項で触れることとしたい。

村松の方法論の第二の興味深い特徴は、「競技規則」に当たる外部的態制と「選手編成」などに当たる内部的態制との区別である。これは一見、ノースの「フォーマル・ルール」と「インフォーマル・ルール」との区別を思い起こさせる。ただ、村松のいう「外部的態制」には、「法制的な秩序と並んで慣行的秩序が特に中国の場合重要な地位を占める」という認識のもと、「広い意味での社会規範や社会倫理」「心意」「国体意識」さらには「生活感覚」など、ノースの場合は「インフォーマル・ルール」に分類されるようなものも包含されている。

ではこの「外部的態制」と「内部的態制」とははっきりと区別し得るものだろうか。章別構成の上では、「外部的態制」には政府のほか、中間的諸団体——村・宗族・ギルド——が含まれている。しかしここで村松が強調したことは、これら中間諸団体は成員の一体感に根差し強力に成員を規制し得るような団体ではなく、むしろ「個々人の合理的な経済計画」に基づき「利己的な動機によって二次的に結成した団体」であるということ、即ち、個々人の戦略的観点から行われる私的秩序形成の産物であり、個々人の利害によって集散する任意的団体である、ということであった。そしてさらに、政府の活動すら「公共的規制者」というよりは私人的利益の追求者という面においてとらえられている。その結果、中国の経済秩序の特色は「経済を外部から規制し、制約する秩序が、「統治」によっても、「身分」によっても、「伝統」によっても、与えられていないということ」に求められるのである。とするなら、中国には個々のプレイヤーを超えた立場に立って「競技規則」を司る仕組みは存在しないこととなり、外部的態制と内部的態制との境目は曖昧になってしまうのではないか。

この観点からすれば、本書において政府や中間諸団体が「外部的態制」の枠のなかで論じられているのは、それら自体が「外部的態制」を形作っているという意味ではなく、他地域では本来「外部的態制」を形作るべき政府や諸団体が中国ではその役割を十分果たしていない、という「欠如」論的指摘のためということもできるだろう。別言すれば、規制力のある公的な競技規則がない、ということこそが中国の競技規則であるという、奇妙な——しかし興味深い——論点がここから導き出せるかもしれない。

　ここで村松の「外部的態制」「内部的態制」をめぐる議論について論評するのは、村松の見解を批判するためでは必ずしもない。むしろ、制度を自己組織的な相においてとらえるという村松の卓見を極限まで推し進めれば、規則と定石的戦略との境目が曖昧になってくるのは論理的に当然ともいえる。それはまた、中国一般において、さらには「中国」の範囲を超えて「ルールとは何か」という問題の問い直しにもつながるであろう(24)。

（2）　清末―民国期経済史研究の観点から

　本書の序において著者は「ここに取扱った中国経済の社会的構造の歴史的背景を探ること、かりにここでは精々遡っても阿片戦争の前後以後に限られた観察の範囲を、清から明へ、明から元へと拡大して行くことによって、現存の事態を発生史的に理解することは、自らまた別の研究課題である」（iv頁）と述べており、本書の直接に対象とする時期的範囲はおおむね一九世紀半ばから二〇世紀半ばの時期であると考えられる。それでは、その時期の経済史研究の観点からみて、村松の議論は今日どのように評価されるだろうか。

　奥村哲の論考「村松祐次『中国経済の社会態制』をめぐって(25)」は、中国近現代経済史研究の立場から本書を論評したおそらく唯一の専論である。以下、奥村の議論を紹介してみよう。奥村はまず、本書に対する久保亨の評言として「中国の社会経済理解をめぐり有益な指摘を含んでいたとはいえ、基本的にはM・ウェーバーの見方に触発され、中国社会経済の非資本主義的特質を論じたものであり、現在の我々の作業にはそれほど役立つ研究だとは思えない」[26]という文章を引き、それに対し、むしろ積極面を認めた上でそれをいかに乗り越えるかを考えるべきではないか、と提言する立場から論評を行っている。

積極面として挙げられるのは、「社会関係」に着目した経済論という点である。「社会論をもたない経済事象のみの記述は空虚でしかない」と奥村はいう。奥村は特に、「半封建・反植民地」といったかつての通説的な性格付けに対比して、「制約も保護もない自由競争関係をつうじて人々が個別合理性を追求する結果として「安定なき停滞」状況」がもたらされるという村松の議論のほうが——ここでいう「停滞」が絶対的な停滞を指すものでないならば——説得的であると評価する。「中国の伝統社会のあり方が近代化の過程、とくにその初期を規定すると考えれば、我々の理解を深めるものになると思われる」。

一方、問題点として挙げられるのは、以下のような点である。第一に、西欧と中国を極端に対比しすぎていること、第二に西欧と中国をばらばらにとらえ、両者の相互連関を捨象していること、第三に、変化の契機が不明確なこと。そしてこれらと関連する具体的な問題として、抗日戦争から戦後内戦期の捉え方を挙げる。村松が民国初期から戦後内戦期までの中国経済をほぼ同一の型においてとらえるのに対し、奥村は日本の侵略と抗日戦のもつ画期的意味を強調する。「領土の多く、それも相対的に経済の発展した沿海・沿江部を占領され、八年の長期にわたった総力戦は、中国社会に以前の戦争とは比較にならぬ大きな変容を生じさせた」。この点を忽視することは「日本の侵略が中国の歴史の流れを変えたこと、そこに大きな断絶があること」を見逃すことになるという。この点は、人民共和国建国後の社会主義をどのようにとらえるか、という問題とかかわってくる。奥村は、中国の社会主義を抗日「総力戦」の延長上にとらえる。[27] それに対し、村松の議論からすれば、社会主義は、伝統的な社会態制の上に突然強引に導入されたものということになるのである。これは、中国の社会主義の歴史的性格を考える上での重要な論点であり、非常に興味深い問題がここで提起されているといえよう。

（3）　現代中国経済論の観点から

現代中国経済論の観点から村松祐次や柏祐賢の論点を最も精力的に摂取している研究者として、加藤弘之を挙げることができよう。加藤は、久保亨との共著[28]において、柏祐賢や村松祐次の議論を、現代中国経済論にとっても示唆的なものとして紹介し、その後二〇一三年の著書『「曖昧な制度」としての中国型資本主義』（NTT出版）において、「曖昧な制度」というキーワードのもとで中国型資本主義の特質をとらえようとした。[29] 加藤によれば、「村松と柏が究明しようとした「中国的なるもの」の本質」は「「曖昧な制度」にある」という（七六頁）。

それでは、「曖昧な制度」とは何であり、また現代中国の経済をどのように規定しているのか。村松に関する部分を中心に見てみよう。加藤は、村松の「個別主義」に着目し、次のように述べる。「村松の「個別主義」については、市場秩序のあり方にその特徴が見られる。即ち、政府が貨幣制度や金融制度といった根底的な経済制度さえ持たず、自由放任を許す一方で、中間諸団体（村・宗族・

ギルド）により最低限の範囲での規制が行われる。これは、「曖昧な制度」のマクロ的側面を表している」（七六―七七頁）。[30]

加藤のいう「曖昧な制度」の内容は多岐にわたり、ここで十分な紹介を行うことはできないが、村松の論点に関連する主要な論点をまとめてみたい。政府や社会団体による明確なルール化の契機を欠いた「曖昧な制度」は、一見すると取引費用を増大させ、経済発展を阻害するように見える。しかし改革開放後の中国は、瞠目すべき経済成長を続けてきた。その背景には、「曖昧な制度」のもつ強味がある。

加藤が最も注目するのは国営企業や地方政府の役割である。政府・官僚が市場の規制者というよりは市場のプレイヤー的な性格をもって活動する体制（国営企業と民営企業の併存、国営企業のなかの国営・民営混合的な要素、地方政府の主導する成長競争、など）は、村松のいう政府・官僚の私人的行動様式に関わる特徴といえようが、それは、計画経済から市場経済へという大きな変動期に際して、漸進的な移行がスムーズに行われることを可能にした。

また、組織全体の発展よりも個々人の利益を優先させる「個別主義」も、村松の議論では経済成長の阻害要因と見なされていたが、改革開放後の状況のなかでは、外部環境の変化により、そうした「個別主義」はむしろ、大衆による製造業への活発な参入を促進した。というのは、輸送と情報通信のコストの低下、グローバルな生産ネットワークの発達といった状況のなかで、部品を組み合わせたモジュール型生産が一般的になり、生産の「フラグメンテーション」化が進んだからである。そこでは、資本を集中した大規模な企業よりも、市場の変化に迅速に対応し得る小規模企業の活動の余地が広がったのである。

こうした「曖昧な制度」は、経済格差の増大、環境汚染の進行、官僚の腐敗、といった弊害も引き起こしているが、この「曖昧な制度」は単なる過渡期の現象ではなく、中国経済の個性として今後しばらく維持される可能性が高い、と加藤は予測している。

総じていえば、村松や柏が注目したような、中国の市場経済における「私的秩序形成」の優越は、いわば「不確実性に強い」性格を持っており、経済体制の大きな移行期や、グローバル化の衝撃を乗り切っていく局面で、その力を発揮したと言えるのかもしれない。一般に、制度に着目する経済論では、「明確な制度」が取引費用を低減させ、経済成長に資するとみなしがちだが、加藤の議論はそれに対する一つのアンチテーゼともいえよう。ただ、「曖昧な制度」の効力がいつまで持続するのかについては予測は難しく、それは加藤も認めるところであるといえよう。

（4）　明清経済史研究の観点から

最後に、村松の議論の直接の対象ではないものの、明清経済史研究において村松の議論がどのような示唆を持ち得るのか、という点について考えてみたい。私自身を含め、明清経済史の研究者のなかで、村松の議論に関心を持つ者は少なくないと思う。それは例えば、明清時代の市場における零細経営間の激しい競争、経済主体のリスク感覚やそれに基づく行動様式が、村松の指摘と非常によく一致すると感じられるからである。ここでは、そうした積極的評価を前提としつつ、いくつかの問題を提起したい。

第一に、「モデルの幅」とでもいうべき問題である。本書の分析は、経済を営む人々が何を考えているのか、という「主観的=主体的」な動機を出発点として行われている。私見によれば、こうしたアプローチのすぐれた点の一つは、経済の特質を外に現れた結果から見るアプローチ（「地主的土地所有」「小商品生産段階」等々）と異なり、外面から見れば相矛盾するように見える結果を、経済主体による選択の結果として、整合的に説明できる点にある。つまり、「なぜこの場合にはこのようになり、あの場合にはあのようになるのか」ということを、「様々な発展段階が混じり合っている」といった強引な説明でなく、同じ考え方を基礎としつつ状況に応じて異なる判断がなされたものとして整合的に捉えることができるのである。かつて私は、こうした問題を、「多様性の背後に通底するメタ・ルール」という語で表現しようと試みた(31)。本書について私が提案したいのは、「メタ・ルール」レベルの話とそれが結果となって現れた状況のレベルとをより明確に区別することによって、本書のモデルがより汎用性のあるものになるのではないか、ということである。ややわかりにくいと思うので、具体的に述べよう。

本書は、民国期の中国経済を扱っているが、その核心に置かれているのは人々のメンタリティや経済感覚といった長期持続的な問題であり、本書で提起される「個別主義」「貨殖主義」「私的保証の重要性」「官僚の私人的性格」などの特徴は、清代経済にも十分に当てはまる。ただ、清代を研究している者の立場からすると、著者の描く経済主体の行動の仕方は、やや非協力ゲームのほうに偏っているように思われる。たとえば、宗族や村落について著者は、「血縁的一体感などに基づくものでなくて、利害対立をその底に内包する経済的及び社会的な圧倒と依存との関係」（一五六頁）、「ある意味では自由な、ある意味では放任せられた不安定な競争的形姿が、ギルドや村を単位としてわずかに維持せられる秩序の場合にもその特色となる」（一五八頁）と述べ、その団結力の弱さを強調する。[32]しかし、地域や時期によっては、宗族などの団体が、少なくとも外面的には、外国人からみて驚くほどの団結力を見せている場合もあるのである。これは著者のいう「個別主義」がこれらの場合には成り立たないということではなく、むしろ当時の人々を取り巻く状況が彼らをして、血縁的な一体感を媒介とした生存戦略を取らせているものと見ることができる。極限的な状況においては、無私の献身に支えられた固く絶対的な結合こそが、その成員を最もよく保護するという実際的効果を生みだし得ることを考えれば、人々が一種の実践的感覚として「個の滅却という保身術」を身につけていることは決して不思議ではない。それを単なる偽態ということはできない。私見では、中国の「個別主義」がいわゆる「個人」に固着したものではなく、より大きな一体感（一種の自我の拡大ともいえる感覚）との連続性を持っているところに、中国の「個別主義」の妙味と強靱性があるように思う。本書の分析では、「個別主義」的心情は直接に団体の団結力の弱さに結び付けられているように思うが、より広く様々な場合を見渡してみれば、「個別主義」的心情を基礎として実際に現れてくる社会の姿は多様であり、そうした多様性を含みこんだモデルが可能なのではないか。

もう一つ、官僚の役割について触れておこう。本書では、官僚は「私人的性格」をもち、公共的業務については放任的で無策であり、もっぱら私的蓄財を旨とし、一般人民からは忌避されている、といった否定的側面が強調されている。しかし清代盛期についてみると、少なくとも同時期の世界各地の政府に比べて、清朝政府のパフォーマンスが劣っていたとは必ずしもいえない。たとえば常平倉（穀物価格の上昇時に安価で売却して価格の調整を行ったり、飢饉の際に穀物の配給を行ったりする穀物倉庫）のようなセーフティネットが、同時期のヨーロッパとは比較にならない規模で全国的に整備されていたことは明らかである。(33)

おそらくここには「公共性」というものに対する考え方の違いがあるのかもしれない。度量衡や貨幣の統一、取引をめぐる法の体系的整備、など、市場経済の制度的インフラの整備といった点では、清朝政府は確かに不熱心であった。清朝政府は、民間のプレイヤーとは異なる「公」的な位置に立ち（競技の例でいえば、競技場の経営者とかレフェリーといった位置に当ろうか）民間社会の市場取引とは機能的に異なる「公」的な業務を果たす（民間のプレイヤーが活動する競技場の整備を行う）というよりは、むしろそれ自身が巨大なプレイヤーとして市場に参入・介入し、政府の正当性の基礎であるところの人民の生存維持に直接関わったのである。上記の常平倉制度が既に清朝時代において、民間の正常な市場取引を混乱させるものとして批判の対象となっていた、ということは興味深い。つまり、中国政府の「公」的活動は、民間の市場活動と機能的に分化していない故に、それがいかに「みんなのため」を目指していたとしても、民間の活動と抵触する側面を持つのである。

ここから、「専制」と「放任」という中国の伝統国家のダブル・イメージを整合的に解釈することもできよう。国家が競技場に積極的に入っていく場合は、おおむね民間経済に対し直接に規制・競合する形を取るのであって、社会主義や国有企業が比較的自然に受け止められるのも、こうした考え方の延長上で理解し得るだろう。一方で、競技場から退出してしまう場合は、競技場の管理すらしない（いわゆる「夜警もしない国家」）ことになるが、その場合は、民間が私的秩序形成を通じてその間隙を埋めようとするのである。中国の国家の特色は「専制」か「放任」か、というよりは、むしろ市場に対するこのような関わり方、即ち、「国家と社会との機能的同型性」とでもいうべき特質に求めるべきではなかろうか。

中国の官僚の「私人的性格」とは、私利私欲を図るといった行動様式に直接に結びつくというよりは、むしろ民間経済に対して特権をもつプレイヤーとして関わってゆくというこのような姿勢（むしろこれが不正の土壌となったことは否めないが）を示す語と考えることができるだろう。中国の官僚が、我が身を犠牲にして民のために尽くす清官から、思うままに収奪して私腹を肥やす貪官まで、大きな差があったように、政府のパフォーマンスにも大きな幅があった。本書は、もっぱら二〇世紀前半の動乱期を扱っているために、ここで論じられる中国人の経済的メンタリティが経済状況の不安定性を増幅してゆく側面が強調されているように思われる。しかし、より安定した時期にはその同じメンタリティがどのような形で現れてくるのか、ということはまた別の問題であり、時期的な差に留意した幅をもった理解が必要であろう。

第二に、「社会態制」を論ずるに当たっての「中国」という単位について、考えてみたい。本書では「中国」という範囲を自明のように採用しているが、その「中国」とは何か、という問題である。本書で「中国」の比較対象となっているのは主に西洋（西欧）であり、また日本についても若干言及されている。著者によれば、

> 個別的な中国経済の態制と心意とは、よく言えば親和的で、悪く言うと盲従的な日本の社会態制および社会心情とは、ほとんど対蹠的なコントラストを示している。しかし同時に明確な個別的「不可分者」の意識と、その基底の上で社会形成への強い意欲とを示す西欧的なそれに比べると、中国のそれも日本のそれとともに、社会形成志向の欠如という共通の東洋的特色を示している（二五四頁）

という。しかし、西欧や日本と違う点があるということは分かるとしても、それを以て「中国的」と言えるのかどうかは、よくわからない。「家計的な経済心情」といったものは、チャヤノフのいう小農経済に共通のものであるし、「官吏の私人的性格」も、ミュルダール（Gunner Myrdar）の「軟性国家（soft state）」を想起させ、中国のみの特質ではないだろうと思わせる。「私的保証」や「個別主義」「貨殖主義」も、経済秩序の不安定なところで利益を求めようと思えば、自然な傾向としてそうなってゆくのではないだろうか。また一方、中国の内部でもスキナー（G. W. Skinner）のいう「大区域（macro-region）[34]」による違いとか、或いは「上海モデル」・「関中モデル」など、地域別にいろいろなタイプがあり得るのかもしれない。

　このように現在では、かつてのように「中国」を自明の単位として論ずることは、難しくなってい

る。村松が「中国」を単位として論じることができたのは、むしろ、アジア諸地域や中国内部の相違についての情報が少なかった当時であったからこそだと言えるかもしれない。ただ村松のいう「態制」が、「国民性」をアプリオリな前提とするような固い類型論ではなく、人々の主体的行動が集まって「態制」を作り上げ、またその「態制」が人々の行動を規制する、といった一種の自己組織的な運動性を持つものとしてとらえられていることにも注目しておきたい。固い普遍性論（ホモ・エコノミクスを前提とするような）でも固い類型論（不変の国民性を前提とするような）でもない、開かれた考察の可能性がここにあるように思われる。

幸い今日では、対極的な性格付けへと導きやすい「中国　対　西欧（あるいは日本）」といった比較の軸のみならず、ヨーロッパや日本以外の地域を含んだより多方向的な比較が可能となっている(35)。こうした多方向的な比較を通じて、前提となっている考察の単位を絶えず問い直してゆくような比較の仕方が可能なのではないかと考えられる。

おわりに

本稿では、六〇年以上前の著書を紹介するという懐古談式の話になってしまい、明清経済をめぐる様々な新しい方法論を扱うことができなかったことを、「論壇」の参加者におわびしなければならない。ただ、なぜこのような問題を扱ったかというと、近年のグローバルヒストリー系の比較史では、明清経済がヨーロッパとの比較でかなり持ち上げられながら、明清経済のとらえ方が表層的で、深部に入って行っていないのではないかというフラストレーションを感じていたからである。深部というのは、細かい実証が足りないということではなくて、むしろ、経済の動きを「理解」する基本的枠組みの問題である。遠く離れた地域の経済を比較するには、（村松の喩を借りれば）試合のスコアと勝敗をもとに「先進的」「後進的」といった位置づけをするよりはまず、試合のルール（経済主体の行動様式）について明らかにする――というよりむしろ、自分が暗黙のうちに持っている前提を明示する――ことが必要ではないだろうか。

村松祐次の「社会態制」論は、全体として見ると「西洋に比べて中国は停滞的だ」という結論になるので、近年の反ヨーロッパ中心主義の潮流からすると、おそらく否定の対象となるだろう。しかし、伝統中国の人々の経済的行動様式について、その「主観的＝主体的」な根底まで遡って最も包括的・明示的かつ内在的に論じようとした試みの一つであることは疑いないと思われる。このような試みは、中国経済史に限らず、他の地域の経済史研究にとっても、参考価値のあるものではないだろうか。

（1）よく知られているように、経済economyの語源はギリシア語の「家 oikos の管理 nomos」であるが、西欧の国民国家成立期に economy という語は、個々の主体の行動の結果として生まれる一国全体の富の動向をマクロ的に捉える言葉として使われるようになった（political economy）。漢語圏において economy の訳語として用いられる「経済」は、「経世済民（世を正しくし民を救う）」の略語であり、当初「計学」といった訳語と競合していたが、最終的に「経済」が定着した。「経済」という語は、政策論的指向を強く持っていた初期の political economy 論にはかなりよく適合するが、しかしそもそも「経世済民」という語の指す範囲は、財の生産や分配といった問題をはるかに超えて「世の中を良くする」こと全般に関わっていることに留意すべきである。換言すれば、東アジアの伝統的な語彙のなかには、統治一般と区別して財の生産や分配に関わる問題を指す適当な言葉がなかったので、「経済」という語を無理に当てざるを得なかったともいえる。

(2) 原洋之介「村落構造の経済理論」(『アジア研究』二一巻四号、一九七四)。

(3) 原『クリフォード・ギアツの経済学——アジア研究と経済理論の間で』(リブロポート、一九八五、改訂版『エリア・エコノミックス——アジア経済のトポロジー』NTT出版、一九九九)など。

(4) Thomas G. Rawski and Lilian Li, eds., *Chinese History in Economic Perspective*, University of California Press, 1992.

(5) 最近の例として、石井知章『K・A・ウィットフォーゲルの東洋的社会論』(社会評論社、二〇〇八)を挙げておく。

(6) たとえば、一般読者の間にも大きな反響を巻き起こした與那覇潤『中国化する日本』(文藝春秋、二〇一一)など。上記①と対照的に、ここでは中国の帝政国家が極限的に「小さな政府」であったことが強調される。たとえば與那覇氏曰く「キャッチフレーズ的に言うなら、……政府が小さすぎて「夜警もしない国家」というところですね」(池田信夫・與那覇潤『「日本史」の終わり』PHP、二〇一二、一五五頁)。

(7) 欧米では、「先進的であった中国がなぜ遅れてしまったのか」というこの問いは、近代以前の中国の科学の達成を高く評価するシリーズ『中国の科学と文明』の編者、ジョセフ・ニーダム（Joseph Needham）の名を取って「ニーダム・パズル」と言われる。

（8） 宋代から清代中期まで（一〇世紀―一九世紀前半）の時期が中世（封建制）か近世かという点をめぐっての有名な論争については、多くの文章が書かれているが、論点整理としては、宮澤知之「宋代農村社会史研究の展開」（谷川道雄編著『戦後日本の中国史論争』河合文化教育研究所、一九九三）などがある。

（9） このような点は、拙稿「明清期の社会組織と社会変容」社会経済史学会編『社会経済史学会創立六〇周年記念　社会経済史学の課題と展望』（有斐閣、一九九二）で指摘した。

（10） 「勤勉革命（industrious revolution）」論を中国に適用しようとする試みは、おそらくこの潮流のなかでとらえることができよう。例えば杉原薫「東アジアにおける勤勉革命径路の成立」（『大阪大学経済学』五四巻二号、二〇〇四）参照。

（11） Paul A. Cohen, *Discovering History in China: American Historical Writing on the Recent Chinese Past*, Columbia University Press, 1984. 日本語訳は『知の帝国主義』（佐藤慎一訳、平凡社、一九八八）、中国語訳は『在中国発現歴史』（林同奇訳、中華書局、二〇〇二）。

（12） たとえば、William T. Rowe の漢口に関する二部作 *Hankow*, 1984, 1989をその代表例として挙げることができよう。

（13） Kenneth Pomeranz, *The Great Divergence: China, Europe, and the Making of the Modern World Economy*, Princeton University Press, 2000. 近年の「グローバルヒストリー」の代表的著作と目されている同書は、一八世紀までの中国江南地域の経済状況は同時期のイングランドに勝るとも劣らないものであったとして、その後の「大分岐」の原因を、生態環境上の壁を乗り越える上でのイングランドの偶然的な優位――鉱物資源や海外領土――に求めている。

(14) 本節における村松著書の紹介は、私の旧稿『一橋大学の中国社会研究』(日本のアジア地域研究シリーズ、№7、ニーズ対応型地域研究推進事業「アジアのなかの中東・経済と法を中心に」プロジェクト事務局、二〇一一)と一部重なることをお断りしておきたい。

(15) 村松の著書『中国経済の社会態制』の復刊版に収録されたRamon Myersの追悼文では、「〔本書は〕日本でも外国でも、近代中国研究に対し実質的に影響力を持たなかったように見える」と述べている。同書二七五頁。

(16) たとえば、加藤弘之・久保亨『叢書・中国的問題群5　進化する中国の資本主義』(岩波書店、二〇〇九)第1章、など。なお、村松の『中国経済の社会態制』を紹介した専論として、奥村哲「村松祐次『中国経済の社会態制』をめぐって」(同『中国の資本主義と社会主義　近現代史像の再構成』桜井書店、二〇〇四、所収)があり、その積極面と同時に批判すべき点にも周到な言及を行っている(後述)。

(17) 米濱泰英『一橋人からの陣中消息　如水会員の日中戦争』(オーラル・ヒストリー企画、二〇一五)、二七一―二七五頁によれば、村松は一九三八年初めに出征、中国東北ソ連国境近くの虎林で陸軍主計少尉(のち中尉)として勤務、四〇年八月に召集解除となっているようである。

(18) 中国経済の「個性」についてのこのような関心は、当時の日本の学界で必ずしも孤立したものではなかった。京都帝国大学農学部教授であった柏祐賢は、一九四七―四八年に出版された『経済秩序個性論』(人文書林)において、中国経済の個性的秩序について詳しく論じている。

(19) 古田和子は村松の方法について「今日でいえばまさしく比較制度分析の手法」であった、と述べている。古田「中国における市場・仲介・情報」（三浦徹他編『比較史のアジア　所有・契約・市場・公正』東京大学出版会、二〇〇四）二〇七頁。

(20) 興味深い方法であるが、この両者がはっきりと区別し得るものなのかどうかについては、検討の余地があろう。この点については、後述したい。

(21) 丸川知雄『チャイニーズ・ドリーム――大衆資本主義が世界を変える』（ちくま新書、二〇一三）が、現在の中国の「大衆資本主義」のこうした側面を、ヴィヴィッドに――そして村松よりもはるかに肯定的に――描いている。

(22) ノース（竹下公規訳）『制度・制度変化・経済成果』（原著一九九〇、晃洋書房、一九九四）。村松がこうした「競技」の比喩をどこから発想したのかという問題は興味深いが、本書を読む限りでは典拠となるような文献は挙げられておらず、村松の独創ではないかと思われる。

(23) ここでいう「安定」とは、「安定なき停滞」の「安定」ではなく、態制全体の変わりにくさという意味での「安定」を指す。

(24) 寺田浩明は、清代中国における慣習は「慣習法」なのか、という問題を論ずるなかで、以下のように述べている。「清代民事法秩序には、そもそもこうした（日常的に存在する行動の規則性を日常の現実政治から制度的に分離し、操作可能なルールの形に整備していく――引用者）「規範の対自化」の施設設備が官民双方において基本的には欠けていた。成程、民事関係をめぐる一般的な行動のパターン（慣行）はある。しかしそれは、官においても民においても、（慣習法書の編纂、裁判での援用と判例法の形成といった形で）十分に対自化され、操作化されることなく社会の中を終止浮動している」（「清代土地法秩序における「慣行」の構造」『東洋史研究』四八巻二号、一九八九、一五二頁）。こうした見解は、村松の「経済を外部から規制する秩序の不在」という論点と呼応するものではないだろうか。しかしさらに原理的な観点からヴィトゲンシュタイン流にいえば、「中国」の範囲を超えて、そもそも「ルール」というものは究極的には人々の実践的行為に還元されると述べることも可能であろう。

(25) 注（16）参照。

(26) 久保「世界史における民国時代」（野澤豊編『日本の中華民国史研究』汲古書院、一九九五）。なお、村松がどの程度ウェーバーの影響を受けていたのかということは、難しい問題である。奥村も指摘するように、「西欧を理念型とし、それとは別の類型として中国を捉えている」という点では「M・ウェーバーの影響が色濃い」と言えるかもしれないが、同時期の柏祐賢の『経済秩序個性論』がウェーバーの方法論に明示的に依拠しているのと比べると、『中国経済の社会態制』には、ウェーバーへの言及は全くない。『中国経済の社会態制』の出版直後、増淵龍夫が書評を書いているが（『一橋論叢』二二巻五号、一九四九）、そこでは「借り物の方法などによって曇らされていない」著者の「透徹した眼光」を評価しつつも、著者の内面に観得された主観的形姿を客観的に概念化する方法が曖昧である、と述べ、比較のための共通の基準、より高次の問題視野が必要であるとして、ウェーバーの理念型論を例に挙げている。即ち増淵は、村松の議論にウェーバー的な方法論が欠けていることを不満としたのである。本書執筆時点で村松がウェーバーをどの程度読んでいたのかはよくわからないが、たとえ読んで方法的に関心は持ったとしても、具体的な中国社会論としては、家父長的氏族の強固さを強調するようなウェーバーの中国社会論が村松の目からみて素人の強引な議論に見えたであろうことは容易に想像できる。村松とウェーバーの関係については、のちに村松が、ウェーバーの影響を強く受けたバラーシュ『中国文明と官僚制』の翻訳を行っていることなども含めて、きちんと検討してみたいが、現在はその準備がない。

ちなみに、本書のなかで比較的大きな議論に関わって引照される欧米の学者としては、ウィットフォーゲルやイギリス史家のR・H・トーネイ（Tawney, *Land and Labour in China*）などが挙げられる。ウィットフォーゲルに対しては批判的な言及が多いのに対し、トーネイに対しては（中国研究の専門家ではないにもかかわらず）おおむね肯定的な言及がなされているのは興味深い。

(27) 奥村『中国の現代史　戦争と社会主義』（青木書店、一九九九）参照。

(28) 注（16）参照。

(29) さらに最新作の『中国経済学入門』（名古屋大学出版会、二〇一六）では、「曖昧な制度」を引きつづきキーワードとしながら、題名の示す通り、「中国」の特質に根差し、かつ確固とした体系のある「経済学」を構築することの意義が提唱されている。

(30) それに対し、柏祐賢のいう「「包」の倫理規律」（柏によれば「包」とは、不安定な自然・社会環境のなかで、第三者を間に入れて請け負わせることによって取引の不確実性を低減させる方式であるという）が「曖昧な制度」のミクロ的な側面を表すとされる。

(31) 前掲注（9）拙稿「明清期の社会組織と社会変容」、一六〇頁。

(32) こうした見方は、東亜研究所と満鉄調査部が華北で行った中国農村調査における戒能通孝の見方と甚だ近い。このプロジェクトにおける村落関係の調査のもつ問題点（ないし問題提起力）については、旗田巍『中国村落と共同体理論』（岩波書店、一九七三）参照。明清時代についていえば、足立啓二『専制国家史論――中国史から世界史へ』（柏書房、一九九八）が村松のこうした議論をさらに尖鋭化して論じているように見える。

(33) 英語圏の学界で清朝に対する再評価が行われ始めたとき、最初に取り上げられたテーマの一つが、この常平倉の問題であった。Pierre-Étienne Will & R. Bin Wong, *Nourish the People: The State Civilian Granary System in China, 1650–1850*, Center for Chinese Studies, The University of Michigan, 1991.

（34）経済地理学者スキナーは、河川を中心とする交通運輸システムという見地から中国を八ないし九の大地域に分け、それぞれの歴史のリズムは異なるとする。

（35）たとえば、前掲注（19）三浦徹他編『比較史のアジア　所有・契約・市場・公正』は、一九九九年―二〇〇一年の三年間続けられた研究会「比較史の可能性」の成果であるが、そこでは意識的に「中東・中国・東南アジア」の比較を軸に据えた。その意図の一つは、「西洋やヨーロッパを物差しにした二者択一から逃れ」ること、「「文化相対主義」の名のもとに、地域や文化の設定を絶対化する」ような比較のしかたを克服すること、であり、「事象の比較を通じて共通の座標軸を発見」することが目指された。三浦徹「序　原理的比較の試み」（同書所収）、参照。

原載　中国社会科学院歴史研究所・一般財団法人東方学会・早稲田大学総合人文センター『第八回日中学者中国古代史論壇論文集　中国史学の方法論』汲古書院、二〇一七。原題「伝統中国の経済秩序をどのようにモデル化するか――二〇世紀中葉の日本の学界における一つの試み――」。

中国中間団体論の系譜

はじめに

一九四〇年から四四年にかけて、東亜研究所「第六（支那慣行）調査委員会」を中心に満鉄調査部の協力を得て日本の占領下の華北農村で行われた「華北農村慣行調査」[1]は、それまで日本が台湾や朝鮮・満洲（中国東北）で行ってきた旧慣調査と異なり、日本の支配領域における立法や行政に直接役立つことを目的とするというよりはむしろ、「中国の民衆が如何なる慣行の下に社会生活を営んでゐるか、換言すれば、中国社会に行はれてゐる慣行を明かにするによつて其社会の特質を生けるがまゝに画き出すこと」（調査方針の中心的立案者であった東京帝国大学法学部教授末弘厳太郎の語[2]）をめざす学術的調査として企画されたものであった。満鉄調査部北支経済調査所慣行班の若手調査員としてこの調査に参加し、村落の調査を担当した旗田巍（一九〇八—九四）は、この調査で彼が見出した華北農村の姿が、当時彼がその存在を想定していたアジア的な村落共同体の特質と大きく異なるものであることに衝撃を受け、共同体理論に大きな疑問を持つに至ったという[3]。

さらに旗田を驚かせたのは、この調査資料に基づき東亜研究所において行われた研究の成果が、研究者によって大きく異なり、対蹠的ともいえる中国村落像を描き出していたことである。東亜研究所において中国村落に関する研究の主力となったのは、東京帝国大学法学部出身の二人の研究者、平野義太郎（一八九七—一九八〇）と戒能通孝（一九〇八—七五）であったが、この両者の論争を紹介する旗田の一九六六年の論文によれば、この「両氏は同じ素材を利用しながら全く相反する見解をだした。……平野氏が中国村落の共同体的性格を強調したのに反して、戒能氏は共同体的性格の欠如を主張した。村落研究の視点、資料の扱い、事実の認定、その評価など、すべてがちがった。この両者のちがいの背後には、当時の日本およびアジアの動きにたいする評価の差、さらに根本的には世界の歴史の発展の方向についての認識のちがいがあるが、当時の私には、そこまで立ちいって考えるだけのゆとりがなく、驚きの目でこの論争を眺めるだけであった[4]」。

平野が、華北農村の「会」（村公会・公会）を自然村落の自治機関と位置づけ、農耕・治安・防衛・祭祀など諸方面の集団的活動に示される村民の協同意識を、西洋の個人主義的・対立抗争的社会と対比して高く評価したのに対し、戒能は中国の村落における内面的な協同意識の不在を強調し、同族や村落の束縛の希薄な中国農村の一見近代的ともみえるあり方の背後に、国民的秩序形成へと成長してゆくべき秩序意識の欠如を見出した。旗田は、中国村落に関する両者のこうした見解の相違を指摘するのみならず、これらの見解を、両者の研究を支えていた実践的関心との関連で理解しようと試みた。

旗田によれば、平野の研究の基礎には、欧米社会・近代文明を排撃して家族主義的・共同体的な農村郷土社会にアジア固有の価値を求めようとする「大アジア主義」があったのに対し、戒能の研究は、西洋近代を目標とする「近代市民主義」「脱亜主義」の流れの中に位置づけられるが、その「脱亜主義」は当時においては時局に対する抵抗という意味をもっていたのである。

平野・戒能論争を扱った旗田のこの論文は、短編ながら戦後日本の中国社会研究に大きな影響を与えたといってよいだろう。それは一つには、旗田がここで、単に平野・戒能らの戦中の研究の限界を指摘するのみならず、彼らの中国研究・アジア研究を「日本人の思想の形成の一環」(5)として取り上げようとしたことにある。今日から振り返ってみると、旗田がこの論文を書いた一九六〇年代という時代は、増淵龍夫の内藤湖南・津田左右吉研究(6)などにも見られるように、戦前戦中の日本のアジア研究に対する「反省」が一段深化して、一種の内面的理解が試みられた時期であったといえる。現代の高みに立って軽快に過去を断罪するのでなく、過去の思想の現場に立ち戻ってそこから現在の自分自身にとっての反省の糧をくみ出そうとするその姿勢は、当時から四〇年前後を経た今日の我々にとっても、学ぶべき価値のあるものと感じられる。

旗田論文の影響力のもう一つの理由は、中国の中間団体が研究者に与えてきた異なるイメージを端的な形で提示し、中国村落の性格についての問いを改めて読者に投げかけているところにあろう。旗田自身は、自らの調査の結果として、華北農村における村落共同体の存在について否定的な見解を表明しているが、平野・戒能論争で顕在化した問題は、今日でも完全に解決されたわけではない。親和的協同性に基礎付けられた共同体的な社会というイメージと、打算的・利己的な人々の織り成す協同意識の希薄な社会というイメージとは、現在も往々にして中国社会の二重の形象を形成しているといえよう。そうした形象は、どのような経緯のなかで形成されてきたのだろうか。

本稿では、平野・戒能論争に見られるこの二つのイメージをより大きな文脈のなかに位置づけなおすことを一つの目的として、以下のような点に着目しつつ、二〇世紀前半期における中国中間団体論(7)の流れを素描することを試みたい。第一に、中国社会、特にそれを特徴づける中間団体のあり方をめぐる様々なイメージが、どのような経緯で形成されてきたのかを、長期的な視野のなかで跡づけること。第二に、中国中間団体を観察し評価する研究者の視点を規定する要因として、彼らのもっていた学問的・実践的問題関心に注目すること。そして第三に、日本の研究を孤立して取り上げるのではなく、中国や欧米の研究との関連についても留意すること。

この数十年間、戦前・戦中の日本の中国社会研究については、個別のテーマや個々の学者に即して多くの論文が書かれてきた。また、中国の中間団体をめぐる研究状況も大きく変化し、それに伴って宗族（父系出自集団）など各種中間団体に関する研究史の整理もしばしば行われている。そうした研究の深まりに照らしてみれば、本稿の試みはごく表面的なスケッチにとどまり、触れるべくして紙幅の関係で触れられなかった問題も多いが、従来個別に論じられてきた問題の間に何らかの脈絡を見出すきっかけとなれば幸いである。

一　中間団体と地方自治

辛亥革命前後の中国中間団体論

日本の学界における中国中間団体論の系譜をどこから始めるべきであろうか。初期の議論としてまず挙げるべきは、やはり従来からも注目されてきた内藤湖南（一八六六―一九三四）の「郷団」論であろう[8]。よく知られているように、内藤は、一九一四年、辛亥革命後の急速な政局の変化のなかで出版した『支那論』自序のなかで、「支那に於て生命あり、体統ある団体は、郷党宗族以上には出でぬ。此の最高団体の代表者は、即ち父老である[9]」と述べ、その成立の背景として、その土地の名望家が地方官吏に任命されるいわゆる郷官の制度が隋の時代に廃されて、官吏がみな「渡りもの」となって以来、官吏が地方人民の利害に無関心となり、その結果、「地方の人民と云ふものは全く官の保護を受けると云ふ考は無くなつてしまつた」ことを挙げる。かくして「地方の人民に取て総ての民政上必要なこと、例へば救貧事業とか、育嬰の事とか、学校のこととか、総ての事を皆自治団体の力で為ると云ふことになつて来た。……甚だしきは警察の仕事までも、各自治団体で自治区域の兵を養ふ」に至り、「詰る所近来の支那は大きな一つの国とは云ふけれども、小さい地方自治団体が一つ一つの区画を成して居」る状態になっているという。内藤は、こうした自然発生的な自治団体のなかに、中国における共和政治の実現可能性を見てとるわけであるが、こうした見方の萌芽は、すでに辛亥革命前、内藤が京都帝国大学教授となる（一九〇七年）以前のジャーナリスト時代の時事論説のなかに見出すことができる。

一九〇一（明治三四）年九月の大阪朝日新聞の論説「清国改革難[10]」で内藤は、国内の政治的対立や胥吏の不正、財政問題など中国の改革の阻害要因を列挙し、そのなかで、社会上の根本的弊害として、郷党観念の強さと表裏する国家意識の希薄さを挙げる。

支那の社会組織は先づ郷党なる者に重きを置かざるべからず。郷党なる者は、大抵同姓親族の発達せるものにして、実に支那社会組織の単位たり、又社会組織の最大団体たるなり。其の国民なる者は、特に此の単位の烏合体に過ぎず……。故に支那に在りて、生命ある団体を求めんとすれば、郷党組織以上に及ぶを得ず、是れ他の文明国が国民を以て生命ある一大団体とすると、大に間あり。其の生命、財産の保護の若きも、郷党自ら之れを為し、或は勇（義勇軍）を募りて以て盗賊に備へ、或は義荘義学を設けて以て相資給するも、郷党の団体を以て急とせざることなく、郷党以外は尽く路人なり。（引用文中の括弧は引用者による補足・説明。以下同様）

このような現象の由来するところは、内藤によれば、一つには「支那人が其の国を以て一国と為さず、而して以て天下と為せるに在り」即ち、自国を天下と見なしてきた中国においては、列国の並立と競争のなかで生ずるべき愛国心が育成されなかったことにある。また同時に「悪政の積圧と、変乱の踵起と」によって、人民が「生命財産の安固を政府に託するの無益なる」を熟知していることも、人民のこうした郷党依存の一因である、という。

しかし、そうした地方自治の伝統は、他面では中国の改革にとっての利点ともとらえられている。内藤は、「支那社会組織の弊や、誠に已に述ぶるが如しと雖も、其の利とする所も、亦絶えて無しとせず、即ち其の地方自治体の完備是れなり。故に苟くも之を利用する者あれば、一郷を以て天下に為すあるに足る」と述べ、その「近世」における実例として、太平天国反乱の際に曽国藩が郷里の湖南で編成した義勇軍の湘勇が反乱の鎮圧に大きな役割を果たしたことを挙げる。「若し有力の政治家ありて、其の一郷に施す者を以て、之を一国に施さんには、近世文明国の社会組織と亦必ずしも大差なきを得べし。」内藤によれば、このような地方自治の動きはこの「百年以来、頗る萌芽」してきたものので、その最も顕著な表れは社会の防衛の側面にあった。即ち、内藤は一八世紀末の白蓮教の反乱以降、動乱の続くなかで進行してきた社会の軍事化の趨勢のなかに「近世文明国の社会組織」に相当する統合の実現の芽を見て取っているのである。

中国の郷党の結合に対する内藤のこのような見方は、同じころの梁啓超（一八七三―一九二九）の所論と頗る共通するところがある。一八九八年の戊戌変法に失敗して日本に亡命してきていた梁は、一八九九（光緒二五）年に犬養毅の進歩党の機関誌『大帝国』の依頼で執筆した「論中国人種之将来」（『大帝国』一巻三号に漢文で掲載）[11]において、中国人の自治の習慣について大略次のように論じている。二〇世紀において、中国人は世界上最も有力な人種になるであろうが、その理由となる人種的特質として、自治の力に富んでいることが挙げられる。参政権に比べ自治権は長い歴史的な習慣があってこそ実現するものだが、中国は数千年来、自治の特質を持っている。村落においては、一族には一族の、一郷には一郷の、一堡には一堡の自治がある。市場町においては、一市には一市の、一坊には一坊の、一行には一行の自治がある。郷には所謂紳士耆老がいて、事があれば集って衆議する。これが即ち自治の議会である。自治の行政官たる族長・堡長、自治の中央政府たる一族の祖祠や一郷の廟宇、自治の財政たる共有財産、そのほか、裁判・学校・警察に当るものもある。これらを見れば、自治の体制に関してはほぼ備わっている。人民のそこに生活する者が富貴を求めるか大罪を犯すかしない限りは、地方官は決してこれに干渉することなく、毎年若干の地丁税を納めればよいだけだ。このようになった理由は、歴代の皇帝宰相が民のためにこうした特権を与えたのではなく、中国の土地が大きすぎ、人が多すぎ、歴代の皇帝宰相は能力が不足していたために、民事に力を尽くすことができず、民をゆるく繋いでおく（羈縻勿絶）に止め、その自生自養に任せたからに過ぎない。わが民は君主が世話をしてくれないために、集団を作って自ら対策を立て、その習慣が蓄積されてこうした政体が作り上げられたのだ。従って、実情からいえば、一国のうちに無数の小国を含んでいるようなもので、朝廷と地方団体との関係は、属国のようなものに過ぎない。政府と民間とは痛痒相関せず、王朝が交替しようと民の自治は元の通りで、民はあまり意に介しない。これは中国人種固有の習俗で、諸国と大いに異なるものである。政府と民とが痛痒相関しない状態であるため、愛国の心は薄弱となる。これは中国人の短所だが、痛痒相関せざるが故にこのような自治の特質が養成されたのは、不幸中の幸いといえる。(12)

梁啓超のこの文章は、日本人向けに中国の改革の可能性を強くアピールすると同時に「わが四億の同胞に告げて各々その気を壮んにさせる」ことをめざしたものであり[13]、その意味でここでは、この時期の梁の他の文章に比べて、危機感よりも楽観的な見方が敢えて強く打ち出されているともいえるだろう。ここに述べられた中国の「自治」の習慣は、現実とは乖離した理念的描写とも考えられるが、梁啓超が二〇代初めまで過ごした郷里の広東省は全国的にみても宗族の発達した地域であり、祖父や父も治安維持や道路の舗装、紛争の調停など、「自治」的な活動に参与していたことは[14]、注目に値しよう。実際、梁啓超は、同年に書かれた他の論説のなかで、「他省はさておき、広東についていうと」として、「論中国人種之将来」と同様の中国の自治習慣の描写を行っており、こうした描写は梁自身の体験にある程度根ざしていたものと考えられる[15]。

内藤は一八九八年末に梁啓超が雑誌『日本人』に書いた論説「論中国政変」に対して好意的な評価を行っており[16]、若手の改革派として梁啓超に注目していた。一八九九年に日本で発表された梁啓超の「論中国人種之将来」を内藤が読んでおり、その中国自治論に示唆を受けたことは、十分考えられる。

清末民初期における梁啓超と内藤湖南の中間団体論を比較してみると、その見解の共通点としては、次のような点が挙げられよう。

第一に、中国社会の長期的な伝統として、生活の多方面にわたる協同と相互扶助を行う自然発生的な社会組織が存在し、現在の中国は一つのまとまった国というよりは、こうした小さな自立的社会組織の並存といった状況を呈していること。即ち、一国全体としては散漫な、しかし末端レベルでは内的結合力をもって生き生きと活動する団体によって人々の生活が支えられている、そうした社会像がここで提示されている。

第二に、歴史的にみれば、そうした社会組織は、社会の末端までその支配を行き届かせることのできない中央集権的官僚国家の支配の空白を埋める必要から発達してきたこと。「この百年来」の動乱のなかでの地方防衛の動きに着目するか、隋代における郷官の廃止といった中央集権的官僚制度の展開と関係づけるか、或いは中国皇帝政治のもとの数千年来の伝統とするか、といった時期の取り方は様々であるが、いずれにせよ、中国の自治の習慣は、古来の氏族的或いは「封建」的な体制の遺制としてではなく、むしろ郡県制国家の支配の限界に対する地方住民の主体的対応として捉えられている。その意味で、中国の自治の展開は、郡県制的な統治体制と相表裏する現象なのである。

そして第三に、将来の国家統合という課題に対してこのような社会体制のもつアンビヴァレントな関係。即ち、国家意識の欠如によって特色づけられるこうした社会体制は、一面では近代的国家統合の困難をもたらすが、他面では、生き生きとした結合力を保つこれらの社会組織こそが自治の担い手として国家統合の基点となり得るものであること。この両面のどちらを強調するかについては、各文章の書かれた時期や状況によって若干のゆれがあるようであるが、彼らの議論がいずれも、これら団体が解体して個人が析出される過程に歴史の進歩を見出しているのではなく、これら団体そのもののなかに近代性の契機を見出していることに注目すべきであろう。

このような共通性の由来は、単に彼らが相手の文章を読んでいたかどうか、といった直接の継承関係のみの問題ではなくして、両者がともに、中国の伝統的な経世論を意識しつつ立論している、という、いわば言説的根の共通性からも説明することができるだろう。皇帝中心の中央集権的な官僚統治を肯定する「郡県」の立場と、皇帝権力の絶対化を批判して地方勢力への権力分与を主張する「封建」の立場との対立は、秦の始皇帝の中国統一（前三世紀末）から清末に至る二千年余りの間、中国における体制構想論の殆ど唯一の枠組みをなしてきた[17]。そのなかで内藤湖南が、特に明末清初の顧炎武・黄宗羲から清末の馮桂芬などへと至る「封建」重視の立場に共感していたことは、すでに増淵龍夫が論じている[18]。また、清末の康有為・梁啓超ら変法派の地方自治論と伝統的な封建論との関係についても、増淵や閔斗基らの研究[19]によって、よく知られている。

むろん、内藤や康・梁の議論は伝統的な封建論をそのまま引き継いだものであるわけではない。「君主の権力が過大なのが近来の政治の弊であるから……昔の貴族制度に復さうと云ふ」ような封建論者の復古的な議論に対し、内藤が『支那論』でこれを時代の変遷に逆行するものとして批判している[20]ように、封建論の秩序像のうち、身分的な上下関係の維持といった論点は、内藤の取るところではなかった。内藤は、唐宋変革を通じた貴族政治の衰退と「平民主義」の進展を、不可逆的な歴史の進歩と見ていたのである。

内藤や清末の改革派が伝統的封建論から汲み上げた論点を最大公約数的にまとめるならば、それは第一に、過度の集権政治の結果、国家と社会との距離が拡大し、中国社会は国家的統合を欠いた散漫な社会になってしまっている、という現状認識、第二に、社会秩序の原点は国家でなく在地の社会組織、社会勢力に存在する、という考え方であったといえよう。近代中国地方自治制度の研究者、黄東蘭は、中国の伝統的自治理念が「小から大へ」の理念図式、即ち儒家の「修身・斉家・治国・平天下」（『大学』）の図式に端的に表されているような一身から天下へと拡大してゆく段階的秩序形成論を基盤としていることを指摘し、こうした自治理念を「中国人の自治思想の「古層」」と呼んでいるが[21]、この図式は、内藤や清末改革派にも影響を与えているということができる。

内藤と清末改革派との社会像のこのような共通点にもかかわらず、実践的な提言においては、両者は大きく異なる方向性を持っていた。その相違は一言でいうならば、清末及びそれ以降の改革運動が、国家的統合による中国の自立と富強の実現を切迫した課題と考え、そのための立憲や地方自治などの制度改革を急速に推進しようとしたのに対し、内藤湖南の場合、そうした目的の意義と改革の効果について懐疑的な立場を表明した、ということにあるといえよう。

この点に関わる内藤の特徴的な議論の一つは、社会の根底的な改良なしに外国の制度を模倣して行われる上からの制度改革は、混乱を生ずるばかりで実行困難である、ということである。仮に実行できたとしても、「支那の民政上の根柢の弊害が除かれない以上、即ち人民が自から支那の国民であると云ふことを自覚して、さうして強い愛国心を生じない以上、いろいろな小細工をやつても、決して其の成績が挙がるべき見込はないのである[22]」。

内藤の場合、その時事論の重心は、そうした意識改革の積極的推進ではなくて、むしろ中国政府によって現に試みられつつある制度変更や富強政策の無意味さを強調することに置かれており、それに伴って、外国勢力による中国統治の有効性が、彼の時事論のなかでしばしば提言されていたことに、留意しなければならない。[23]

以上述べてきたように、内藤や清末改革派の中国中間団体論は、伝統的な封建論的言説に根をおきつつ、中国の将来に対する実践的な関心とともに展開された。それは、次節に述べるような一九二〇年代以降のアカデミズムにおける中国中間団体論の流れと異なり、学問的な論証手続きを意識した研究というよりは、漠然たる印象によるところの多い議論であったといえよう。しかしこうした議論は、中国の人々の社会感覚や秩序イメージをむしろ素直に反映しているだけに、のちの中国中間団体論にも絶えずインスピレーションを与え続けるものであった。特に中国革命の展開のなかで、実践的な政治論においては、中間団体の結集の延長上に国家統合を展望するという清末以来の課題が脈々と受け継がれた。

国民革命期の中間団体論

よく知られているように、孫文は一九二四年の講演「三民主義」のなかで、「宗族から国族へ」という主張を行っている。その大意は次のようなものであった。外国人は常に、中国人は一片の散沙（バラバラの砂）であって民族団体が存在しない、という。しかし、中国には堅固な家族・宗族団体があり、中国人の家族・宗族観念は非常に深い。この観念を推し広げれば、宗族主義から国族主義へと拡大してゆくことができる。大団体を形成するにはまず小基礎が必要であり、互いに連合してこそ成功を収めやすい。その基礎が宗族団体であり、また家郷観念である。個人を単位とする外国に比べ、こうした小基礎の存在は、むしろ中国にとって有利な条件である、と。[24]孫文のこの主張は、梁啓超が一九〇〇年の論説「十種徳性相反相成義」のなかで述べている「合群（社会統合）」論と呼応する。梁は大略次のように言う。中国には群がないわけではない。地方自治の発達も早く、同業連盟の組織も頗る密である。それなのに「一盤散沙」の批判を免れないのは、合群の徳がないからだ。合群を呼号する志士ですら、集団相互で相互に軽んじ相互に嫉妬し、競争しあう。社会統合の形はあってもその精神はない。今日我々が最も追求すべきは「群徳」を身に付けることに他ならない、と。[25]孫文の主張はこの梁啓超の議論をより楽観的に言い直したものともいえるが、梁啓超のいう「群徳」の獲得という課題はここでは後景に退いている。

同じころ内藤湖南は、『新支那論』（一九二四年）のなかで、曽国藩の湘勇に言及し、こうした郷団的組織を通じて中国の政治道徳が刷新される可能性を示唆した。「支那の如き兵備の退廃した国でも、郷団組織を基礎としたものは真に力ある軍隊となすことが出来るといふことと、支那の如く官場臭味の浸み込んだ国家でも、郷団若しくは家族師弟の関係によつて組み立てられたものは、創造的の政治を行ふことが出来るといふことと」を曽国藩は証明したのだ、という。郷団自衛を必要とするまで危機が深化したとき、却って「外国の政治を真似せずとも支那人は自国に必要で、自国に最も適当な新政治を編み出し得るかもしれない」と内藤は論じている。[26]

中間団体と国家統合との関係に関するこうした議論の流れのなかで、一九二〇年代に新しく浮上してきたのは、中間団体内部の階級支配と民主主義の問題である。在野の研究者橘樸（一八八一―一九四五）は、一九二五年、内藤湖南の『新支那論』を評して、大略次のように述べた。内藤氏が郷団自衛に重きを置いていることは、私が中産階級の改造勢力としての運命を重大視しているのと大体に於いて一致する。なぜなら中産階級による社会革命も、実際上郷団の如き自衛組織にその勢力の根拠を求めねばならないからである。しかし内藤氏と私との著しい相違点は、前者が例えば曽国藩のような統率者をインテリゲンチャの中に求めて革命勢力を此の一中心に集中せしめようとするに対し、後者は一層デモクラティックな地方分権的な形式を予測するところにある、と(27)。

ここで橘がいうデモクラティックな形式とは、具体的には都市の同業団体（ギルド）を念頭においている(28)。中国の中間団体を論じた別の論説で、橘は次のように言う。官僚政治や家族政治と異なるギルド政治の特色は、第一に「デモクラチックな点にあると思ふ。即ちギルド政治は各成員の利害及び感情に平等の価値を認め、それを規整し糾合し発表するにある」。「第二に官僚政治は階級的搾取の手段に過ぎず、従つて其間に対内的にも対外的にも有効な道徳意識の発生する余地のないに反し、ギルド政治は各成員の共通利益を維持し発展することを目的とし、従つて少くとも対内的には各成員の道徳意識が政治運用の精神的基礎を成す」。「第三に家族及び宗族政治……に於いては尊属の慈愛に対する卑属の孝悌がそれの精神的基礎を成し、ギルド政治にあつては相互扶助の対等なる道徳意識がそれの精神的基礎を形造るのである」。

デモクラティックといっても、それは市民的自由に基礎を置く個人主義的な民主主義とは大きく異なる。橘によれば、ギルドのデモクラティックな性格は、理論上個人主義思想の発生を促す傾向を持っているが、事実は必ずしもそうでなく、各成員はギルドの専制的自治に満足し、個人意識を犠牲としてギルドの立法に絶対服従を捧げることに馴らされている。それは近代思想の洗礼を受けた人からは矛盾と見えるかもしれないが、中国に特有の事情から、商工業プチブルジョアの人々は今日までのところ、何らの疑問も抱いていない。その特有の事情というのは、第一に、家族生活における犠牲と服従の習慣、第二に、ギルドというものが、法律や習慣の保護を欠いた環境のなかで相互に競争し、官僚の搾取に対抗してゆくための社会的・経済的闘争機関であるということの自覚、第三に、ギルド政治の専制的性質が必ずしも成員の職業的利益を侵害するものでなく、却って彼らの共通利益を確保する為に必須かつ有効な手段であるという自覚、である。ギルド政治における専制主義が、時代の要求——自由及び解放の名を以て高唱されるところの個人主義的要求——に超越して安全に維持されるのは、以上のような理由による、と。

さらに橘はギルド的結合の特色として、その結合範囲の広さを挙げる。「家族・宗族団体は申すに及ばず、村落自治体と雖もそれぞれの連合が包摂し得る地域は極めて狭い範囲に極限せられるに反し、ギルドの連合は……支那民族の範囲内に於いては無限に拡げることの出来る性質を持つて居る。〔広東省の保衛団連合の例を挙げ〕私は広東省の示した此の一例を、他日支那民族が彼の民族国家を建設する過程の雛形として重要視して居る(29)」。

内藤の郷団論と橘のギルド論を比較して印象づけられるのは、団体の階級的な性格をめぐる橘の内藤批判にもかかわらず、両者の中間団体論が、非常に似た型を持っていることである。内藤も橘も、団体の内的結集力は、外敵からの防衛の必要に迫られるときに発動する、と見なしている。そして、そうした団体が小から大へと拡大し、全国大の結集が行われるとき、中国の民族国家が実現する、とされる。

ここに描かれる中間団体の姿は、それぞれの守備範囲を守って地方の秩序を支える国制上の基礎単位としての共同体というよりは、むしろその結集力を武器に絶えず拡大してゆく政治的運動体、といったものを想起させる。「宗族から国族へ」という孫文の議論のなかにも、同様の拡張感覚をみてとることができよう。彼らの構想する中間団体の全国的拡大の彼方には——その組織が水平的であるか垂直的であるかはともかくとして——専制的な運営方式をもつ、いわば前衛党的な闘争機関としての国家の姿が浮かび上がる。それは、共産党の指導のもとで当時勃興しつつあった農民運動における拡大のイメージ——例えば「農民運動はこれを拡大し、全広東に広げていかなければいけない。海豊の一つの農会だけでは、どんなに良くても役に立たないのだ。将来これを全国全世界に発達させてゆこう！」（一九二〇年代に広東省海豊県で農民運動を指導した彭湃の演説[30]）といったイメージ——とも重なり合うだろう。彼らの議論に見られるような、中間団体の運動論的把握においては、かつての伝統的封建論がもっていたような、専制権力の発動を抑止する分権的志向は後景に退いている。ここで国家的統合との関係で着目されているのは、団体の対外的自律性よりも、内部の凝集力なのである。

防衛的な「闘争機関」としての社会団体は、その団体の内部においては私的利害を超えた結集を生み出し得るが、それは同時に、対外的な集団的エゴイズム及び集団相互の排除・反発と表裏一体の関係にあった。現実においては、民間諸団体に見られる結集力が順調に「小から大へ」拡大していくとは必ずしもいえなかったのである。梁啓超がかつて「群徳の欠如」として述べたように、新しい政治理念に支えられた革命運動も、往々にしてこうした集団の相互衝突の構造に搦め取られていった。

一九二〇年代以降展開していった階級闘争的な革命運動において、郷村の有力者に率いられた郷団は、打倒すべき敵であり、革命運動のなかで各地に成立していった農会（農民協会）は、革命的運動体として、郷団の階級支配と対峙すべきものであった。しかし、動乱の農村において、防衛的な闘争機関として保護を求める人々をひきつけてゆくという点で、農会と郷団は一種の相似形の機能をもっていたことも否定できない。農民の側からみれば、農会に入るか宗族の保護を求めるかは、主義主張の問題というよりは、状況に応じた微妙な利害選択の問題であった。こうした相似性は、運動の上昇期には、多くの農民が革命運動に結集することを可能にしたが、下降期には農会が急速に地盤を失ってゆく原因ともなった。そのような例を我々は、中国共産党の農民運動の最初期の例である一九二二年から二六年の広東省海豊の農民運動や、北伐期に華北で展開した農村結社紅槍会と農民運動との関係に見ることができる(31)。

二　社会科学研究のなかの中国中間団体

前節では、清末民初の改革・革命の動きを背景として生まれてきた初期の中国中間団体論を扱った。

中間団体を媒介とする国家統合という課題に焦点をむすぶこれらの議論は、概して時論的・実践的な傾向をもっており、中国社会の性格やその歴史的変遷を実証的に解明しようとするアカデミックな議論とはやや方向性を異にしていたといえる。本節では、アカデミズムのなかの中国中間団体論に目を転じ、一九二〇年代から四〇年代にかけての動向を素描してみたい(32)。

中国中間団体の社会科学的研究のはじまり——現地調査と共同体理論

中国や日本の大学等の研究者・研究機関における中国中間団体研究が本格的に始まるのは、一九二〇年代以降のことである。中国中間団体の現地調査という点からいえば、欧米人による比較的詳細な報告は、既に一九世紀末から存在した。キリスト教宣教師アーサー・スミスが華北農村での滞在経験に基づいて著した『中国の村落生活』(一八九九年)(33)、中国の海関(税関)に長年勤務したH・B・モースの『中国のギルド』(一九〇九年)(34)などは、後の学術的著作でもしばしば引用されるものである。一九二〇年代には、上海バプティスト大学の社会学教授D・カルプによる広東省潮州近郊の一農村の研究(35)や、燕京大学社会学教授J・S・バージェスの北京ギルド研究(36)、同じく燕京大学のS・ギャンブルと李景漢による河北定県の六二の村落の調査(37)、などを始めとして、社会科学的手法を身につけた研究者による中国村落や同業団体の現地調査が行われるようになった。一九二〇年前後にそれぞれカルプ、バージェスの主導で設立された上海バプティスト大学社会学系と燕京大学社会学系は、中国の大学における社会学科の嚆矢であり、特に燕京大学社会学系にはその後、アメリカで人類学を学んだ呉文藻が着任し、その指導下で、戦前の中国のコミュニティー・スタディー(一村落を選び綿密なフィールドワークを行う研究)を担った費孝通(一九一〇―二〇〇五)や林耀華(一九一〇―二〇〇〇)などの研究者が育成された[38]。

中国における社会学の創始に関わったカルプ、バージェスらはともにキリスト教宣教師でもあり、その社会調査は、国家的統合に対するナショナリズム的関心を直接の動機とするものというよりは、貧農・下層民の福祉や生活の近代化など、社会問題の解決に関わる問題意識を背景としていたということができよう。定県の農村調査も、この地区を実験区として農村の改良を進めようとする中華平民教育促進会の運動を背景として始まったものであった。その主唱者の晏陽初は、中国の庶民の「四大病根」を「愚、窮、弱、私」即ち無知、貧困、虚弱、利己主義に求め、教育の普及によってそれらの問題を解決しようとしたのである。「愚、窮、弱、私」の克服を通じて中国を再生させることは、その後の中国人学者による社会調査の共通の課題となっていったといえよう。そうした社会問題の解決への実践的努力は、必ずしも西洋化・近代化の方向をのみ目指していたのではなく、一九三〇年代に山東で郷村建設運動を推進した梁漱溟のように、東方文化の長所を強調して儒教的共同性の回復を主張する思想家もまた、このような社会運動に深く関わっていたことに注目すべきである。

社会調査の方法の導入と並んで一九二〇年代以降の中国中間団体研究に大きな影響を与えたもう一つの動向として、欧米の共同体理論の普及を挙げることができよう。一九〇四年に翻訳されたE・ジェンクスの『社会通詮』(*A History of Politics*)の中の「宗法社会」という語が、家族・宗族制度に縛られた中国社会の遅れた性質を表すものとして急速に広まっていった過程については、溝口雄三が概観している。[39] 一九一〇年代の新文化運動の課題は、そうした「宗法社会」の忠孝道徳の打破、個人の解放であった。民間団体の団結力に期待する内藤や孫文の主張は、「個人の解放」をめざす当時の潮流を意識しつつ、それへの反論としてなされている面がある。

一九二〇年代には、より「理論」的な共同体論として、マルクス主義的な共同体論が中国研究に導入された。歴史の原初的な段階に、共同所有（特に土地の共同所有）に基礎を置く共同体を想定し、その解体過程として歴史の展開をとらえる見方は、一九世紀中葉以降のヨーロッパ思想に広く見られるものであり、マルクスもそうした観点の普及に寄与した学者の一人であった。[40] その原初的共同体のイメージは、当時のヨーロッパ人がアジア社会において遭遇したとされる伝統的共同体のそれに重なり合うものであった。

二〇年代末から三〇年代初頭にかけての「アジア的生産様式論争」は、『経済学批判』序言でマルクスが示した「アジア的生産様式」という語の意味をめぐって展開された。「アジア的生産様式」を東洋に独自な土地国有を特徴とする社会構成と考え、帝国主義列強が中国に進出した当時においてもこれが存在していたとするマジャールら「アジア派」の見解と、当時の中国社会を「封建的」社会と見なす「封建派」とが対立するなかで、論争は後者の優勢に終わった。[41] しかしこの両派のいずれにせよ、原始的共同体を本源的状態と見なし、その解体過程において歴史の展開を捉える点では共通であったといえる。このような観点からみるとき、中国社会に現存する宗族などの集団は、古来の氏族共同体の遺制と捉えられることとなる。

マジャールは一九三一年の著作において、中国の宗族について述べているが、その要点は大略次の如くである[42]。所有権の最初の形態は共同体的所有であり、中国でも同様である。中国における氏族共同体は、征服・戦争その他の原因により紀元前数百年に既に解体しており、土地所有者としての村落共同体も同じころ解体した。それだけに、中国の南方諸省で、今日依然として氏族生活の構造の残存物たる氏族的所有が重大な役割を演じている事実は驚くべきことである。中国では氏族制度の観念的上部構造（祖先崇拝、連帯責任など）は依然として人民大衆を極めて強く支配しているが、南方諸省以外では氏族的所有はほとんど存在しない。なぜ南方諸省でのみ氏族的所有が保存されているのか。この問題を解明することは知識の不足のため難しいが、中国の社会と生活状態の理解は、既に久しい以前に過去のものとなった氏族生活の観念的上部構造の残存物の権威と勢力を考慮することなしには不可能である、と。同時にマジャールは、次のように述べて、氏族的所有の変容にも注意を促す。中国において、形式としての、法律的擬制としての氏族的所有は残存したが、しかし血族の所有地の上に、既に久しい以前に新しい社会諸関係が発生している。血族の所有地からの収益は、地主・紳士・土豪・商人など氏族の所有地の事実上の集団的所有者である支配階級の追加収入となり、彼らに高利貸的活動及び保衛団組織のための資金を与えている。古代的な所有形式たる氏族所有地は残存するが、その搾取方式は既に封建的及び半封建的なものとなっている、と。

ここには、中国中間団体の歴史的動向を考察する上での基本問題として後の研究で議論の対象となるいくつかの問題――原初的共同体の解体というシェーマ、地域的な差異の解釈、共同体と階級支配との関係、等――が、すでに明確に提示されているといえよう。

以上のように、アカデミズムの世界においては、社会学・人類学的な調査、及び共同体理論といった新しい要素が一九二〇年代に中国中間団体論に導入され、文献研究と結びついて活発な論議を生み出してゆくこととなる。以下本節では、日本の学界を中心として、二〇年代から四〇年代に至る研究の流れを追ってみたい。

家族・宗族研究の動向

戦後日本の中国社会研究と比較して戦前期の一つの特徴は、社会科学特に社会学における中国への関心の強さである。また戦前日本の社会学における中国への関心は、社会問題の解決を目的とする傾向のあった中国本国の社会学に比較して、中国社会の性格を日本等との対比のもとに捉える比較社会論への志向をもっていた。一九〇三年に創設された東京帝国大学の社会学研究室は、日本における社会学研究機関として最初のものであったが[43]、その開室式で井上哲次郎文科大学長は、「特に我国の斯学（ここでは社会学）に関する地位は頗る重大なるものあり」として、以下のように述べたという。「そもそも社会学の研究はその基礎を社会の実際の状態に据えざるを得ないが、西洋の学者の研究の取材の範囲は主として欧米及び西洋人の観察したアフリカなどの状態に限られ「古より別種の文明の下に発達せる、支那その他の東洋諸国に及びし所なし。此等諸国の社会的状態は現今の社会学にとりては未開の宝蔵たるなくんば非ず。而して我国の此等東洋諸国の社会状態研究に対して、特に便宜と利益とを有する事は到底西人の及ぶ所にあらず。且つ東洋の文明中に棲息せし吾人はその観察に於ては西人に異なる所優る所多かるべし」と。[44] しかし、当初より社会学研究室でアジア社会の実態調査に基づく研究が行われていたわけではなく、そうした研究が始まるのは、中国の社会学界と同様、一九二〇年代のことであった。東京帝国大学社会学研究室の教員であった戸田貞三の日本の家族の研究は、そうした先駆的研究の一つであったが、このような研究は、欧米の理論を相対化して「社会学の土着化」を推進する試みの一環であったといえる。日本的な社会の特徴を追究するに当ってその一助となったのは、日本以外のアジア諸地域との比較であった。[45]

東大社会学研究室のスタッフに加わった最初の中国研究者としては、一九三〇年に副手となった牧野巽（一九〇五―七四）が挙げられる。牧野は一九二八年に東京帝国大学の社会学専修課程を卒業したが、後の回想によれば彼が中国古代史を卒業論文のテーマに選んだのは、「実証的なことをやれ、中国のことをやれ」という戸田の勧めによったものという。[46] その後牧野は東方文化学院東京研究所助手として漢代の家族に関する研究を行うとともに、明・清時代の族譜の分析や調査旅行を通じて、宗族結合の展開過程を考察した。そうした研究は、のちに『支那家族研究』（生活社、一九四四年）、『近世中国宗族研究』（日光書院、一九四九年）の二冊の論文集にまとめられるが、その主要な論点は、「支那における家族制度」（一九三五年）、「支那の家族」（一九三九年）などの論文に簡明に示されている。

中国の家族制度を論ずるに当って牧野が最初に「老婆的注意」として述べるのは、次のような点で

ある。(47)

第一に、家族と国家との関係。「中国人の家族中心主義は国家を凝結した一体とはせずに、たんなる土砂の堆積のようにし、国家的全体的統一に大きな妨害を与えているということはしばしば説かれるところであって、多分の真理を含んでいるには違いないが、数千年来の国家が家族主義に多大の注意と支持とを与えてきたこと、したがってまた家族主義が少なくも従来の国家組織と密接な関係を有していたことは忘れてはならない」。

第二に、中国の家族主義の社会的長所。中国の家族中心主義は、国家の統一や個人の自由活動を妨げるものと見なされることが多いが、「しかし彼らをして屢次の国家的悲運にもかかわらず、現在まで存続させ、今なお中国人は国家的には弱いが民族的には強いといわせるところの力は、彼らの親族的、同郷的、同業的等々の自治的団結力によるところが多い」。

そして第三に、中国の家庭道徳に形式的な点が少なくないこと。むろんそこに自然の情がないとはいえないが、多くの妻妾・子弟・僕婢を擁する家庭には暗闘が生じやすく、家庭のなかの競争も激しい。「家庭の礼式が厳重に説かれるのも、一面から見れば、このような個人的対立が多いことに対する反動であるともいうことができよう」。

このような牧野の「注意」のなかに、我々は、「国家対中間団体」「中間団体対個人」といった機械的な対立構図を排して、中間団体の形成・維持の論理をリアルにとらえようとする牧野の姿勢を見て取ることができるだろう。

牧野によれば、同居同財の家族の平均的な大きさは、すでに漢代から五人台であり、現代との間にほとんど差はない。「わが国の論者の中には、中国の家族が大家族から次第にその範囲を縮小したように説く人が多いが、有史以前は知らず、有史以後大人数の家族が一般的であった時代はない」。中国で一般的な諸子均分法は、家族を細分化させ家族主義の力を弱める作用をもつが、中国においてはこれに対して逆の力も働いている。マジャール等の述べる通り、広東方面には宗族共有の族産が甚だ多いが、そうした宗族共有地は宋代の頃から文献上に現れてくるものであって、これらの族産を太古の氏族共産制の名残りと考える考え方は成り立たない。「強大な族の近隣に住む小族は、大族に圧せられて種々の不利不便を蒙る。ゆえに中国において宗族結合が強大なのは、たんに道徳や伝統のためではなく、利害関係が大きな原因をなしているのである。この点から考えれば、民間の自治的結社の発達が文献に顕著となった宋・元以後に、宗族結合の諸機関が発達してきたことも理解できるのであって、中国の近世の宗族は、ギルドその他の結社と共通の一面をもっている」(48)。

牧野はさらに一九四〇—四一年の調査旅行で、広東の合族祠に着目している。広州市内に多数存在するこれら合族祠を訪問して牧野が「面喰らった」ことは、第一に族人がその中或いは周辺に居住していないこと、第二に一般に千を越し、時には一万以上に及ぶ神位（位牌）の数の多さ、第三に「祠堂」でなく「書院」などと呼ばれ、第四に一族の事務を扱う事務所としてのみならず、族人の宿泊所としての機能も持っていることであった。幾つかの府にまたがって同姓を結集し、科挙応試や訴訟の際の利用に供するため建設されるこうした同族祠の特徴は、「それを構成する族人が必ずしも正確な血統の連絡を認め得ないでも、むしろ相互に血統の連絡を認め得ないことをよく意識しながらも、同姓であることを利して、遠祖を祭祀することによって連合を計ることにある」[49]。牧野のいう宗族の「結社」的性格は、こうした擬制的な宗族結合において最もよく現れているといえよう。

中国の家族・宗族に関する牧野の研究には、大家族から小家族へと向かう歴史的趨勢を普遍的なものとみなし、中国の事例を無理にそれに当てはめることへの、明確な批判が込められていた。しかしその反普遍理論的立場は、必ずしも類型論的な主張——中国の事例を西欧や日本と対比されるモデルとして類型化しようとする主張——へと彼を導くものではなかった。牧野の後年の回想によれば、彼は鈴木栄太郎や有賀喜左衛門らの日本農村研究との比較を通じて、村の範囲を越えて広がる中国の同族結合と村のなかで完結する日本の同族との違いに着目していたようであるが[50]、その研究の目的は、中国社会の特質の比較文明論的意味づけに置かれていたわけではなかった。

牧野巽とほぼ同じ時期に、対極的ともいえる立場から中国の家族・宗族研究を推進したのが、九州帝国大学哲学科出身の社会学者、清水盛光（一九〇四—一九九）であった。清水は、同大学助手をつとめたあと満鉄調査部に勤務したが、自らフィールドワークを行うことはなく、主に漢籍史料と先行の論文・調査報告に依拠して研究を進めた。デュルケーム、マックス・ウェーバー、ウィットフォーゲルなどの社会学理論に依拠しつつ立論している点も、牧野と異なる特色である。その第一冊目の著書『支那社会の研究——社会学的考察』（岩波書店、一九三九年）は、清水が一九三六年から三八年まで『満鉄調査月報』に発表した論考に基づくもので、ギルド・専制権力・村落・家族を四篇に分けて考察する。そのうち、家族については一九四三年の『支那家族の構造』や四九年の『支那族産制度攷』において、また村落については一九五一年の『中国郷村社会論』（いずれも岩波書店）において、より詳細な議論が展開されている。

清水の研究は、史料や調査からの事実発見を主とするというよりは、欧米の多様な社会理論や先行研究を引照し、自らの見解をそれに対置するというスタイルで行われており、論点は多岐にわたるが、その基本的特徴は、以下のようにまとめることができよう。

第一に、牧野巽と異なり清水は、「親族集団化の範囲は、古代の氏族より大家族の時代を経て、近代社会の小家族に縮小した」という「西洋に於て家族の漸進的縮小と呼ばれる家族発展の一般原則」を、中国においても基本的に承認している[51]。現実の中国社会に見られる血縁的結合の強弱様々な多様な形態は、原始的氏族集団のもっていた直接的一体感（「全一体の自覚」）がどの程度保存されているか、という見地から解釈される。ギルドや地縁村落など、必ずしも血縁に基づかない集団の結合についても、清水はこれを古来の家族主義の影響力によって説明する。牧野の議論が、宗族を多様な結社の一種ととらえ、集団形成の背景にある現実的動機を強調するのに対し、清水の場合はむしろ、集団の結合を解体させる要素として利害打算的な行動様式を捉える傾向があるといえよう。

そして第二に、清水は、デュルケームの「環節社会」の語を援用し、閉鎖的・孤立的な農業的共同体が分散的に存在する中国社会は典型的環節社会であって、それが専制権力の基礎をなす、と述べる。デュルケームによれば、社会は機械的連帯に基づく環節社会から、有機的連帯に基づく分業的・組織的社会へ向けて進行する。近代欧州の平等思想を発現させた社会的基盤は、環節社会の解体に伴う分業社会の形成であるが、環節社会の存続する中国においては、民衆の間に政治意識を発生させる社会的条件が欠けている。

かくの如き社会にあつては、個人格が村落の共同体生活に吸収せられ、国家に対しては僅かに階級的支配の対象のみとなり、政治はたゞ被治者の服従の中にあると観念せられる。政治的暴風雨が常に民衆の生活環境やその生活意識と無関係な上層圏に発生し、而もかゝる暴風雨の収まるところ、絶えず専制権力の樹立を招来した理由は、以上の如き社会事情によるところが多かつたのではないであらうか[52]。

前節で述べた内藤湖南の郷団論と比較してみると、内藤の描く「郷党という単位の烏合体としての国家」といった描写は、清水の「環節社会論」と重なり合う。共同体が国家と遊離しつつ並存しているというこのようなイメージは、いわゆる「国家と社会の遊離論」として、戦後の学界において批判の対象となった[53]。一方、そうした自治的団体を古来の氏族制の遺制と見るのでなく、地域住民の生存戦略として歴史的に形成されてきたものと見なす内藤の考え方は、清水と逆であって、牧野のそれに近いといえよう。初期の時論的な中国中間団体論においては未分化であったいくつかの要素が、社会科学的な研究を通じ論点が明確化されるなかで、対立する学説として現れてきたといえるかも知れない。

戦時下の農村調査

漢籍のなかに豊富な関連資料を見出すことのできる家族・宗族問題に比較して、村落に関してはそうした史料は相対的に少なく、実地調査が大きな役割を占めることとなる(54)。一九三〇年代以来、日本の調査機関や個人による中国農村調査は相当数行われてきたが、その多くは農業経済や土地制度に着目したものであり、村落に焦点を当てた調査研究としては、一九四〇年から四三年にかけて福武直らの行った蘇州農村の調査、及び村落を含め農村の諸問題を広く扱った前述の華北農村慣行調査を、代表的なものとして挙げることができよう。一九四〇年前後は、中国社会に対する日本の一般知識層の関心が急速に高まった時期である。費孝通が、一九三六年に故郷に近い江南の郷村で行った調査に基づき一九三九年にロンドンで出版した *Peasant Life in China* は、中国人自身の手になるすぐれたコミュニティー・スタディーとして高い評価を得、ほとんど時をおかず東京で二種の翻訳出版がなされた(55)。そのほか、スミス、モース、カルプ、バージェスなど欧米人による中国社会研究が次々と翻訳され、東京の生活社から出版されたのも、この時期であった(56)。

一九四〇年代前半の華北農村調査及び平野・戒能論争については、多くの研究がなされているので(57)、ここでは簡単に触れるにとどめよう。前述のように、平野義太郎と戒能通孝が提示した華北農村の社会像は、対極的なものであり、またそれに対する価値評価も正反対といってよいものであった。即ち、平野が、親和的協同性に支えられた華北農村の集団的活動を、アジア的社会の基礎として高く評価したのに対し、戒能は中国の村落における内面的な協同意識の不在を強調し、そこに、国民的秩序形成へと成長してゆくべき秩序意識の欠如を見出したのである。

しかし、この両者の間に、少なからぬ共通性もあることを見逃すべきではない。

第一に、例えば牧野巽のような実証的な中国研究者と比較すると、平野も戒能も、理論的な志向を強く持ち、またオピニオンリーダーたらんとする自負をもつ研究者であったことである。彼らは中国専門の研究者ではないだけに、切迫した時局に直面して、ただ淡々とした実証的描写にとどまることはできず、調査資料を壮大な文明論的意味づけへと結び付けてゆこうとしたのである。

第二に、両者とも村落共同体というものに肯定的な価値付けを行っていることである。平野は、華北農村における共同体の強さを以てこれを高く評価し、戒能は華北農村における共同体の欠如を以てその近代的発展の可能性を否定するが、両者とも共同体にプラスの価値付けを与えるからこそこうした評価が行われるのであって、そうした価値付けは当時においては必ずしも自明の前提ではなかった。両者に共通するこうした共同体観の背後には、個人主義的なローマ法理論に対比して団体的な法秩序の意義を重視するゲルマン法学の理論が存在した。戒能は華北農村社会に関するその論考のなかで、明示的にゲルマン法理論の代表者ともいえるギールケの所説を引用している。平野に関しても、その所説が時局的な大東亜共栄圏構想への迎合というばかりではなく、彼の二〇年代の著作『民法におけるローマ思想とゲルマン思想』におけるゲルマン法的共同体論に連なる側面を持つことは、すでに少なからぬ論者によって指摘されている(58)。

むしろ、両者の志向と理論的背景が共通していればこそ、両者の論点の相違は、ドラスティックな対比を示すことになったのだともいえよう。例えば牧野の所論のように、人々が必要に応じて集団を形成してゆくという、個人の動機から出発する実証的な社会結合論においては、中国社会における強弱様々な社会結合のあり方は、幅のあるモデルとしてある程度整合的に説明しうる。それに対し、戒能や平野のように「団体」を基礎とする国制的問題関心から出発し、かつ文明論的な明確なモデルを目指そうとする方向は、「共同体が有るか無いか」という両極端の議論に帰結しやすかったといえるのではないだろうか。

さて、華北農村調査とほぼ同じころ、社会学者によって行われた江南の社会調査は、規模も小さく、人目を引く論争も行われなかったが、その中心となった若手社会学者、福武直の綿密かつ周到なモノグラフによって、後の中国村落研究に大きな影響を与えるものとなった。福武直（一九一七―八九）は東大社会学研究室で牧野巽の一二年ほど後輩に当たり、もともと理論研究に関心があったが、卒業論文執筆後、研究室の今井時郎・林恵海両助教授から、中国農村調査に研究助手として加わらないかという誘いを受け、中国社会研究に踏み込むこととなった。その調査は、興亜院の委嘱した「隣保集団の調査にもとづく対支文化工作の研究」というものであったが、福武は五回にわたって日本軍占領下の蘇州近傍楓橋鎮の調査に参加し、その成果を一九四六年に『中国農村社会の構造』（大雅堂）として出版した。その調査については林恵海の著書で紹介されているほか、福武の回顧録「社会学四十年」[59]でも興味深く描写されている。[60] 調査は、戦乱に伴う様々な困難に遭遇したが、現地の人々の対応は概して好意的なものであった、と福武は述べている。

『中国農村社会の構造』は二つの部分に分かれ、第一部は主に福武の調査に基づく蘇州近郊の状況を、第二部は華北農村慣行調査に基づく華北の状況を扱っているが、そのほか費孝通をはじめ、国内外の調査研究が丁寧に利用されている。第一部、第二部とも、家族・同族・村落などの集団を順次検討するとともに他の集団をも含めた総合的な分析を行っており、整然たる構成をもつとともに、多岐にわたる論点を含む。

その第一の特色は、江南と華北との比較であり、福武によれば、華中農村は居住のしかたが分散的であるとともに血縁共同体としての性格が弱く、また市鎮（商業中心地）への依存が強いために、村落としての結合は弱い。社会的自足性のある共同体としては、むしろ市鎮を中心に周辺の郷村を含む「町村（郷鎮）共同体」を考えるべきであるとする。一方華北の場合、村落の集団意識は全般に強くはないが、華中と比較すると、集落の密集や防衛の必要からして、相対的に強固な結合をもつ、とする。福武は、中国農村の今後の進むべき方向を、「町村共同体」の健全な発展として展望している。

第二に、華中・華南を通じての中国の家族の特色として、血縁集団のもつ分散的傾向が指摘される。福武によれば、中国の血縁集団の強さは過去の研究で強調されてきたが、男子の間における家産の均分主義が徹底し、嫡系の観念が弱く直系的連続性を持たない中国の家族・同族は、むしろ日本の家族に比べて分散的かつ不安定な性格をもつ。中国の血縁集団が一見強力に見えるのは、「その背後にこの分散的性格を阻止せんとする多大の努力が払われてゐるからであると考へる。即ち、同族の族産や強力な結集組織は、それ自体同族自然の血縁意識の強さを示すものではなく、逆に同族の分散を防止せんとする努力の現われであると解するのである」[61]。そして、往々にして自治的な「小王国」と見なされがちな中国村落に関しても、古来から自給自足性を失っている中国農村は、日本の旧農村よりもむしろ開放的であって、村落が統一されるべき中枢の安定を欠き、村意識の発生の機縁となる物的基礎が薄弱であるなど、多くの脆弱面が見出される。村落の協同は様々な面で行われてはいるが消極的であり、積極的に行われている事業は作物の盗難防止や土匪窃盗の防衛という「非建設的な面であり、この面に於いて個人的な力では不可能なために、必要已むを得ず協力が行はれるといふ傾向が強いのである」。村民間の私的協力においても、農耕上で日本農村における「ゆい」の如き広範で永続的な相互協力が見られない一方、銭会のような金融組合の類は積極的に形成される。「最も協力を切実に感ずべき農耕に協力組織がなくて、明確に合理性に立脚する協力が極めて多種多様に組織化されているといふ点に、吾々は一面中国人の所謂団結才能を見ると共に、その才能が合理的打算的に発揮されるものであることを認識するのである」[62]。

このような福武の所論が、牧野の「結社」論の延長上にあるとともに、平野―戒能論争の構図でいえば、戒能の側に近いものであることは、たやすく見て取れるであろう。福武の著書及びそれを簡略化した概説書が出版されたのち、書評を寄せたのは、仁井田陞・平野義太郎・尾崎庄太郎・戒能通孝・牧野巽・清水盛光といった当時の錚々たる中国社会研究者であったが[63]、彼らの評言のなかに期せずして当時の日本における中国中間団体論の全体状況が浮かび上がっているともいえる。大きくみて、自己の所論との近さを指摘して賛同意見を述べる仁井田・戒能・牧野に対し、福武の著書における農民行動の利害打算性の強調や封建制否定論に対し批判的な意見を強く打ち出す平野・尾崎・清水、という二つのグループに分けることができよう。しかし賛同派のなかにも、辛口のコメントを寄せる評者もいた。戒能は、福武の著書の実証に基づいた通説批判の意義を評価しつつも「著者には独特のイリュージョンが欠けている。……個性の強いイリュージョンのない研究は、「反措定的」と主張せらるべくなおあまりにも通説的である」と評する。戒能によれば、通説に対するアンチテーゼとは、単に通説と異なる事実を平面的に記述するに止まらず、「市民的なるもの」と「中国的なるもの」との対立関係の歴史的根拠を明らかにし、かつ後者から前者への移行の道程を探究することによって打ち立てられるべきものであった。

戦前・戦中の日本の中国社会研究者たちのなかに、実証を自己の任務とする人々と、それを超えて文明論的議論をしようとする人々とが、必ずしも溶け合わない流れをなしていたことは、確かであろう。「イリュージョン」の欠如を果たして欠点と見なし得るかどうかはさておき、個別実証を超えて「中国的なるもの」を構想することを「イリュージョン」と呼ぶなら、そうした試みは、この時期、平野や戒能などとはまた別の流れにおいて活発に行われていたといえる。

「中国的」秩序をめぐって

一九四五年の日本の敗戦から四九年の中華人民共和国の成立に至る数年間は、時間は短いものの、中国の社会秩序に関する斬新な問題提起がなされた特色ある時期であった。その例として、費孝通の

「差序格局」論を挙げることができよう。

費孝通は既述のように、江南農村調査の成果としての著作 *Peasant Life in China*（一九三九年）を刊行して国際的な評価を得たが、本書が学問的な関心というのみならず、農民生活の改善という実践的な課題に基づいていたことは、序言のなかにも明示されている。一九三八年に留学先のロンドンから帰国した彼は、日本軍占領地域に行くことなく奥地の国民政府支配区に直行し、雲南大学で講義を行うとともに雲南農村の実態調査を進めた。

費孝通が戦後に刊行した論集の一つ『郷土中国』は、彼が行ってきた実証研究を踏まえて比較の観点から中国社会の諸現象を通底する文化的パターンを示そうとするもので、そこには、経済学や政治学と並ぶ社会科学の一部門――ないしは経済学や政治学などの専門社会科学の扱わない残余の現象を扱う「剰余社会科学」――として社会学を位置づけるのでなく、むしろ諸社会科学を包含する総合の学として位置づけようとする彼の姿勢が現れている(64)。

『郷土中国』に収録されたエッセイの一つ「差序格局」（格局とは、「つくり」・パターンの意）は、西洋社会の「団体格局」に対し中国の社会を「差序格局」として捉えようとするもので、その内容は大略以下の如くである。

外国人は中国人を「私」（利己的で公徳心がない）というが、それは道徳的能力の差異というよりはむしろ、社会と自分、他人と自己との境界をどのように引くかという社会構造感の相違に由来する。西洋社会は、譬えてみれば薪を小さい束で縛りそれを集めて大きな束にするようなもので、団体の重層として成り立っている。それら団体のメンバーシップは明らかで、人々はまず団体という枠組のなかに位置づけられることによって相互の関連をもつ。団体への帰属意識と責任感がそこから生ずる。それに対し、中国の社会関係は、自己を中心に水紋のように果てしなく広がってゆく同心円に譬えられ、集団の境界は曖昧である。「家」といった基本語彙についてすら、その指す範囲は場合によって異なる。己を中心に広がってゆく伸縮する社会関係を律するのは尊卑と親疎によって差等化された人倫道徳であり、あらゆる社会道徳はこうした人間関係のなかでのみ意味を付与される。儒家の教説は、自己を中心としたこのような共同性を天下という極限まで推し広げることを説くものである。これは、自分のために家を犠牲にし、家のために国を犠牲として顧みないとされる中国人の「私」と一見反対のようであるが、その実、いずれも伸縮自在の差序格局の示す両側面であり、共同性を外に広げてゆくか内に縮小してゆくかという方向性の相違に過ぎない。

このような費孝通の中西対比の構図は、あまりにも単純な二項対立という印象を与えるかも知れないが、「修身斉家治国平天下」といった伝統的な言説にも見られる同心円状の社会感覚を、社会科学的な問題関心のなかで明示的に概念化した恐らく初めての試みという点で、強いインパクトをもち得るものであった。「差序格局」論の立場からみれば、同時期のアカデミズムにおいて行われていた村落共同体の存否といった議論が、暗黙のうちに「団体格局」的社会観を前提にしたものであったことが了解されるだろう。「差序格局」モデルによれば、中国における中間団体の強さも弱さも、無理なく整合的に解釈できるのである。こうしたモデルが、第一節で扱った論者たちの「小から大へ」の運動論的な中間団体論と親和性をもつことも注目に値する。

費孝通のこの試みは、西洋的な社会観の前提を排し、中国固有の社会秩序のあり方をトータルに概念化しようとする方向性の先駆的事例であったといえるが、それは、当時の東アジアの社会科学界のなかで、必ずしも孤立したものではなかった。

京都帝国大学人文科学研究所教授、柏祐賢(一九〇七―二〇〇七)の『経済秩序個性論』全三冊(人文書林、一九四七―四八年)や、一橋大学助教授、村松祐次(一九一一―七四)の『中国経済の社会態制』(東洋経済新報社、一九四九年)は、いずれも「経済」を表題に掲げてはいるが、その扱う範囲は必ずしも狭義の経済に止まるものではない。この二つの著作の共通点は、第一に、実証的分析を超えて社会のあり方をトータルに概念化しようとする強い志向、第二に、西洋的な発展段階論や共同体論などのモデルでは捉えられない中国社会の「個性」を考察しようとする関心、にある。そこでは、近代西洋の経済社会を基準とした理論枠組の中での特殊性や後進性としてその「個性」をとらえるのではなく、中国固有の経済倫理を内面的に理解することが目指されている。その中国経済像は決してバラ色に描かれているわけではない。むしろ、不安定な自然的・社会的環境のもとでの零細な経済主体の激しい生存競争を通じて形成される「安定なき停滞」(村松)状態として、陰鬱な印象を与えるものであり、そこに中国に対する否定的な視線を読み取る読者もあるかもしれない。しかし彼らの議論のなかに、西洋社会を相対化するような独自の経済秩序への関心が存在していたことは確かであろう。彼らの描く秩序像は、費孝通とむろん同じではないが、中国社会を団体的秩序と見る見方を排し、個々の人間を基点に形成される私人的・人倫的結合に中国的秩序の特質を見出してゆこうとする点では、共通の傾向をもっていたといえる。

中国社会の「発展」の検証に専ら力を注いできた戦後日本の中国史学界において、柏や村松のこうした類型論的な議論は、停滞論的な性格をもつものとして、あまり注目を受けることはなかったが、中国史における「発展」のシェーマが自明のものではなくなった今日、柏や村松の論じた「中国的なるもの」のモデルをどのように受け止めるかは、そこにおける文化本質主義的傾向をどのように評価するかということも含めて、我々にとって新たな、かつ興味ある課題である。

おわりに

総じて見れば、戦前から敗戦直後に至る時期、中国の中間団体——ひいては中国社会——に関する日本の「学知」は相当に複雑な展開を示していたといえよう。多くの興味深い論点が零れ落ちるのを承知で大きくまとめてみるならば、そこには、人々が結集することによって団体を作りなしてゆくという運動体的な中間団体観と、分立しつつ中国の基層社会を構成する閉鎖的な共同体という静態的な中間団体観との二つの潮流が、からみあいつつ存在していた。内藤湖南の所論のなかには、この両者が未分化のまま含まれていたといえようが、その後の研究の発展とともに、それは様々に分化してゆく。前者の運動体的な観点は、一方では中間団体の拡大・連合を通じての国家的統合という実践的ヴィジョンに連なるとともに、他方では利害打算に基づく私人的結合の優越する不安定な社会という形象を生み出すことにもなった。後者の閉鎖的共同体の観点は、原始共同体や環節社会といった外来の観念と結びつき中国社会の停滞性・後進性を強調する主張を導くこともあったが、階級分化によるその解体の度合いについては、様々な見方があり得た。そして、中国と日本や西洋との同質性を強調するか相違を強調するか、また、あるべき社会の姿をどのように構想するか、といった立場の違いによって、中国中間団体に関する見方は更に多様なヴァリエーションをもつことになったのである。

戦前・戦中の中国社会研究に対する戦後の批判においては、ややもすれば戦前・戦中の観点を「アジア的共同体論」や「停滞論」といった語で一括する傾向があったが、それは、明らかに単純化のしすぎである。中国社会の発展の「科学的」必然性を明示的に論じた著作は少なかったとはいえ、また欧米や日本と比較して中国社会の後進性を自明の前提とする議論も多かったとはいえ、中国社会は発展の契機を欠いた停滞的な社会である、ということが学界の共通認識となっていたわけではない。むしろ、戦前の研究に対する戦後歴史学の批判を強く規定していた「発展か停滞か」といった二者択一的な問題関心自体が、戦前の論著においては相対的に微弱であったということができるだろう。戦後三〇年余りの日本の中国史学が、史的唯物論に基づく発展段階論という一種の「中心」――それに賛同するにせよ反発するにせよ――を持っていたのに比べると、戦前の中国社会研究界はより多元的であったともいえる。

戦前の中国社会研究のもう一つの特徴は、多くの社会科学研究者が中国社会研究に積極的に参与していたことである。むろん、戦後も中国を研究対象とする社会科学研究者は少なくない。しかし、平野義太郎や戒能通孝のように必ずしも中国の専門家ではない著名な社会科学研究者が中国研究のプロジェクトに加わり、論争を戦わせるといったことは、戦後にはほとんど見られなくなったといってよいだろう。社会学者の園田茂人が「日本の社会学に占めるアジア研究の位置は、戦後になって「周辺的」なものになってしまった[65]」と述べているような事態は、法学や経済学における中国研究の位置にもあてはまると考えられる。その理由としては、中華人民共和国成立後の中国において現地調査が困難になったといった現実的条件の変化のほかにも、日本の社会科学が全般にアジアに対する理論的な関心を希薄化させていったということが挙げられるだろう。

戦後日本の中国中間団体論の動向については、また別途扱うべき大きな課題であって、ここで論じることはできないが、大きく眺望するならば、一九八〇年代以降、史的唯物論に基づく発展段階論が中国史研究における「中心」の座から退き、また改革開放政策により中国との往来が活発化するに伴って、戦前・戦中の多様な観点が改めて見直され、社会科学における中国への関心も高まりつつあるということがいえるだろう。むろんそれは戦前・戦中の研究の単なる復活であってはならないし、そのためにも過去の研究の流れをじっくりと見直してみる必要がある。戦前・戦中の研究から何を汲み取るのか、中華人民共和国成立後の中国の社会のあり方を、それ以前の社会との関わりでどのように理解するのか、またそれは我々の社会認識・歴史認識をどのように豊富化してくれるのか、は、熟考すべき課題として我々の眼前に置かれている。

（1）この調査は、村民への一問一答式のインタヴューをそのまま記録することを特徴としていたが、その質疑応答録の全体及び収集された文書資料の一部が、戦後『中国農村慣行調査』全六巻（岩波書店、一九五二―五八）として刊行された。この調査の性格を論じた文献及びこの調査を用いた研究は数多く存在するが、ここでは内山雅生『現代中国農村と「共同体」』御茶の水書房、二〇〇三、を挙げておく。

（2）前掲『中国農村慣行調査』第一巻、二二頁。

（3）旗田巍「中国村落研究の方法――平野・戒能論争を中心として――」仁井田陞博士追悼論文集第二巻『現代アジアの革命と法』（勁草書房、一九六六、のち旗田『中国村落と共同体理論』岩波書店、一九七三、に収録）。著書三六頁。

（4）旗田前掲書、三六頁。

（5）同右、四八頁。

（6）増淵龍夫「日本の近代史学史における中国と日本」（Ⅰ）（Ⅱ）『思想』四六二・四六八号、一九六三（同『歴史家の同時代史的考察について』岩波書店、一九八三、所収）。

（7）「中間団体」という語は、本稿で扱う諸研究においてほとんど用いられておらず、そもそも中国の宗族などを「中間団体」という語で呼ぶことは、学界において必ずしも一般化しているわけではない。しかし本稿では、宗族・村落・ギルドなど、国家と個人との間に存在する様々な集団を総称しうる比較的抽象的な概念として「中間団体」を用いた。また、「共同体」などの語がそれ自体「近代性」と対立する含意をもって捉えられやすいのに対し、「中間団体」の語は、モンテスキューやトクヴィル以来、近代的秩序形成における一種のキーワードとして肯定・否定双方の立場から論議の的となっており、「中間団体」概念が「近代性」概念と複雑に絡み合って用いられてきたことも、本稿において「中間団体」という語を用いた一つの理由である。

（8）内藤の「郷団」論については、内藤湖南に関わる多くの研究のなかで言及されているが、共和政治の基盤としての「郷団」という問題に特に着目して論じているものとして、J・フォーゲル（井上裕正訳）『内藤湖南　ポリティックスとシノロジー』（平凡社、一九八九（原著は一九八四年））が挙げられよう。

（9）『内藤湖南全集』第五巻（筑摩書房、一九七二）二九七頁。

（10）『内藤湖南全集』第三巻（筑摩書房、一九七一）二八三―三〇四頁。

（11）丁文江他編（島田虔次編訳）『梁啓超年譜長編』第一巻（岩波書店、二〇〇四）四二六頁、注六八による。

（12）『飲冰室合集』第一冊（中華書局、一九八九）、飲冰室文集之三、四八―五〇頁。

（13）同右、四八頁。

（14）前掲『梁啓超年譜長編』第一巻、二二五―二二六頁。

（15）「商会議」（『飲冰室合集』第一冊、飲冰室文集之四、一―七頁）。また同じく広東省出身の康有為も、一九〇二年の「公民自治篇」で梁と同様に民間の習慣としての自治の存在を論じ、「地方自治の法は中国全国に存在するが、わが広東は最も盛ん」と述べている（『辛亥革命前十年間時論選集』第一巻上冊、生活・読書・新知三聯書店、一九六〇、一八一頁）。

（16）『内藤湖南全集』第二巻、五三八―五四三頁。フォーゲル前掲書、一〇一―一〇二頁。

（17）佐藤慎一「近代中国の体制構想」溝口雄三他編『アジアから考える5　近代化像』（東京大学出版会、一九九四）二一七―二二〇頁。

(18) 増淵龍夫前掲書、一四〇―一六四頁。

(19) Min Tu-ki, *National Polity and Local Power: The Transformation of Late Imperial China*, Council on East Asian Studies, Harvard University, 1989, Chapter 4. また、黄東蘭『近代中国の地方自治と明治日本』(汲古書院、二〇〇五)では関連の問題が研究史整理とともに論じられている。

(20) 『内藤湖南全集』第五巻、三二八頁。

(21) 黄東蘭前掲書、七七頁。

(22) 『内藤湖南全集』第五巻、三七二頁。

(23) 中国の政治的ナショナリズムに基づく改革の動きに内藤が概して冷淡な態度をとったことは、のちに戦後の研究者による批判の対象となった。たとえば増淵龍夫前掲「日本の近代史学史における中国と日本」(Ⅱ)。また、それに対する反論としては、谷川道雄「戦後の内藤湖南批判について」内藤湖南研究会編『内藤湖南の思想』(河合文化教育研究所、二〇〇一)などがある。

(24) 安藤彦太郎訳『三民主義』上(岩波文庫、一九五七)一六九頁以下。

(25) 『飲冰室合集』第一冊、飲冰室文集之五、四四頁。

(26) 『内藤湖南全集』第五巻、五一七―五二〇頁。

(27) 橘樸「支那はどうなるか――内藤虎次郎氏の『新支那論』を読む」『支那思想研究』(日本評論社、一九三六)三六二頁。

(28) ギルドについては、根岸佶、仁井田陞、今堀誠二らの調査研究が重要であるが、紙幅の関係で本稿では扱うことができなかった。後の機会を待ちたい。

(29) 「支那人気質の階級的考察」(一九二五)橘前掲書、二七六―二七八頁。

（30） 彭湃「海豊農民運動」陳翰笙他編『解放前的中国農村』第一輯（中国展望出版社、一九八五）一五一頁。

（31） 蒲豊彦「地域史のなかの広東農民運動」狭間直樹編『中国国民革命の研究』（京都大学人文科学研究所、一九九二）、Elizabeth Perry, *Rebels and Revolutionaries in North China, 1845–1945*. Stanford University Press, 1980. また、橘樸「支那人の利己心と国家観念」（一九二七）橘前掲書、三〇四—三〇八頁、は、地主の民団と革命団体とのこのような競合関係を、簡略ながら鋭く指摘している。

（32） 本節の主題に関連する研究は膨大であるが、末成道男編『中国文化人類学文献解題』（東京大学出版会、一九九五）には多数の関連の研究の解題が収録され、中国中間団体研究史においてもよい手引きとなっている。

（33） Arthur H. Smith, *Village Life in China: A Study in Sociology*. New York: Fleming H. Revell. 日本語訳として、仙波泰雄他訳『支那の村落生活』（生活社、一九四一）がある。

（34） Hosea Ballou Morse, *The Gilds of China, with an Account of the Gild Merchant of Co-hong of Canton*. London: Longmans, Green and Co. 日本語訳として、増井経夫訳『支那ギルド論』（生活社、一九三九）がある。

（35） Daniel Kulp, *Country Life in South China*. Columbia University, 1925. 日本語訳として、喜多野清一他訳『南支那の村落生活』（生活社、一九四〇）がある。

（36） John Stewart Burgess, *The Guilds of Peking*. Columbia University Press, 1928. 日本語訳として、申鎮均訳『北京のギルド生活』（生活社、一九四二）がある。

（37） 李景漢編『定県社会概況調査』（中華平民教育促進会、一九三三）。Sidney D. Gamble, *Ting Hsien: A North China Rural Community*. New York: Institute of Pacific Relations, 1954.

（38）以上、中国における社会学の草創期の動向については、閻明『社会学在中国』（清華大学出版社、二〇〇四）第二章参照。

（39）溝口『方法としての中国』（東京大学出版会、一九八九）第三章。

（40）一九世紀ヨーロッパにおける共同体論の展開及びマルクスのアジア論については、小谷汪之『マルクスとアジア』（青木書店、一九七九）、同『共同体と近代』（青木書店、一九八二）に詳細な分析がある。なお、晩年のマルクスが、共同体の解体を必然的な歴史の進歩と捉えるのでなく、むしろ原始共同体論をテコとした近代批判の視座をもっていたことについては、小谷『共同体と近代』一〇八―一一六頁参照。また、日本でも例えば猪俣津南雄が晩年のマルクスのそうした議論に着目し、アジアの共同体を基盤とする変革を構想していたことについて、長岡新吉『日本資本主義論争の群像』（ミネルヴァ書房、一九八四）第五章、参照。

（41）マジャールのアジア的生産様式論とその意義については、小竹一彰「封建性規定の成立と「アジア的生産様式論争」」小林弘二編『旧中国農村再考』（アジア経済研究所、一九八六）に解説がある。

（42）マヂャール（井上照丸訳）『支那農村経済論』（学芸社、一九三五）一八三―二〇一頁。本書の原書は、マジャールの『中国農村経済』（一九二八）の改訂版で、第一版が「アジア的生産様式論争」において封建派の批判を受けたことにより、大幅に書き直されたものである。

（43）林恵海「東京帝国大学社会学研究室創立二十五周年記念会記事」東京大学社会学研究室編『東京大学文学部社会学科／大学院人文社会系研究科　社会学教室の一〇〇年』（同研究室、二〇〇四）二五〇頁。

（44）重越生「社会学研究室開室式」同右書、一九七頁。

（45）園田茂人「フィールドとしてのアジア」溝口雄三他編『アジアから考える1　交錯するアジア』（東

京大学出版会、一九九三）一六―一七頁。

（46）「戦前の日本の中国家族研究――牧野巽氏に聞く（一九七四年二月六日）」『牧野巽著作集』第七巻、（御茶の水書房、一九八五）七四頁。

（47）『牧野巽著作集』第六巻、一七三―一七四頁。なお、この著作集では原載時の表記や仮名遣いを改めているところがあるが、内容には関わらないものと判断されるため、引用は著作集によって行うこととする。

（48）『牧野巽著作集』第六巻、二一〇―二一七頁。

（49）「広東の合族祠と合族譜」（一）（初出一九四九年）『牧野巽著作集』第六巻、二三四―二七〇頁。

（50）『牧野巽著作集』第七巻、九三頁。

（51）『支那社会の研究』三一四―三一六頁。

（52）同右書、一三七頁。

（53）松本善海「旧中国社会の特質論への反省」『東洋文化研究』第九号、「旧中国国家の特質論への反省」同上第一〇号、いずれも一九四八年。

（54）文献を中心とした戦前日本の中国村落史研究の代表的な成果としては、松本善海の一連の研究が挙げられよう。和田清編『支那地方自治発達史』（中華民国法制研究会、一九三九）、松本『中国村落制度の史的研究』（岩波書店、一九七七）参照。

（55）市木亮訳『支那の農民生活』教材社、及び仙波泰雄他訳『支那の農民生活』生活社、いずれも一九三九年。

（56）本章注（33）から注（36）参照。

(57) 関連の文献解題として、片桐裕子「旧中国農村調査にもとづく戦後日本の研究成果について」小林弘二編『旧中国農村再考』(アジア経済研究所、一九八六)がある。
(58) そうした論者として、森英樹、長岡新吉、酒井哲哉、武藤秀太郎などがいるが、ここでは長岡「「講座派」理論の転回とアジア認識」(『経済学研究(北海道大学)』三四巻三号、一九八五)を挙げておく。
(59) 林恵海『中支江南農村社会制度研究』上(有斐閣、一九五三)。
(60) 「社会学四〇年」『福武直著作集』別巻(東京大学出版会、一九七六)四二一—九九頁。
(61) 『福武直著作集』第九巻、三七〇—三七一頁。
(62) 同右書、四九三—四九四頁。
(63) これらの書評はいずれも、福武『中国農村社会の構造』増補版(有斐閣、一九五一)に収録されている。
(64) 『郷土中国』(上海観察社、一九四七)の後記(九七—一〇六頁)。＊同書については、充実した訳者解題を付した日本語訳が最近刊行された。西澤治彦訳『郷土中国』(風響社、二〇一九)。
(65) 園田前掲注(45)論文、二三三頁。

原載　岸本美緒編『岩波講座「帝国」日本の学知　第三巻　東洋学の磁場』岩波書店、二〇〇六。

【補記】
本論文の内容、特に内藤湖南や橘樸の中間団体論に関する部分は、拙著『地域社会論再考　明清史論集2』(研文出版、二〇一二)所収の「市民社会論と中国」及び「動乱と自治」と一部重複するが、本論文はより大きな視野から彼らの議論を位置づけなおしたものということで、あえて削除などの調整は行わなかった。読者のご了承を請う次第である。

Ⅱ　現代歴史学との対話

比較国制史研究と中国社会像

はじめに

皇帝を頂点に整然たる官僚制度を備えた中国伝統国家機構の一見明快な像にもかかわらず、中国伝統国家の性格については、相異なる様々な見解がぶつかりあっている。それは、事実認識の違いというよりは、むしろ議論の枠組のあり方に由来するものであるようにも感じられる。今回『人民の歴史学』編集委員会より、水林彪氏の比較国制史論に対するコメントを求められたことを機会に、中国史研究における国家論の方法についての私のかねてからの漠然たる疑問に、多少とも形を与え、水林氏をはじめ、諸賢のご教示を得たいと思う。

水林氏が一九九一年の歴史科学協議会大会で行った報告「国制の比較史的研究のための枠組みについて」に関しては、すでに渡辺信一郎氏をはじめとして、数人の中国史研究者からの批判・意見が寄せられ、それに対する水林氏の反批判も行われている(1)。本稿では、渡辺氏等の議論とはやや異なる角度から、水林氏の所説に対する疑問を述べてみたい。渡辺信一郎氏や報告批判をされた宮澤知之氏を含む中国史研究会のメンバーは、「専制国家―人民」関係を基本的階級関係とみなす観点から、官僚機構や財政に関する詳細な研究を積み重ねてこられた。衆目の一致するところ、中国史研究における国家論の専門家である。それに対し、私はむしろ、明清時代の江南地方社会という限られた枠組の中で、物価や経済変動、社会集団形成など民間社会経済の微細な動きに関心をもってきた者である。「国家」に対する私の関心は、多様な民間集団や地方官、在地有力者たちが競合する、紛争に満ちた地方社会の日常において、「秩序」というものがどのようにしてそれなりに保たれているのか、という問題の一環としてある。地方社会からみた「国家」の姿は、渡辺氏等の描く国家像に比べて、甚だ曖昧模糊としたものである。そもそも当時の人々にとって「国家」はどのように把握されていたのか。国家が人民を「支配」するとは、何をすることなのだろうか。

水林氏の議論は、近代西欧社会に関する概念史的研究の蓄積をふまえつつ、極めて意識的に、ヨーロッパの歴史から導かれた「文明化」の概念を機軸として、中国社会、日本社会の発展段階を計ろうとするものである。近年の中国史学界において、西欧モデルを基準とした発展段階論が退潮していることは周知のことと思われる。おそらく水林氏はそうした動向を熟知した上で敢えてこうした比較論を提起しておられるのであろう。それは、流行する相対主義に対しての意識的な挑戦であるとも感じられる。そして、私も、水林氏の結論に賛成するかどうかは別として、こうした明示的な比較の試みを通してこそ、従来は十分に意識化されなかった双方の社会観念の相違が自覚されてくるという、発見的な意義に期待するものである。

そのための文字通り初歩的な問題整理として、以下、本稿では、簡略ながら中国史研究における「国家と社会」論の全体的眺望の中に水林氏と渡辺氏との見解を位置づけ直してみる（一）とともに、中国と西欧とを段階論的に比較するための「文明化の指標」につき、若干の疑問点を指摘し（二）、最後に、関連する近年の議論をも紹介しつつ、「国家と社会」問題に関する私見を述べてみたいと思う（三）。なお、問題整理という本稿の性格からして、本稿は必ずしも新しい議論ではなく、諸先学の議論に依拠した部分が多いことはもとより、私自身の旧稿と重複する部分もあることをお断りしておきたい。

一　問題の所在

西欧や日本の前近代社会との比較で中国の帝政時代の社会を見るとき、その基本的特徴としてまず素直に印象づけられることは、自立的権力を有する領主や中間団体が制度上存在せず、発達した官僚機構を備えた国家が直接に人民を統治していたという点であろう。中国人自身が、「封建」と対比される「郡県」的体制として帝政時代の体制を理解していたのであり、また、西欧における中国社会研究の先駆というべきフランス啓蒙主義者の中国理解においても、当時のフランスの社団的国家体制に対比して、中国の帝政は――それを不合理な身分制度を脱却した進歩的体制とみるか、或いは皇帝権力を掣肘する自立的団体を欠いた一方的専制体制とみるかはともかくとして――社団的編成をもたぬ一君万民体制として特徴づけられていたのである。(2)

しかし一方で、在地社会に視点をすえてみたとき、清末以降の中国社会の与える素朴な印象として、多くの観察者は、中国社会における民間団体や地方有力者の力に注目してきた。国家権力が民衆生活の隅々まで有効な統制を行い得る力を持たず、地方社会の秩序は、実質的に民間団体が担っているという印象。地方官が告示を貼り出しても、それが守られるとは限らず、違反者に対し地方官庁が有効な制裁を行えるわけでもない、という観察。国家の弱さと民間団体の強さとを強調するこうした中国社会観は、一面では、改革派の中に強力な近代国民国家の欠如についての切迫した危機感をもたらすとともに、他面では近代的自治への展望における肯定的な評価を以て論じられることもあった。(3)

国家権力の強弱に関する如上の相反する見解を仮に「国家優越論」と「民間団体優越論」と呼ぶとすれば、この両者は、現在の中国史研究にまで連なる「国家と社会」論議の原型を形づくっているといえよう。村落などの閉鎖的団体と国家とが、分離――機能的分離というよりは没交渉という意味での分離――したまま併存しているというイメージを強調する「国家と社会分離論」や、家をはじめとする民間団体の共同性倫理と国家―人民間の共同性倫理との同質性を指摘し、民間団体の強さと国家の強さとを相互に支えあうものとして説明しようとする「家族国家論」など、戦前日本の中国研究においては、「国家と社会」問題を整合的に説明するための試みを重ねてきたのであった。(4)

戦後の中国史研究においては、階級分析を主軸とする社会構成史的関心の隆盛に伴い、こうした

「国家と社会」に対する関心は、発展段階論とからみあいつつ、論議の核心をなしていくこととなった。ここでは、水林氏と中国史研究会との間の共通点と相違点とを、戦後中国史研究の大きな流れの中に位置づけつつ、その問題点を考えてみたい。

戦後中国史研究における「国家と社会」論の流れの中で水林氏と中国史研究会との議論を比較するとき、まず目につくのは、両者の相違点というよりは共通点である。在地の生産関係にひきつけて社会全体の構造をとらえようとする立場と、国家—農民の支配関係にひきつけて社会構造をとらえようとする立場との相剋は、中国史の各時代について、論争の焦点をなしてきたといってもよい。その難問ととりくむ中で、在地の奴隷的生産関係でなく国家と農民との間に奴隷制的関係を見ようとする西嶋定生氏の所謂「西嶋新説」や、国家権力の傘のもとでの特権的郷紳地主による「郷紳支配」を中国特有の封建制とみなす重田徳氏の郷紳支配論など、戦後日本の特徴的な中国社会論が登場したのである。(5) 中国史研究会の「国家的奴隷制」「国家的農奴制」論においては、西嶋新説と同様、国家を階級関係の一方に位置づけ、生産手段を所有すると同時に正当的暴力を独占する支配階級とみなすことによって、階級関係と国家体制とのズレは回避されている。無論、地主的土地所有や民間団体の存在は無視されているわけではないが、それらはインフォーマルな事実的存在であるとされることによって、国家—人民の基本的階級関係の枠組と論理的に抵触することなく処理し得るのである。(6) また、水林氏の議論では、奴隷制や地主制といった生産関係基軸論の枠を離れ、国制論として中国社会の把握を試みているため、国家論と生産関係論との抵触という戦後中国史学の難問を初めから免れている。在地の様々な社会経済関係は、正当的暴力を独占した国家の支配とは別のレベルで結ばれる、私人間の関係なのである。

国家的秩序と民間で結ばれる私的秩序との峻別において、両者は共通している。即ち、自律的な法共同体としての中間団体の不在を強調し、正当的暴力が国家に集中されていたことを指摘する点で、両者ともに「封建制論」や「社会団体優越論」に対する真っ向からの批判となっているのである。そして実は、所謂「封建論者」においても、中国伝統国家が支配の正当性を独占する存在であったということは否定されているわけではない。たとえば、明末清初封建制成立論の代表的論者である前述の重田徳氏が「地主制ウクラードは、イデオロギーにおける伝統的な支配の正当性を独占するところの集権国家を温存し（あるいは否定しえずに）、いわばその傘の下で、その一部に自らをくみこむ形で、独自の支配を実現したのであった」と述べているように[7]、封建制論を支持する研究者においても結局、中国の土地所有者層がデ・ファクトの在地勢力にとどまったことは認められているのである。封建制論をとる研究者と封建制論を批判する研究者との相違は、事実認識における相違というよりは、むしろ「封建制」の指標を生産関係におくか国家体制におくか、という定義の相違に由来するともいえる。

こうした議論の状況からすれば、「正当的暴力」を独占した「主権国家」として中国帝政国家を性格づけるということは、日本の中国史研究者のかなりの部分に共有された見解であるともいえよう。そして、国家権力の介入を排除して構成員に対し「正当的暴力」を行使し得る自立的法共同体としての民間団体といったものが見当たらない以上、国家が「正当的暴力」を独占しているということを特に疑う理由もないように見える。しかし、本稿で問題にしたいことの第一は、集権国家の正当的権力と民間諸団体や在地有力者の勢力との峻別というこの一見自明の議論なのである。そもそも権力の正当性という問題は、当時の社会において、どのような語彙でどのように表現されていたのだろうか。国家権力と民間勢力とは、当時の人々によってどのように区別されていたのだろうか。

さて、中国伝統国家における「主権の国家への集中」「自律的法共同体の不存在」という点では、渡辺氏と水林氏とは一致しており、渡辺氏自身「この点から言えば中国古代専制国家の成立と近代国家の成立とは相似している」(8)と述べている。両者の相違は、むしろ民間経済社会の像に存する。水林氏が秦漢から唐宋の中国に想定するのは、等価交換に基づく市場社会の形成と相表裏して、暴力が社会から放逐され、国家へと集中独占されてゆく過程である。それに対し、渡辺氏は、等価交換に基づく経済社会の未成立を指摘する。氏によれば、中国伝統社会は基本的に小農民の自給経済であって商品化率は低く、国家によって農・工・商賈の諸身分へと編成されており、私的所有者の等価交換を通じて形成される市場経済社会は未だ成立していなかった(9)。

こうした「経済社会」の成立如何をめぐる見解の対立は、中国史研究において必ずしも新しいものではない。宮崎市定氏が宋代以降の大土地所有制を身分的隷属関係を含まない純経済的関係と見なし、宋代以降の社会を「近世」と呼んだのに対し、「封建制」説をとる仁井田陞氏がそれに反論したことは、よく知られている。仁井田氏の批判点の一つは、宮崎氏のいう「経済的関係」を支える秩序の問題にあった。社会的強者の介入を排除して「等価交換」を成り立たせるルールの確立した場という意味での「経済社会」が当時存在したのか。当時の契約は、地主の経済外的な恣意のもとで強制された「契約」だったのではないか。宮崎氏は、西欧の封建社会を特徴づけていたような身分的法制的規制が存在しない、という意味で、宋代の社会を「近世」と呼んだ。それに対し、仁井田氏は、社会的強者の恣意を阻みうるような「等価交換」のルールによって積極的に支えられたシステムとしての「市場社会」が未だ成立していないということを以て、「近世」説を批判したのである。(10)

西欧近代モデルを基準として、伝統中国の社会秩序の発展度をはかろうとする試みは、大きく乖離する評価を導きだしてきた。「世襲的な身分制度の不存在」や「民間で結ばれる経済関係の契約的性格」を指標としてみれば、中国は、秦漢帝国の時代から「近代的」であったということもできる。一方、「権利として保障された自由」や「経済外的力関係の介入を排除する等価交換的市場ルールの確立」といった指標を用いるならば、今日に至っても中国は「前近代的」であるという評価もできる。水林氏と渡辺氏との対立は、従来の研究史に対する両氏それぞれの独自な批判を一応措き、極めて大雑把に図式化するならば、中国社会の「近代性」に関するおなじみの構図に重ねあわせることも可能である。

伝統中国社会の「発展度」に対する、二つのかけ離れたイメージを止揚するようなモノサシはあり得るのだろうか。水林氏が、使い古された「近代化」の語に代えて用いている「文明化」の語は、そうしたモノサシとなり得るだろうか。

以下、本稿で検討してみたいのは、第一に、水林氏と中国史研究会との共通点ともいえる「正当的暴力を集中した中国伝統国家」の像の妥当性であり、第二に、水林氏と中国史研究会との意見の相違を惹起している「文明化の指標」の問題である。以下まず、第二の点から取り上げてみたい。

二 「文明化」の指標

水林氏の比較国制史論は、ヨーロッパの歴史から抽出された「文明化」という概念を用いつつ、全世界についての普遍的な「文明化」の比較論を行おうとしている。それは、近世ヨーロッパにおいて生まれ出てきた「文明化」の概念を特殊ヨーロッパ的な事象として歴史的に考察しようとする方向(11)とは異なり、また、近代欧米人によって普遍的基準として他の地域に適用されてきた「文明化」概念のイデオロギー的ないしヨーロッパ中心的含意を暴露しようとする方向(12)とも異なる。むしろ氏は、「文明化」という語を人類史の発展における普遍的な基準として積極的に採用しようとするのである。無論、水林氏ほどの研究者が、「文明化」という概念のもつ特殊歴史的な根、そのイデオロギー的含意に無自覚である筈はない。そしてまた、一九世紀以降の中国の「近代」において、中国伝統社会に「非文明」のレッテルが貼られてきたこと、そして現在の中国人にとっても、「文明」(これは、開明的で礼儀正しいといった近代人的行動様式を指す語として使われている)は達成すべき課題として認識されていることも、周知のことであろう。そうした状況の中で、水林氏が、「文明化」を普遍的な基準として採用し、かつ、中国を早期に「文明化」した社会として評価しようとする場合、その「文明化」の定義は、ヨーロッパ人によって形づくられ、広く通用してきた定義——それはむしろ、歴史的事象として批判的に対象化さるべきものといえよう——とは異なり、水林氏自身によって新たに定義しなおされたものでなくてはならないだろう。

また、氏の議論は、従来「上部構造」とみなされていた国家体制に重点をおくものであるが、単なる国家体制のみの議論ではない。氏の目的は、国制といった部分現象の単なる類型比較にあるのではない。氏は、社会経済的な「土台」から国家体制、さらに生活作法に及ぶ社会全体の性格の問題として、「文明化」をとらえている。その意味で、氏の議論は、ヘーゲルやマルクスといった一九世紀の巨匠たちの歴史論と比肩する大きさの普遍的かつ包括的な発展段階論を目指しているように思われる。さて、水林氏の大理論においては、普遍的で定向的な歴史発展を保障する本質的原動力——マルクス主義の「生産力の発展」に当たるもの——は何なのか。私自身は、そうした本質論に懐疑的ではあるのだが、普遍的かつ包括的な大理論は歴史発展の本質論に支えられてはじめて成立することもまた事実だと思われるのである。こうした中核概念なしには、諸現象はその必然性と整合性とを保障され得ないであろう。

水林氏の「文明化」論において、氏の独自の歴史発展論はどのように構想されているのだろうか。エリアスやエンゲルスを援用する氏の説明にもかかわらず、私は、氏の「文明化」論の全体像を未だに把握しかねていることを告白せざるを得ない。ここでは、氏の議論を誤解しているとのお叱りは覚悟の上で、私なりに、水林「文明化」論の解釈を試みてみたい。

水林氏は、「文明化」の根底にある社会経済的「土台」の変化を重視するが、その「土台」に当たるものは、生産力段階に対応する生産関係ではなくて、「市場経済」であり、それが、水林氏の議論と「世界史の基本法則」論とを区別する一つの特徴となっている。すなわち、分業の発展と市場経済の展開に対応して、「領域性をもった新しい経済圏」を管理する権力として王権が成長してくる、それが「国家と社会の分離」であり、「文明化」の最大の指標である、と。ここから推量するに、水林氏における「進歩」の基底的イメージは、「生産力の発展」とは異なり、「社会的分業の進展に伴う社会的交通関係の広域化・複雑化」といってよいかと思われる。「文明化」と総称される多様な現象はいずれも、社会の複雑化・広域化に対応して秩序を保ってゆく新しい仕組と考えることができよう。社会の複雑化に対応する秩序形成の包括的把握をめざすという点で、氏の問題関心は、パーソンズやルーマンなどの秩序論を想起させる。ただ氏の場合は、抽象的理論化ではなく、歴史の具体的過程に即してそうした議論を展開しているのである。

さて、「文明化」の中で、水林氏が最も強調するのは、国家への権力の集中過程である。そうした国制史上の大転換を指標として、西欧と中国、日本などの地域がその発展度を比較される。ここで考えてみたいのは、社会の複雑化・広域化に対応する仕組みの全体像の中で国家への権力集中過程がもつ位置ということである。水林氏は、これを殆ど単一の指標として各地域の「文明化」の遅速を計測する。しかし、なぜ権力の問題が最大の指標であるのか、ということについて、氏は十分に説明していないのではないだろうか。なるほど、権力の問題は重要な問題には違いない。しかし、市場経済、国家権力、刑罰制度、生活作法、その他諸々の要素を含んだ「文明化」の全体像、それら指標の間の論理的に必然的な相互関係についての十分な説明なしに、国家権力の形態を指標として各地域の先進・後進性が論じられるのを見るとき、若干の困惑を感ぜざるを得ないのも事実である。

社会の複雑化に対応する社会システムの進化の一般理論という観点からみたとき、水林氏の強調する「国家と社会との分離」は、インパーソナルで形式合理的な形に整序された様々な機能的システムの分化という「合理化」の総過程の中に位置づけることができる。人格的要素を排除した等価交換のルールによって律せられる市場、形式合理的なルールによって運用される官僚制、超人格的で客観的な法を基準とする判定としての司法、専門化された立証手続きによって没価値的に営まれる科学研究、等々、機能的に分化した様々なシステムの成立は、いずれもこの「合理化」過程の一環であるといえよう。

さて、中国についてみたとき、注意すべきは、西欧近代をモデルとする「合理的」システム進化の様々な要素のうち、極めて早期からみられる部分と、今日に至るまで達成されていない部分とが併存していて、それが中国史の発展度についてのかけはなれた評価を生み出している、ということである。たしかに、経済システムと政治権力システムとの早期の分離という点からみれば、中国は、西欧や日本に比べて圧倒的に「先進的」であったといえるかもしれない。しかし、ウェーバーをはじめとする多くの論者が、むしろ伝統中国における形式合理的システムの欠如において、近代西欧と中国との相違を強調していることも周知のことであろう(13)。

たとえば、官僚制の性格をとりあげて考えてみよう。水林氏は、先進的中国に後進的日本を対置して日本の国制上の特徴を総括した中で、大略以下のように述べている。即ち、日本では官僚制が自生的にでなく外から導入されたことによって、「官僚制という制度的なものと、正当的暴力の担い手の本来の結合様式であるところの人的結合関係という非制度的なものとが癒着し、そこに独特の秩序様式が誕生した」。その特徴は、近代官僚制においても「制度的なものと人的なものとの癒着」として存続していったと考えられる、と。[14] 氏の論旨からすると、長期にわたる自生的展開として社会と国家の二元制が成立したとされる中国の場合は、官僚制と人的結合の癒着は、本来あり得ないということになるであろう。しかし、「官僚制と人的結合の癒着」——というより、官僚制の理念自体が、非人格的な形式合理的制度を指向するのでなく、まさに人格的なものであったこと——は、中国が伝統社会から近代（そして現代）にまで受け継いできた特徴として、しばしば指摘されるものではないだろうか。

官僚制という語からは、インパーソナルな形で制度化された形式合理的なシステムが想定されるかもしれない。しかし、中国官僚制の特質は、そうした形式合理的志向よりもむしろ、人格的能力の重視にある。「治人ありて治法なし」と言われるように、杓子定規な法よりも、千差万別の事態に応じて最も適合的な解決を追求してゆくことのできる有徳者の全人格的な能力への信頼が、中国官僚制を支えている。中国の官僚は、人格の陶冶を課題とする儒学を中心とした教養試験によって選抜された。中国で官僚たることの資格は、ルールに則って正確に機構を動かしてゆく能力というよりは、皇帝の代理、民の父母として多様な状況に即応し実質的に最も適切な解決法を判断し得る道徳的能力、全人格的な優越性（と当時考えられたもの）であったといえよう。

水林氏は、中国の官僚は身分ではない、ということを強調する。(15) しかし、中国の官僚は「身分」か否か、という問いの答えは、実のところかなり微妙なものである。たしかに、官僚という職業は、家業として世襲的に受け継がれるものではなかった。「身分」という語を世襲的特権という意味にとるならば、中国の官僚が「身分」でないことは、明らかである。しかし、官僚が一般庶民を支配できるのは、官僚機構を動かすその職掌に基づくというよりは、科挙という教養試験を通じて認定された彼自身の人格的能力に基づくものなのだ、ということも同時に注目すべきである。官僚が引退したのちも、また科挙には受かったが色々な事情で結局出仕しなかった場合も、人民を支配し得る人格的能力を一旦認定された人物は、死ぬまでその資格を保ち続ける。科挙資格保有者とそうでない者との間には、単に部分的な能力差ではない、全人格的な差等が想定されている。科挙とは、そうした全人格的優越性をもつ人物を広範な人民の海の中から選抜する仕組みなのである。政治に参与し得る特別の人格的優越性をもつ人物は、特定の家系からのみ出るとは限らないので、科挙への応募資格は、ほとんどすべての男子に認められる。しかしそれは、すべての男子が政治に参与し得る平等の資格をもった公民であるということとは異なる。「身分」という語を、市民的平等性と区別される全人格的差等という意味にとるならば、中国の官僚（科挙資格保有者）を、一代限りの――そして出生によってではなく教養試験によって認定される――「身分」ととらえることも可能である。

戦前の中国社会研究において特異な地位を占めた在野の研究者橘樸は、宋代以降の中国社会は「官僚階級」の支配する社会である、と述べ、「ビューロクラシーやオフィシャルドムと異なる中国官僚の特殊性」を指摘した(16)。ここで橘が「階級」という語によって表現しようとしているのは、官僚が職掌において一般人と区別されるのでなくむしろ人格そのものの高さにおいて一般庶民と区別され、家族ともども「煩瑣なる階級的シンボル」によって彩られる上流社会を構成している、という点である。官僚制が機能的システムとして社会から「分離」するのでなく、一段高い人格的能力をもつ者の集団として社会から「分離」しているという状況は、「官尊民卑」の風習として、近代社会にも往々にして見られるものである。しかし、橘が直観的な表現で指摘したように、中国官僚制の場合、それは遺制というよりはむしろ本質というべきものなのである。

水林氏も注目する帝政中国における訴訟の構造――ヨーロッパの判定型裁判に対比される中国の行政的裁判――や、中国の学問（真理追求手続き）が一貫してもっていた倫理的価値判断とのからみあい、などは、いずれも、近代ヨーロッパで進行してきた諸部分システムの機能的分化と形式合理的ルール化の道を帝政中国がとらなかったことを示しているように思われる。これを、中国における法治主義や合理性の欠如として、否定的にとらえることも可能だろう(17)。しかし、こうしたシステム分化・形式合理的ルール化の過程が、全人的倫理性の完成といった目標の断念と表裏するものであり、近代特有の疎外状況を生み出すことを考えれば、中国の人々はむしろ意識的にそのような道をとらなかったのだということもできる。

統治を専門に担う集団としての官僚機構が、人々の経済的交渉の世界から分離して成立する、という意味でのシステム分化は、中国と限らず多くの地域で早期からみられたことである。また、形式合理的なルールそのものも、部分的な形では多くの地域で古くから存在していたといえよう。それにもかかわらず、西欧近代における「合理化」の進行が未曾有の巨大な意義をもった運命的過程と感じられるのは、システム分化と形式合理的なルール化とがからみあいながら、社会全体の原理として貫徹してゆく、その止めがたい勢いの故ではないだろうか。とすれば、伝統中国において、全体としてそうした過程がみられなかったことは、明らかであると思われる。近代西欧的「合理化」の対極に中国社会を位置づけるウェーバーの中国社会論を部分的に批判することは容易である。たしかに伝統中国には、官僚統制のための法も存在し、都市における実質的自治も存在し、禁欲精神も存在した。しかし問題は、そうした様々な事象が全体としてめざしている原理的な方向性である。

「文明化」というものが、かなりの大規模社会における人間相互の活発な社会経済関係をそれなりに秩序だてて律していくための仕組みの成立ということであるとするならば、中国とはかぎらず、おそらくイスラーム社会でも、そうした「文明化」は早期に達成されたというべきであろう。その場合、「文明化」という概念は、必ずしも、形式合理的理念につらぬかれた官僚制や、すべての人間が市民（いちのたみ）と公民との二重の存在になるといった深部に達する機能的分化過程を含むとは限らない。水林氏の「文明化」概念は、従来の「近代化」概念と区別され、初期近代に限定された概念であるとされつつも、実際には、形式合理的官僚制や社会の深部に達する機能分化といった、近代西欧的な

「合理化」過程を展望するものであるように思われる。その場合、伝統中国社会がそのような展望をもつものであるのかどうかは私には疑問なのである。むしろ、伝統中国は、それとは異なる形で、大規模社会を律する特有の方法を発展させてきたというべきなのではあるまいか。伝統中国社会の「先進性」を私は否定するものではないけれども、その先進性が、近代西欧社会を特色づける巨大な「合理化」過程へむけての「先進性」であったということはできないのである。

三　地方社会からみた「国家」

さて、大規模化する社会に対応するための多様な機能的システム分化過程といった前節の客観的・マクロ的な視点にかわって、本節では、人々が実際にどのように社会をみていたかという視点から、「国家と社会」の問題を考えてみたい。水林氏・渡辺氏とも言われる如く、帝政中国には自律的法共同体が存在しなかったということは、異論のないところであろう。民間団体の力が強かったとしても、それはインフォーマルな人間関係にすぎず、正当的暴力を独占した国家のフォーマルな統治とは、峻別されるものであった——このように考えれば、従来の中国史研究の難題であった「国家と社会」問題は、鮮やかに解決されたように見える。

しかし、紛争にみちた地方社会の中で、人々がどのように問題を処理し、公共的な業務を遂行し、地方社会の秩序を維持してゆくのか、その具体的過程に密着して観察してみるとき、「国家」と「民間秩序」とを峻別するクリアカットな議論は、当時の地方社会秩序のあり方を説明しきったものというよりは、むしろ問題の出発点であるようにも感じられる。そもそも当時の人々は、国家と民間秩序とをどのような形で区別していたのか。そして、彼らが行動する場合に、どのような形で国家と民間秩序との間で選択を行っていたのか。

地域社会の秩序にかかわるこうした問題は、中国史研究の一部の分野では、現在まさに関心の焦点となっている問題であるように思われる。ここでは、私の専門である明清から近代の歴史に即して、近年の研究を紹介しつつ、地方社会の側からみた「国家と社会」像をさぐってみたい。さて、こうした研究には、いくつかの潮流をみてとることができる。第一は、中国社会の秩序に関する法制史の立場からの関心である。この問題に関しては、すでに寺田浩明氏の動向整理(18)もあるので、屋下屋を重ねることは避け、簡単に触れるにとどめよう。

伝統社会における裁判の性格の問題は、従来「国家の裁判か民間団体の調停か」という形で、まさに「国家と社会」問題に直接に重なる形で提起されていたが、そうした「国家と社会」問題の枠組それ自体が解体しつつあるというのが、この方面の研究の現状であるように思われる。すなわち、水林氏も引用している滋賀秀三氏の清代司法制度に関する研究(19)においては、村落・宗族・ギルド等の民間団体による裁判権及び地方ごとに異なる慣習法の存在、といった、通説的な見解が鋭く批判された。しかし、滋賀氏は、中国の裁判が全国的に妥当する客観的なルールとしての国家の法によって行われていた、と論ずるわけではない。滋賀氏は、軽微な事件を処理する清代州県の裁判において、その判断基準が客観的な「法」ではなく、むしろ普遍的な常識的道理（「理」）や、個別具体的事情ないし自然な人情（「情」）であったことを指摘した。それは、超人格的・没個性的に妥当するルールによる判定でなく、事情に応じた適切な対応によって当事者の納得・承服を導きだすことを目的とした一種の調停であり、その点では民間の調停と同質のものであった[20]。そして、州県より上級の各機関が厳格な律の規定に則って行っていたように見える、より重大な案件の裁判においても、最終的に依拠するところは、皇帝による情理判断であり、客観的な法そのものではなかったのである。

こうした滋賀氏の議論から導かれる秩序空間の像は、「国家と社会」とが没交渉という意味で分離している社会像でないことはもとより、「国家と社会」とが機能的に截然と区別された構造を提示するものでもない。むしろ、そこに描かれているのは、国家（皇帝を頂点とする官僚機構）と社会（民間の社会集団やより不定形な人的ネットワーク）とが、全体社会の安寧維持という実質的な目的を共有しながら、切れ目なく連続的につらなっている秩序空間の像である。身近な血縁や近隣などの関係は、秩序形成の出発点である。こうした出発点を措いて、国家レベルの均質な秩序がはじめから形成されているわけではない。しかし、血縁・地縁などの社会集団は完結した法共同体をなすわけではなく、紳士や地方官、さらには皇帝といった高次の有徳者の情理判断にむけて開かれている。「修身斉家治国平天下」（『大学』）といった経典の語句にも見られる同心円状の連続性は、中国の秩序像の原イメージを提供するものといってもよいであろう。

伝統中国では、客観的な法規範を共有する完結した法共同体は、「社会」のレベルで存在しなかっただけでなく、「国家」のレベルでも存在しなかったのではないか、ということが、これらの議論の提起した問題である——とするなら、秩序は一体どのようにして可能であったのか。

国家も社会集団も、人々の行動を規制する「枠」としての客観的法規範を提供しなかった。そのかわりに描かれるのは、上は皇帝、官僚から在地の紳士、下は村の有力者にいたるまで、多かれ少なかれ人格的優越性をもつと認められる人々のいわば「名望」に対する信用によって支えられている秩序の像である。無論、秩序の「核」をなす彼ら相互の間には矛盾があり、激しい競合もある。しかし、そうした人格的優越者が誠意をつくして行う判断は、全体社会の安寧へ向けて本来自ずと一致する筈のものである、という前提が当時の秩序の背後にある。「神々の闘争」を想定することのないこうした調和的世界への信頼、そして有徳者と認定された人々に皆が従うであろうという予測、そしてその予測に自分も従おうとする傾向——こうして個々人が、日々瀬踏みを行いながら自らの行動基準をこれらの「核」に預けてゆくことによって、一種の「信用」の世界が成り立っているのだともいえる。

従来の中国史研究を規定してきた「国家か社会か」という二項対立的な枠組においては、民間における法共同体の不在という指摘は、ストレートに国家的秩序の貫徹という議論を導くこととなる。しかし、近年の明清社会秩序研究の新味はむしろ、そうした「国家か社会か」の枠組から一歩踏みだそうとしているところにあるというべきである。そこでは、「国家においても社会においても法共同体が存在していない、そうした場で、秩序はどのようにして可能なのか」という問いが問われているのである。

近年における第二の興味深い動向として、次に、主として欧米の研究者によって論じられている「公共的領域」論を取り上げてみよう。清代末期、一九世紀の後半ころから、地方社会における紳士・商人層の力が増大し、官に代わって治安維持や慈善事業などの公共的業務を担当するようになったことは、従来から注目されてきた。そして、時代をさかのぼってみれば、明末清初も、こうした地方有力者の活動が目立つ時代である。内藤湖南が夙に注目した「父老」ひきいる「郷団」や、根岸佶のいわゆる「中国社会の指導層」[21]も、その指す所はほぼ同様の現象であり、即ち、旧中国社会において、専制国家の存在と並んで人の注意を引かないではおかない、民間における一種の自治的な活動なのである。

メアリ・ランキン氏やウィリアム・ロウ氏など、アメリカの学者は、ハバマスの市民的公共性論などを念頭におきつつ、そうした民間の秩序を、「公共的領域 public sphere」という語で表現しようとしている[22]。こうした議論は、中国史の中に、内発的な国制上の変化を検証しようとする試みの一環であり、その背景には、近代西欧モデルと伝統中国との類型的・固定的対比を強調する過去の欧米の論調への欧米研究者自身の反省がある。それと同時に、また、民主化運動と六・四事件の衝撃のもたらした切実な現代的関心とも相まって、「市民社会」論は中国の研究者の間でも注目を集めている。

「公共的領域」とは何か。それは、「国家と社会とが出会う場であり、両者のいずれにも属しきらない中間的な領域として考えることができる。近代西欧の公共的領域と比較すると、帝政後期の中国の場合、その領域は、国家との政治的対抗や公論を通じて私的利害や権利を統合してゆく政治的活動としてよりはむしろ、地方の公共的事業の遂行という社会的活動として出現した」[23]。ここで想定されているのが、公共的業務を担う国家と私的活動の領域としての社会との二元的構造ではなく、民間の人々によって構成される公共的な場をその中間に挟んだ構造であることに、注目すべきである。中国の「公共的領域」は、ハバマスの所謂「市民的公共性」の領域の中国版としてとらえられる。と同時に、産業ブルジョアジーの不在や政治性の微弱さなど、西欧との相違も指摘されている。中国の「公共的領域」が、単に公共的業務の肩代わりを行うのみならず、ハバマスの強調するような、国家に対する自律性をもった批判的公論の場であり得たのか、ということが今日論議の一つの焦点となっているといえる[24]。

「官」でもなく「私」でもない、地方エリートによって担われる「公共的領域」——たしかに、明代後期以降の中国社会を観察する者は、こうした民間の公共的活動の活発さに強く印象づけられるのである。そして、こうした民間の活動領域に「公」の字が冠せられている例は枚挙に暇ない。ランキン氏の挙げている例を見てみるならば、地域防衛などのための民間有力者相互の同盟は「公約」と呼ばれ、共同で穀物倉庫などを建設する際は「公建」といい、地方社会の諸問題に関する紳士層の合議を「公議」といい、共同事業の責任者を合議で決める場合「公挙」という、等々、民間の共同事業は、しばしば「公」と呼ばれる。

しかし、伝統中国における「公」の用法は——ランキン氏の表現によれば——ルーズで多義的なものである。官僚の行う事業に「公」の語が冠せられる場合も無論多い。地方官の役所は「公署」「公衙」と呼ばれ、官が地方行政に用いる支出項目を「地方公費」といい、非公式の付加税を正規の税目化することを「耗羨帰公」などという。そして官界の内部でも、「私」を滅して「公」を奉ずる綱紀粛正がしばしば提唱された。また、下層民衆の政治行動については、地方エリートの活動を中心に扱うランキン氏の論文では直接に扱われてはいないものの、この領域においても、「公」は明らかにキーワードの一つである。明末の都市民衆暴動を好意的に描写した戯曲などの中には、「人民の公事」「公憤」といった語がしばしば用いられており、貧民や婦女、子供など、暴動参加者の全人民性を強調する文脈の中で「人心の公」といった表現が用いられた。暴動を鎮圧する地方官は、暴動が「公」憤でなく「私」情に出たものであることを弁明しなければならなかった。

明清時代の「公」の用法の広がりを見るならば、それは、官の事業、地方エリートの共同行動、大衆的行動、などのいずれについても用いられ得た。それは、明確な価値判断を含む政治用語として、「私」を弾劾する文脈の中で用いられることもあれば、溝口雄三氏が指摘するように、各個人の「私」の調和的実現こそが「公」であるという議論もあり[25]、また価値中立的に、単に共同の事業や財産を示す語として使われる場合も多かった。

近代ヨーロッパにおいても "public" "Öffentlichkeit" といった語の用法は、まさに多様であった。そこに、もつれた糸を解きほぐすような緻密な概念史的分析の作業が要請される所以がある。中国の「公」は、近代ヨーロッパに比べてもさらに「多義的」であるといえるかも知れない。では、中国の「公」とヨーロッパの「公」をめぐる諸概念との相違はどこにあるのか。問題は、「公」の「多義性」

が展開する思考の場そのものにあるように思われる。

中国版「公共的領域」論は、国家と私的活動との中間に位置する民間エリートの「公共的領域」の存在を指摘した。しかし同時に、「政府の役割と地方リーダーの役割との境はしばしば曖昧で可変的なものであった」こと、「国家から自立し、理性によって把握された公共善の立場に立って国家を批判する」自律的性格が中国の「公共的領域」には欠如していること、なども指摘されている。中国の「地方公議」が国家に対して政治的な批判を行わなかったわけではない。むしろ、王朝交代期など危機の時代には、激しい王朝批判が、地方社会を基盤に噴出することもある。しかし全体として、中国の地方社会における「公議」が、皇帝政治に対する体制的な自律性、原理的な対抗を指向していたわけでないことも、確かであると思われる。それは何故であろうか。

この問題は、上述した裁判をめぐる地方社会の秩序の問題とも重なりあう。共同の利害を実現してゆく公共の事業は、社会のどの部分によって担われるべきものなのか。共同の利害を代表するのは、社会のどの部分だと考えられているのか。調和的理想状態においては、全体社会そのものがその担い手となるはずのものであった。全体社会の福祉を図るという同じ意図が皇帝をはじめ地方官や有力者によって共有され、皇帝の命令を待つまでもなく官僚紳士は自発的にそれを遂行し、人民は喜び勇んでそれに従い、社会の安寧が自ずと実現される——それは、全社会を代表する「公」権力がどこに帰着するのか、という問いが既に不必要な世界である。それは、皇帝一個人の意志がストレートに社会の末端にまで及んでいる状態としても解釈でき、官僚や紳士といった選良の意志に主導される秩序と見ることもでき、また、広範な民衆の意志こそがこの社会を成り立たしめていると考えることもできる。そしてそのいずれの見解もが矛盾なく共存し得る世界である。

無論、現実の社会はそうした無矛盾的な状態ではあり得ず、中央政府や地方官、紳士や民衆の間では、激しい政治的対立が存在した。その意味では、中国における「公」をめぐる政治的対立の微弱さを指摘する一部の欧米学者の議論は、必ずしも妥当であるとは思われない。しかし、その対立は、あるべき調和状態を乱す者に対する批判として現れたのであり、「国制」上の構造をめぐって争われたのではなかった。地方の利害を守ろうとする立場から、専制的な皇帝の「私」が批判され、「地方公議」の重視が主張される場合もあった。官僚や紳士の不正や貪欲さを批判する文脈の中では、「公」を体現する皇帝の絶対性が強調された。権力者の不正を糾弾する世論の中では、無学な民衆の自然発生的直接行動が、天意を体現する「公」として最大限に肯定された。これらはそれぞれ、地方の自治的特権、皇帝の絶対権、大衆的民主主義を主張する議論に似て、その実、論理的に相互に排除しあうものではない。というのも、彼らの究極的関心は、「国制」的構造の確定ではなくて、皇帝も地方紳士も民衆も全体社会の利害に向けて協同する実質的調和状態の実現にあったからである。

官僚と地方紳士の役割は、「境が曖昧」というよりは、むしろ当初より同型のものであった。「国家」と「社会」とが機能的に分離しつつ、それ故に依存しあっている状態と比較すると、中国における「国家」と「社会」の機能的同型性が、「国家と社会との（没交渉という意味での）分離」ないし「国家と社会とのゼロサム的拮抗」のイメージをむしろ喚起してきたのも、故ないことではない。なぜなら、同型であるが故に、地方社会は、国家なしでも成り立ち得る、一見自立的な相貌をも呈するからである。

とするならば、伝統中国における「国家」とは、一体何なのか。中国の法に関する滋賀秀三氏の比喩によれば、国家の法は、情理の大海に浮かぶ氷山の如く、情理の一部を可視的な形で固定させたものである。[26] この比喩を借りれば、皇帝や官僚も、本来社会全般に広がる秩序維持機能を可視的な形で顕現させた氷山のようなものといえるかも知れない。氷山は大海の一部が凝り固まったものと見ることも可能であるし、また、氷山が融けだして大海が形成されたとみることも可能である。皇帝からすべてが流出するというが如き絶対的専制と、圧倒的な民の意志が天を介してすべてを決するという民本主義とを両極として、その中間に、「連合艦隊」的国家像や、「国家と社会分離論」や、「公共的領域」論や、「中間団体優越の法則」や、その他諸々の多様な中国像が分布する。それらは、どれかが正しくどれかが誤りであるとはいえない。また、進歩的思想と反動的思想のせめぎあいとして解釈することも、それほど有効であるとは思われない。むしろ、それらは、中国の全体秩序が状況に応じて見せる様々な面貌であるといえよう。

おわりに

本稿で提出しようと試みた問題は、水林説の時代区分論に対する異議ではない。むしろ、水林説が

——そして中国史研究会も——前提としている「国制史」という枠組の有効性についての疑問である。ヨーロッパ史研究における「国制史」的アプローチの有効性を私は疑うわけではない。なぜなら、ヨーロッパの人々自身、社会秩序の問題を「国制的」な枠組の中で考え、様々な観念を発展させ、論争を展開してきたと考えられるからである。しかし、伝統中国社会の人々は、そもそも問題を「国制的」に考えてきたのか。全社会の「法」的構造という「国制史」的問いかけに答え得るような形で、中国社会は存在していたのか。「広義の憲法史」としての「社会の全構造」は伝統中国においてはいかなるものであったのか、という問いは、正しく考察しさえすれば正しい解答が得られる類の問いなのか。そこには、木によって魚を求めるがごとき、問題の立て方自体に内在する欠陥があるとはいえまいか。

本稿は、法制史の素人による全くの暴論であるのかもしれない。そのあたりの判断がつかない所が素人の悲しさである。しかし、専門家に率直な疑問を呈して虚心に教えを請うことができるのが、素人の特権であるともいえる。水林氏をはじめとする諸専門家の寛容に期待しつつ筆を置く次第である。

(1) 歴史科学協議会一九九一年度大会のパネルディスカッション「比較国制論」の内容は、『歴史評論』五〇四号に掲載されており、その後、大幅な補充を加えて、鈴木正幸・水林彪・渡辺信一郎・小路田泰直編『比較国制史研究序説——文明化と近代化』(柏書房、一九九二)が出版された。本稿で水林氏、渡辺氏の所論を引く場合、主に後者によった。

(2) フランス啓蒙主義者の中国認識に関する先駆的考察として、島恭彦『東洋社会と西欧思想』(世界評論社、一九四八）参照。

（3）「中国には家族主義と宗族主義があって国族主義が無い」という孫文の有名な語（『三民主義』民族主義第一講）は、中国における国家の弱さに対する危機感の集約的表現ともいえよう。民間団体を基礎とした近代国家建設の展望について、例えば、内藤湖南『支那論』（『内藤湖南全集』第五巻、筑摩書房、一九七二、所収）参照。

（4）戦前・戦中の「国家と社会分離論」に対する批判として、松本善海「旧中国社会の特質論への反省」「旧中国国家の特質論への反省」（『東洋文化研究』九・一〇号、一九四八・四九）がある。「家族国家論」については、尾形勇『中国古代の「家」と国家』（岩波書店、一九七九）に批判的整理がなされている。

（5）「西嶋新説」に関しては西嶋定生『中国古代帝国の形成と構造』（東京大学出版会、一九六一）参照。重田「郷紳支配論」に関わる論文は、同『清代社会経済史研究』（岩波書店、一九七五）に収録されている。

（6）中国史研究会の理論枠組については、同会編の二冊の論文集『中国史像の再構成　国家と農民』（文理閣、一九八三）、『中国専制国家と社会統合』（文理閣、一九九〇）参照。なお、足立啓二氏は、両論文集所収の論文以外にも、「中国封建制論の批判的検討」（『歴史評論』四〇〇号、一九八三）など一連の論文において、封建制論批判を行っている。

（7）重田前掲注（5）書、一八九頁。

（8）前掲『比較国制史研究序説』一〇八頁。

（9）同右書一〇六―一〇八頁。

（10）関連文献は多数にのぼるが、宮崎市定「宋代以後の土地所有形体」『東洋史研究』一二巻二号、一九五二年、及び仁井田陞「中国社会の農奴解放の段階」同『中国法制史研究　奴隷農奴法・家族村落法』東京大学出版会、一九六二年、を挙げておく。

(11) 水林氏が引かれるエリアスの『文明化の過程』(赤井慧爾等訳、法政大学出版局、一九七七、一九七八)の基本的姿勢は、普遍的な進歩の過程としての「文明化」を論ずるというよりは、むしろ近代西欧における「文明」の自意識がどのように形成されたのか、それを歴史具体的な過程に即して叙述しようとする一種の反省的意識に根ざしているように私には感じられた。こうした姿勢は、水林氏の「文明化」論とはかなり異なるようにも思われるのだが、いかがであろうか。

(12) 最近目にした論文としては、例えば西川長夫「国家イデオロギーとしての文明と文化」(『思想』八二七号、一九九三)がある。

(13) マックス・ウェーバー(木全徳雄訳)『儒教と道教』(創文社、一九七一)。近代ヨーロッパとの対比において伝統中国社会を固定的に類型化しようとするウェーバーの議論は、近年欧米の中国史学界で批判にさらされている。しかし、近代西欧に類似した個別の事象の存在を中国社会の中に検証することによってウェーバーを批判し得たことになるかどうかは疑問である。それらの事象が位置づけられている社会的文脈に注目する場合、中国社会が近代西欧とは極めて異なる型をもった社会であることに、やはり気付かざるを得ないのである。

(14) 前掲『比較国制史研究序説』一七―一九頁。

(15) 中国史研究において、「身分」という語をどのように使用するか、ということは、難しい問題である。清代についていえば、例えば一般の良民と対比される奴婢などの「賤」民の地位を「身分」という語で表現することに対し、中国史研究者の間には、特に抵抗感はないのではないかと思われる。しかし、奴婢は「家業」ではない。そもそも、「家」を構成せず、他家に隷属している者が奴婢なのである。犯罪や身売りなどを通じ、個人は奴婢となる。奴婢の子は奴婢となるという意味では、それは世襲といえようが、それは親の人格の継続としてであって、「家業」を継ぐということではない。奴婢が解放され良民となることは、制度的に抑止されてはいない。そうした奴婢と主人とのパーソナルな隷属関係を、中国では「主僕の分」と称した。「諸個人が生得的に帰属するところの団体によって社会的分業が編成されている」ことを「身分制社会」の定義とする（『比較国制史研究序説』四四頁）ならば、士大夫と同様、奴婢も「身分」ではない。ただしその場合、中国は「脱身分制社会」であったと言ってしまうと、中国社会に内在した鋭い差別感覚を見失う恐れもあるのであって、「個人」間に存在するこうした人格的差等意識は、また別の言葉で表現される必要があるだろう。

（16）橘樸「支那官僚の特殊性」『支那社会研究』（日本評論社、一九三六）。

（17）伝統中国における「法治」の欠如、それが現代中国社会に与えた負の遺産は、現代中国人の切迫した関心事でもある（例えば、黄仁宇『万暦十五年』稲畑耕一郎他訳、平凡社、一九八九など参照）。

（18）寺田浩明「清代司法制度における「法」の位置づけについて」（『思想』七九二号、一九九〇）。

（19）滋賀秀三『清代中国の法と裁判』（創文社、一九八四）。

（20）＊「調停」という語については、その後、清代の民事裁判をめぐる論争のなかで一つの争点となり、滋賀氏が改めて自著『清代中国における法と裁判』における用法を解説している（「清代の民事裁判」同氏『続・清代中国の法と裁判』創文社、二〇〇九、所収）。本稿でのまとめ方は舌足らずな点があると思うが、とりあえず原載時の文章のままとし、本注に滋賀氏の解説の要点を記す。裁判の本質的属性は拘束力ある第三者の判定であることに存するが、調停の本質的属性は、調停案の内容を検討した上で公正なものとして承認するか否かが当事者に留保されていることに存する。清代の地方官の裁きは、両当事者が受諾の意思を表明してはじめて落着するものであったので、その意味では調停だが、専ら妥協点を探ることを目的とする民間の調停と異なり、当事者を召喚・懲責できる強権を背景に、事実の解明と是非の判断に基づいて、当事者に裁きの受諾を迫るものであった。その点で、「任意的調停」たる民間の調停と区別して「教諭的調停」と呼ぶべきである、とする。

（21）内藤湖南前掲注（3）書、及び根岸佶『中国社会に於ける指導層』（平和書房、一九四七）。

（22）ランキン氏もロウ氏も、それぞれの著書の中で実証的に清末の「公共的領域」の成長を論じているわけだが、特にこの概念についてとりあげた専論としては、William Rowe, "The Public Sphere in Modern China," *Modern China*, 16-3, 1990, 及び Mary Rankin, "The Origins of a Chinese Public Sphere," *Études chinoises*, 9-2, 1990, がある。この概念の使用にやや批判的な論文として、孔復礼（Philip Kuhn）「公民社会与体制的発展」（『近代中国史研究通訊』中央研究院近代史研究所、一三期、一九九三）が挙げられる。

（23）Rankin, op. cit., p.15.

（24）孔復礼前掲論文。

（25）溝口雄三「中国における公私概念の展開」（『思想』六六九号、一九八〇）、及び同「中国の「公・私」」（『文学』五六巻九、一〇号、一九八八）。＊いずれも、同氏『中国の公と私』（研文出版、一九九五）、所収。

（26）滋賀秀三前掲注（19）書、二八四頁。

原載『人民の歴史学』一一六号、一九九三年。第三節の一部が、拙著『明清交替と江南社会』東京大学出

版会、一九九九年、第二章と重複する点があるため、若干の文章上の改稿を行ったが、内容は変更していない。

グローバル・ヒストリー論と「カリフォルニア学派」

はじめに

本特集〈『思想』二〇一八年三号、特集「〈世界史〉をいかに語るか」〉は、この十数年来、日本の歴史学界において国際的潮流の影響を受けつつ提唱されている「グローバル・ヒストリー」に関わるものであるが、「グローバル・ヒストリー」という歴史学の方法について全面的に論じることは、なかなか難しい。その理由の一つは、そもそも「グローバル・ヒストリー」とは何なのかということについて、あまり明確な合意がないという点にある。

しばしば引照される水島司の解説では、グローバル・ヒストリーの特徴は、以下のような点にあるという。第一に、扱う時間の長さである。「これまでであれば考古学の範囲であった有史以前の人類の誕生から現在までをあつかうことはもとより、場合によっては宇宙の誕生までもが対象に含まれる。」第二に、対象となるテーマの幅広さ、空間の広さであり、陸域・海域全体の構造や動きを問題とすることが多い。第三の特徴は、従来の歴史叙述の中心にあったヨーロッパ世界の相対化、あるいはヨーロッパが主導的役割をはたした近代以降の歴史の相対化である。「このことは、「東アジアの奇跡」と呼ばれるような……日本をはじめとする東アジア諸地域の急速な経済成長や、中国やインドの近年の経済大国化という現実の世界での劇的な変化が、過去の歴史過程にかんする解釈の見直しを迫ったということの裏返しの現象であろう」。第四に、単なる地域比較ではなく、異なる諸地域間の相互連関、相互影響が重視されるという点である。第五に、あつかわれている対象・テーマの新しさであり、たとえば、「疫病、環境、人口、生活水準など、われわれの日常に近い、しかし社会全体や歴史変動のあり方全般に関する重要な問題が新たに取り込まれている(1)」。

ただ、これらの特徴は、グローバル・ヒストリーの成果と目される著作に共通して含まれるものでは必ずしもなく、一つ一つの著作を取れば、如上の特徴のうちのいくつかが見て取れるというにすぎない。例えば、グローバル・ヒストリーの代表作として常に挙げられるケネス・ポメランツの『大分岐(2)』についていえば、一八世紀を中心とするイングランドと中国江南（長江デルタ）との経済状況の比較を行う本書には、第一、第二の特徴は明らかに当てはまらないが、第五の環境・生活水準の問題を取り上げて、一八世紀の江南とイングランドとの共通性を論じ、アジアに対するヨーロッパの長期的優位という欧米の通説を論駁している点（第三の特徴）において、グローバル・ヒストリーの典型の一つと見なされているのだといえよう。このような点からして、水島の列挙するグローバル・ヒストリーの特徴は、いわばグローバル・ヒストリー概念の外延的説明であって、その内包を示すものではない。従って、「煎じ詰めて言えば、グローバル・ヒストリーとは何なのか」という疑問を抱く読者も少なからずいるであろうし、その答えは、これまで出版されたグローバル・ヒストリー関連の日本語の著作のなかでは、必ずしも示されていないように思われる。また、グローバル・ヒストリーの範疇では論じられていない（ように見える）著作のなかでも、上記の五つの特徴のいずれか或いは複数を含むものはかなりあるように思えるので、グローバル・ヒストリーとそうでないものとの区別は、実際のところかなり困難だといえよう。「グローバル・ヒストリー」という語を題名や帯に用いる論文集は、近年続々と出版されているが、そこに収録された一つ一つの論文を見るならば、従来の論文とどこが異なるのか疑問を感じるものも少なくない。[3]

欧米の論者においても、「グローバル・ヒストリー」の内容として挙げられるものは様々である。例えばパミラ・クロスリーの『グローバル・ヒストリーとは何か』は、グローバル・ヒストリーを新しい潮流としてその推進を提唱する水島とは異なり、古代以来行われてきた「広範で包括的な、あるいは普遍的な展望を語ろうとする歴史記述」の試みについて、そのナラティヴの型（「発散」「収斂」「伝染」「システム」など）を分析したものである。クロスリーは本書の最終章で現代のグローバル・ヒストリーの課題について述べ、「目的論的なナラティヴを超越する、真に偏見のない、客観的で、普遍的なナラティヴに到達」することが、グローバル・ヒストリーをめざす現代の歴史家の一つの目標となっていることを指摘しつつも、「それは目下のところ、まだ達成されていない」とし、また「文化を超越するナラティヴ」の今後の達成可能性にも懐疑的である。[4]

このような現状をふまえると、「グローバル・ヒストリー」一般について感想めいた議論をすることには、あまり意味がないように思える。私自身についていえば、一国史的枠組みを超えた広い視野や、ヨーロッパ中心主義に対する批判といった「グローバル・ヒストリー」の主張にはおおむね賛成であり、そうした方向での努力には敬意を表したいが、「グローバル・ヒストリー」の核心があまり明確でないままにことさらその新しさを標榜しているように見える近年の日本の動向に与することには慎重でありたいと思う。「グローバル・ヒストリー」の潮流の内容がかなり混沌としており、また玉石混淆であるように思われる現状では、「グローバル・ヒストリー」に賛同する新しい研究とそれに抵抗する旧い研究というように大雑把に括るよりは、それぞれの研究を丁寧に吟味してゆくことが必要ではないだろうか。そこで本稿では、「グローバル・ヒストリー」の主要な事例として常に言及され、また中国を中心に論じているという点で私の専門にも比較的近い所謂「カリフォルニア学派」の諸研究を取り上げ、能力の及ぶ範囲で論評することとしたい。

「カリフォルニア学派」の特徴は、ヨーロッパとアジア（特に中国）との「比較」という問題関心にあるといえるが、「グローバル・ヒストリー」における同学派の位置づけについて、私見に基づき、まず簡単に述べておこう。

上述の通り、今日「グローバル・ヒストリー」として挙げられている著作は極めて多様であるが、大きく見てそれらは、いくつかの潮流に分類できる。その一つは、従来の「人間中心」的な歴史学と距離を置いて環境や疫病といった問題に着目し、自然科学的な説明を用いつつ長期的・広域的な叙述を行うものであり、水島の挙げる特徴でいうと、第一・第二・第五の特徴が良くあてはまる。よく知られたジャレド・ダイアモンド『銃・病原菌・鉄』(5)などがその代表といえるが、こうした潮流を仮に「環境系」と名付けたい。もう一つは、大陸を超えた広域的な人・モノ・文化の移動や接触を扱うもので、水島のいう第二・第四の特徴に関連する。ジャネット・アブー・ルゴドの『ヨーロッパ覇権以前』(6)がその例である。この潮流は一国史の枠組みを超えて広域的な結びつきを扱うという点ではウォーラーステインなどの「世界システム論」との共通性を持つが、西欧を中核とする固いシステムを強調する「世界システム論」に対し、これと異なって非西欧諸地域を前面に出した図柄を描こうとしており、その点で水島のいう第三の特徴も備えている。これらの研究を「交流系」と呼ぶことができよう。そしてもう一つ、「比較系」ともいうべき潮流があり、上述のポメランツ『大分岐』などを代表とするカリフォルニア学派はその中心にある。その考察対象は世界全体を覆うという意味での「グローバル」とは必ずしも言えず、基本的な枠組みは、ヨーロッパとアジア(特に中国)――ないしそれぞれの一部分――の比較にあるので、旧態依然の印象を与える面もあるが、水島のいう第三の特徴に関わるヨーロッパ中心主義批判を戦闘的に打ち出している点で、「グローバル・ヒストリー」の主要な一翼を担うものと見なされている。

一 「カリフォルニア学派」とは

「カリフォルニア学派」(the California school) という名称は、その一員であることを自認するジャック・ゴールドストーン (Jack A. Goldstone) の命名によるものだが、[7] その学派に属するとされる人々が自称として広く使っているというわけではない。従って、以下本稿でこの名称を用いる際には、必ずしも明確な求心性をもつ学派として用いているわけではないことをお断りしておきたい。

「カリフォルニア学派」という語の発源地となったゴールドストーンの動向論文「西洋の勃興――なのか?」は、「広く受け入れられた常識 (the received wisdom) 対カリフォルニア学派」といった鮮明な対比の構図のもとに、カリフォルニア学派の新しさを大略以下のように提示する。

マックス・ウェーバーの比較研究以来、学者たちは、ヨーロッパには独自の特質があり、それが他の社会には見られない優位性をヨーロッパに与えたと考えてきた。その特質の内容については、科学技術、地理的条件、統治のあり方など、学者によって多様な見解があったものの、一九世紀以降のヨーロッパとアジアとの分岐という「重大な結果」は、それ以前の少なくとも数世紀にさかのぼって両者の歴史と文化に存在してきた「重大な」相違に根差すものである、と見なす点では共通であった。彼らによる標準的な世界史叙述では、ヨーロッパは他地域に対して常に優位性を保ち、他の社会は、ヨーロッパ人の交易や征服といった活動を受動的に受け入れる存在に過ぎなかった。そのような通説に立ち向かったのが、カリフォルニアを中心とする一群の研究者たち、即ちカリフォルニア学派である。彼らは、通説において用いられていた中国の劣位性に関する論拠を次々と実証的に覆し、ヨーロッパがむしろ近年に至るまで、世界史のなかで辺境であり、紛争に苦しめられ、革新性の低い地域であったこと、生活水準の高さや優れた技術はむしろアジアのものであったことを主張した。今後様々な面で研究を発展させる余地はあるものの、史料に基づくカリフォルニア学派の事実発見は、ヨーロッパの特別かつ優位な状況についてかつて確実と見なされていた見解を、すでに崩壊させている。彼らの発見により、我々は以下の二つの単純な原理に直面するよう迫られている。(1)ヨーロッパの状況は、比較的近年、即ち一八〇〇年頃まではアジアの先進的な諸地域と大きく異なるものではなかった。(2)その後の大分岐は、それ以前からの重大でかつ長期的な相違に帰する必要はなく、むしろ、ヨーロッパの小さな一部（そして後に日本）に例外的な条件をもたらした些細な相違や偶然的出来事の結果と見るべきである。このような発見は、科学史におけるコペルニクスやダーウィンの成果にも比せられるもので、工業化と発展をめざして奮闘している何十億もの非ヨーロッパ人をエンパワーする助けとなるだろう。

このゴールドストーンの論文のなかで、「カリフォルニア学派」を構成する具体的な研究者としては、以下のような人々が挙げられている。まず、ビン・ウォン（Roy Bin Wong, 王国斌）、ゴールドストーン、ケネス・ポメランツ、リチャード・フォン・グラーン（Richard von Glahn）、ワン・フォン（Wang Feng, 王豊）、キャメロン・キャンベル（Cameron Campbell）であり、彼らはいずれも、カリフォルニア大学システム（カリフォルニア大学の諸分校）に属する研究者である。[8] そのほか、カリフォルニアの他の大学に属する研究者としては、デニス・フリン（Dennis Flynn）とアルトゥーロ・ヒラルデス（Arturo Giráldez）、ジェームス・リー（James Z. Lee, 李中清）、ロバート・マークス（Robert Marks）などが挙げられ、またアンドレ・グンダー・フランク（Andre Gunder Frank）は、所属は一定しないものの、カリフォルニア大学出版会からヨーロッパ中心主義批判の本を出したということで、カリフォルニア関係者の中に入れられている。[9] そのほか、カリフォルニア以外では、ジャック・グッディ（Jack Goody, ケンブリッジ大学）、ジェームス・ブラウト（James Blaut, イリノイ大学）、ジャネット・アブー・ルゴドが挙げられている。

ゴールドストーンは、これらカリフォルニア学派の研究者が一九九〇年代に行ってきた主要な事実発見を、おおむね次のように列挙する。

(1)清代中国の家庭においても一種の出産調整が行われており、中国の人口過剰を貧困と結びつける通説は誤りである（リー及びワンなど）。(2)中国やインドの織布や食品加工などの家内工業は、大規模な生産及び交易といった点で、極めて洗練されたものであった（ポメランツ、ブラウト）。(3)中国とインドの商人は自由に取引を行い、一八世紀末に至るまで、ヨーロッパの大多数の商人に比べてはるかに大きな商業的富を築いていた（グッディ、フランク、ゴールドストーン）。(4)中国の国際的な経済活動は、明・清時代を通じて活発でダイナミックなものであった（フランク、ブラウト）。(5)一八世紀に至るまで、中国の農業生産性及び生活水準は、ヨーロッパの先進的諸地域に匹敵するものであった（ポメランツ）。(6)中国の一八世紀及び一九世紀は、かなりの領土的拡大及び新しい領土の経済的統合によって特徴づけられる（マークス）。(7)一六世紀から一九世紀初めに至るまで、グローバルな交易システムを動かす力となったのは、交易に対するヨーロッパの熱心さではなく、交易を通じて銀地金を得ようとする中国の欲望であった（フリン、ヒラルデス）。(8)中国とオスマン帝国の政治的動態は、ヨーロッパの君主制とその性格において大きく異なるものではなく、一七世紀の中国と中東で起こった政治的危機の要因はヨーロッパのそれと共通性を持っていた（ゴールドストーン）。

以上のようにそれぞれの研究者の研究テーマは異なるため、一九世紀におけるヨーロッパとアジアとの「大分岐」が何によって生じたかという具体的な理由付けは研究者によって異なる。しかし、その「大分岐」を、両文明に内在する本質的或いは長期的な特質に起因するものではなく、より短期の偶然的な状況に由来するものである、とする点では、「カリフォルニア学派」は共通しているとゴールドストーンは論ずる。

二　カリフォルニア学派の基本姿勢

ヨーロッパ中心主義的通説に対するカリフォルニア学派の果敢な対決とその勝利というゴールドストーンのこのストーリーに登場する諸研究の実証的内容に対しては、次節でやや詳しく検討することとし、本節では、このストーリーを支える認識の枠組み、即ち、このストーリーが誰に対して語られているのかという問題や、その語り方の特徴について、若干の私見を述べておきたい。

第一に、このストーリーの適用される範囲についてである。上記のようなゴールドストーンの「通説」批判について、多くの日本の研究者は、若干の違和感を禁じ得ないのではないだろうか。即ち、「従来の通説は、果たして彼がいうように単純なもの――歴史貫通的なヨーロッパの優位性を信じ、非ヨーロッパ地域を受動的な存在と見なす――であったのか。そこには論敵の議論に対する矮小化ないし戯画化があるのではないか」と。ただ、上記のような二項対立的整理は、他の論者にも共通する。例えば、カリフォルニア学派の一人として挙げられているマークスの概説書『近代世界の起源』[10]を見よう。ポメランツやフランクの議論の影響のもとに書かれたという本書は、大学生向けの教材であるが、「近代世界の起源」を論ずる際の方法的諸問題を周到に解説する堅実な書物である。そこでは、「マスターナラティヴ」としてのヨーロッパ中心主義は、次のように説明されている。

ヨーロッパ中心主義は、一般のエスノセントリズムのように自らの文化の優越性を強調するのみではなく、さらに自らの文化を普遍的に適用可能なものと見なす点で独自である。

ヨーロッパ中心的な世界観では、ヨーロッパを世界史の唯一の活動的な作り手――いうなれば根源――と見なす。ヨーロッパは行動し、それ以外の世界はそれに反応する。ヨーロッパは〝主体〟であり、それ以外の世界は受け身である。ヨーロッパは歴史を作るが、それ以外の世界は、ヨーロッパと接触するまでは歴史を持たない。ヨーロッパは中心であり、それ以外の世界は周縁である。ヨーロッパ人のみが変化即ち近代化を創始することができ、それ以外の世界にはそれは不可能である。[11]

このような見方が学問的に確立された「事実」と見なされるとき、人々は映画『マトリックス』で仮想現実のなかに囚われている主人公のように、囚われていることすらわからなくなってしまう。それではどのようにして外に出られるのだろうか。我々は、世界の中で従来排除され或いは見過ごされてきた部分を含みこんで話のプロットを拡大し、ヨーロッパを中心としない新たなグローバルな筋書きを作ることによってはじめて、マトリックスの外に出ることができる、と。[12]

マークスは、さらに続けて次のように述べる。本書を書くことができたのは、近年英語で発表されたアジア・アフリカ・ラテンアメリカに関する大量の研究成果のおかげであり、それらの文献が、新たな非ヨーロッパ中心主義的ナラティヴの基礎となる。ある批評家曰く「近年までの歴史家たちは、失くした車の鍵を街灯の下で探している酔っ払いのようなものであった。なぜそこで探しているのかと警官に聞かれた酔っ払いは、「そこが明るいからさ」と答えた」と。[13] 幸いにも近年の学者たちは、世界の他の地域にも多くの光を当てるようになったので、我々は闇のなかで手探りしなくても済むこととなった。我々は今や、その他の世界について十分な知識を持ち、西洋の勃興についてのマスターナラティヴに疑問を呈し、これと異なる非ヨーロッパ中心的ナラティヴを作りだすことができる。[14]

紹介が長くなったが、それは、「カリフォルニア学派」の人々のこうした議論を読んで私が感ずる漠然とした違和感の所在をつきとめてみたいからである。その違和感とはおそらく、「カリフォルニア学派」など英語圏の研究者から見て、私たち（即ち、主に日本語や中国語など現地語で書くアジアの歴史研究者たち）は、光のささない「暗闇」のなかの存在であったのだと感じさせられることから来るのだろう。ではその「暗闇」のなかでは、何が行われていたのだろうか。近代日本の歴史学界において、ヨーロッパを暗黙のうちに「あるべき基準」と見なすようなヨーロッパ中心主義というものは確かに存在したと思う。しかしそのヨーロッパ中心主義は、「光」のなかにいる人々が感じる自足したエスノセントリズムとは異なり、「闇」のなかから「光」を眺めて、「我々は光のなかに入れるのか」を問う、緊張と葛藤に満ちた問いであった。

マークスが述べるような自己反省をそのまま日本にもあてはめ、「ヨーロッパは歴史を作るが、それ以外の世界は、ヨーロッパと接触するまでは歴史を持たない」といった見解が日本においても「マスターナラティヴ」をなしていたと主張する論者がいるとすれば[15]、それは端的に言って誤り、少なくとも大幅な誇張である。現行の高校世界史教育において西洋史の比重が過度に大きいといった批判は可能かもしれないが、ヨーロッパと接触する以前のアジア（日本を含む）に歴史はなかったといった言説が歴史教育の場で力を持ってきたとは到底言えないだろう。アカデミックな研究のレヴェルでも同様である。戦後日本の中国史研究を例にとれば、帝国主義のイデオロギーとしてのアジア社会停滞論を批判することは、多少とも理論指向をもつ研究者の大部分が共有する課題であった。宋代から清代の中国の時代規定をめぐる一九五〇年代から六〇年代にかけての有名な論争においては、中国ではヨーロッパに先駆けて一〇世紀前後に「近世」段階に入ったとする所謂「京都派」と、宋代から清代の中国は封建制（中世）であったとする所謂「歴研派」との間で対立が見られたが、清代以前を封建制と見なす研究者の間においても、中国史の発展と変革主体の形成を論証することは、オブセッションといってもよい圧力となっていたのである。中国において一九五〇年代から展開されてきた「資本主義萌芽」論争、即ち中国における自生的な資本主義の成長をめぐる論争も、同様の背景のもとで捉えることができるだろう。その後、一九八〇年代には、日本の中国史研究は、西洋の歴史的経験に根差した発展のモデルに中国史を当てはめようとする方向を脱し、中国独自の文化の型という文脈のなかで中国史の展開を捉えようとする方向へと次第に転換していった。この方向転換は、西洋と中国の相違を強調するという点で、一見旧いオリエンタリズムへの回帰と見えるかもしれないが、日本の研究史の流れのなかでは、西洋モデルからの脱却という意味で、やはりヨーロッパ中心主義との対抗という側面を持っていたといえる(16)。

ヨーロッパ中心主義に対抗して颯爽と登場したカリフォルニア学派の挑戦を描くゴールドストーンらのストーリーにおいては、ヨーロッパ中心主義の克服に向けて長年にわたり試行錯誤を繰り返してきたこうした非英語圏の研究者の動向は、視野に入っていない。マークスは中国史研究者なので非英語圏における研究史を知らないわけはないと思うが、英語圏の読者を対象に語りかけるこのストーリーにおいて、非英語圏における従来の研究は、登場人物ではないし、対話の相手でもない。英語で書かれていない研究は、このストーリーにおいて、意味ある研究とは見なされていない。近年に至って英語の研究が続々と発表され、非ヨーロッパ地域の歴史にも「光が当たる」ようになったので、非ヨーロッパ中心的ナラティヴがやっと可能になった、というわけである(17)。

ここで私は、彼らのストーリーに隠された無意識の欧米（英語）中心主義をあげつらおうとしているわけではない。また、日本の研究ではるか以前からヨーロッパ中心主義批判が行われていたのだ、として誇るつもりもない。ヨーロッパ中心主義を批判して非英語圏の人々を「エンパワー」しようとするカリフォルニア学派の善意は尊重すべきだと思うし、英語圏の研究者が英語圏の読者を対象に対話しようとするのも当然のことである。また、「グローバル・ヒストリー」を提唱する日本の多くの論者が指摘するように、日本の歴史研究者（特に東アジア史研究者）が、国際語である英語で発信する努力を従来十分に行ってこなかったことも反省すべきである。しかし、ヨーロッパを基準とする思考枠組みにともすればからめとられつつも、それを脱却しようと苦闘してきた先人たちの軌跡[18]を想起するとき、カリフォルニア学派の一部に見られる善悪二元論的ヒロイズムに同化し、従来の日本の歴史認識を単純なヨーロッパ中心主義と見なして声高に批判する気にはなれない、というのが私の実感である。欧米で流行する議論に受け身で追随する傾向が従来の日本の学界にあったとすれば、それから脱却するには、とりあえず自らの実感に立脚するほかはないであろう。

第二に、カリフォルニア学派のいう新しいナラティヴが、既存の権威的ナラティヴへの対決の姿勢を鮮明にしつつも、結局は「強者（勝者）中心主義」ともいうべき歴史観に支えられていることを指摘したい。ヨーロッパ中心主義に対抗するカリフォルニア学派の姿勢は、一見、弱者の立場に立って強者に立ち向かっているように見える。しかし、ゴールドストーンの整理するカリフォルニア学派の諸論点にも見えるように、ヨーロッパ中心主義を論駁するその論理は結局、一八世紀までの中国（ないしインド）が、経済的に発展し、領土的にも巨大であり、国際交易において中核的位置を占める、世界に冠たる大国であった、という点に帰せられている。その事実認識自体は間違っているとは言えないだろうが、それは果たして、ヨーロッパ中心主義に対する根底的批判になり得るのだろうか。

一般的に言って、所謂「ヨーロッパ中心主義」に対する批判のなかには、(1)「ヨーロッパ」が中心とされていることに対する批判と、(2)そもそも強者を中心とした歴史像を描くことに対する批判と、の双方が含まれているといえよう。ゴールドストーンらの描く「ヨーロッパ中心主義批判」のストーリーにおいては、明らかに(1)がメインとなっており、(2)に対する関心は希薄である。「比較」の主役として、アジアのなかで特に中国が取り上げられ、またポメランツの場合のように中国のなかでも特に経済中心地である江南が取り上げられる理由は、一八世紀までのアジアの経済力や生活水準がヨーロッパに対して同等ないし優位にあったことを証するためである。経済力や生活水準といった点でいうなら、アジアのなかにも様々な異なる状況があり、また一六―一七世紀にヨーロッパ諸国の支配下に入った地域もあるわけだが、カリフォルニア学派の議論のなかでは、「先進的」でない地域は概して捨象されている。アジアの優位性を強調するこのような論じ方は、単純なヨーロッパ中心主義に対しては反論となり得るであろうが、その実、富と力を基準として「中心」の資格を論ずるという前提は、「ヨーロッパ中心主義」との間でしっかりと共有されているのである。

ゴールドストーンは、ヨーロッパ中心主義的な歴史観の論理的欠陥として、既知の結果からさかのぼってその原因を求め、結果に合致するような原因を選択的に取り出してくる、という形の遡及的アプローチを挙げている。[19] 即ち、近代におけるヨーロッパの勃興の根源を探るという問題を立て、それを説明するものとして、科学的精神、技術の重視、所有権の尊重、といった要因をヨーロッパの過去のなかから探し出してくるという方法である。その実、同様の要因がアジア社会のなかにも見出せることはしばしばあるが、結果から原因を探す方法によっては、そうしたアジア側の状況は往々にして無視される、と彼はいう。同様の指摘は、カリフォルニア学派の多くの論者に見られ、例えばビン・ウォンは、結果から原因を求める「回顧的（retrospective）」分析について、より慎重な表現で、大略以下のように述べている。各々の世代は、自らの立脚する時代状況に即して回顧的分析を行い、その因果連関の開始点は、終着点をどのように設定するかによって大きく左右される。それは当然のことである。しかし、

もし〔回顧的分析とは逆に――引用者〕我々がある時点に立って、我々の前に広がる様々な可能性を考察するならば、我々は、未来展望的（prospective）分析の基本的特質である、偶然性（contingency）や開放性（openness）を導入することができる。学者のなかには、自分は起こったかもしれない出来事ではなく実際に起こったことにしか関心はないのだ、という人もいるかもしれない。しかし、異なる状況のもとでは起こり得た事態を理解することなしには、実際に起こったことの理由や意義を確実に認識することはできないのだ。回顧的分析と未来展望的分析とは、結合することができるし、ある程度は関連せざるを得ないのである。[20]

回顧的分析の問題点についてのカリフォルニア学派のこのような指摘は、傾聴すべきものである。

しかし、一八世紀以前のアジア、特に中国の先進性を強調するカリフォルニア学派の主張が現在なぜ影響力を拡大しているのか、を考えてみるとき、二〇世紀末以降の中国の経済成長、大国化という事態がその背景にあることは否定できないであろう。即ち、水島司が前述の説明で、「東アジア諸地域の急速な経済成長や、中国やインドの近年の経済大国化という現実の世界での劇的な変化」をグローバル・ヒストリーの背景として指摘している通りである。このような問題関心は、特にフランクの『リオリエント』などには、はっきりと表明されている。(21) とするならば、「既知の結果」から出発して歴史のなかにその原因を探る、という点では、「西洋の勃興」に関する旧来の通説とカリフォルニア学派との間に、それほどの違いはないと言えるのではないか。両者の違いは、方法の相違というよりも時勢の変化に規定されたもので、今後もし、新たに勃興する地域が出てくるならば、その地域の歴史のなかにその原因が探られることになるのであろう。そして、歴史学の関心の焦点は、いわば現実の強者・勝者の後に追随してめぐってゆくということになるのかもしれない。

むろん、ビン・ウォンが周到に指摘するように、各々の世代が自らの直面する時代状況に即して回顧的分析を行うことは不可避であって、それを否定すべきではない。しかし、そうだとすれば、マークスのように、先行する世代は「マトリックス」の中に閉じ込められているのに対し、自らの世代はその外に出ている、として先行世代を断罪することは、フェアな議論を行う所以ではないだろう。新しい世代が新しい時代状況を知っていることは当然であり、特に誇るべきことではないからである。ヨーロッパ中心主義を批判するゴールドストーンやマークスの論調の歯切れの良さは、彼らがそのような自己省察において必ずしも積極的ではないことに由来するのではないかとも感じられる。

カリフォルニア学派のヨーロッパ中心主義批判は、一面では中国などアジア諸国家の急成長という現実に支えられ、他面では通説の権威への対抗という偶像破壊的爽快さを併せ持ち、強い影響力を発揮している。この状況を、やや広い研究史的背景のもとで見てみよう。

アメリカの中国史研究において、ヨーロッパ中心主義批判の動きが活発化したのは、カリフォルニア学派に始まったことではない。日本でも話題になったポール・コーエン（Paul Cohen）の『中国に歴史を発見する』（一九八四年）[22]は、戦後アメリカの近代中国史学界における諸パラダイムの対立と変遷を扱った書物であるが、その中で作者は、戦後一九六〇年代までの近代中国研究を規定した主要なパラダイムとして、「西洋の衝撃―中国の反応」及び「伝統―近代」という二組の二項対立的な枠組みを挙げ、これらはいずれも、中国の伝統社会を固定的に捉えた上でそれに対して西洋が与えた影響に関心を集中したもので、そこには、西洋化を近代化として肯定的にとらえる評価、及びそうした西洋化を近代中国史研究の最重要課題だと自明に見なす態度、という二重の西洋中心的な偏向があった、という。

以上のような諸研究に対比してコーエンが注目するのは、西洋の影響よりも中国自身の文脈のなかで中国史の動きを捉えようとする一九七〇年代以降の動向で、コーエンはこれを「中国自身に即した（China-centered）」アプローチと名付ける[23]。このようなヨーロッパ中心主義批判の動きは、後のカリフォルニア学派の方向性と大きく重なり合う。しかし、この「中国自身に即した」アプローチがカリフォルニア学派ほど広範な注目を集めなかったのは、このアプローチが基本的に中国史学界内部の動きに止まったこと、そして、ヨーロッパ中心主義批判といっても、ヨーロッパ史側の認識枠組みを正面から批判するという形ではなく、むしろヨーロッパについて指摘されていることが中国にもあった、という形の議論であったことによるのだろう。例えば、「中国自身に即した」アプローチの代表的な研究者として挙げられるウィリアム・ロウ（William Rowe）は、『漢口』などの著作[24]で、従来中国には欠如していたと見なされていた商人層による都市自治や、官の支配を脱した「公共圏（public sphere）」が、一九世紀の中国の商業都市にも成立していたことを論じた。しかし彼の議論は、停滞論的な中国社会像を否定するものでこそあれ、中国に対するヨーロッパの相対的先進性という通説に対し、異議を唱えるものでは必ずしもなかったといえよう。

カリフォルニア学派の議論の背景として挙げるべきもう一つの潮流は、同じく一九七〇年代ころに始まる、サイードの『オリエンタリズム』などに端を発した尖鋭なイデオロギー批判としてのヨーロッパ中心主義批判である。これについては多くの議論がなされており、ここで説明を加える必要はないであろう。「オリエンタリズム」論の関心はもっぱら欧米のアジア認識に向けられており、アジア社会の実際状況についてはほぼ無関心であったといえようが、カリフォルニア学派の特徴は、ヨーロッパ中心主義に対する尖鋭なイデオロギー批判の態度を「オリエンタリズム」論的思想潮流から受け継ぎつつ、一方で、「中国自身に即した」アプローチがもっぱら扱っていたようなアジア側の「史実」を以てそれを裏打ちしようとした点にあると言うことができるだろう。カリフォルニア学派の一部の著作は、「史実」と「批判」とを結び付けて、ヨーロッパと中国（アジア）との優位性に関する逆転的モティーフ――即ち、歴史を長期的に見れば、優位なのはむしろ中国のほうであった――を鮮明に打ち出した。それはさらに、中国などアジア諸地域の経済的台頭という「現実」によっても支えられるように見えた。そこに、カリフォルニア学派が中国史学界の範囲を超えて注目を集めた理由の一つがあるように思われる。例えば、カリフォルニア学派の代表的存在としてポメランツと並んでしばしば言及されるフランクの『リオリエント』においては、一八〇〇年以前における世界経済の中心が中国にあったことを強調する。

世界経済およびその中にあり得た諸「センター」のヒエラルキーにおける「中心的」な地位と役割を有する経済があったとすれば、それは中国であった。……ヨーロッパは確かに、一八〇〇年以前の世界経済において中心的ではなかった。ヨーロッパは、構造的にも、機能的にも、経済的重心の点からも、生産、技術、生産性のいずれの点からも、人口一人当たりの消費をとっても、より「進んだ」「資本主義」的制度と言われているものの発展をとってみても、いかなる点でも、ヘゲモニーではなかった。……右の全ての点で、アジア経済ははるかに「先進的」であり、中国の明朝／清朝、インドのムガール帝国、ペルシアのサファヴィー朝やトルコのオスマン帝国でさえ、ヨーロッパのいずれ〔の王朝や帝国〕よりも、また、それらを全てあわせたよりも、その政治的ウェイトはずっと大きく、軍事的にさえもそうだったのである。(25)

フランクの著書では、ウォーラーステインの「資本主義世界システム」論を強く意識しつつ、西欧を「中核」とする世界システムが一六世紀から成長したというウォーラーステインの主張をヨーロッパ中心主義として批判し、中国が中心であったことを指摘する。ここでウォーラーステインとフランクとの相違は、単にどの地域が中核であったかという問題に止まらない。ウォーラーステインが西欧を中核としたのは、西欧を称揚するためではなく、むしろ中核が周縁から収奪して発展する構造の不公正さを糾弾するためであり、かつて従属理論の論客であったフランクも、そうした問題関心を共有していたはずである。しかし『リオリエント』では、「朝貢」という語に象徴されるような中国の中心性は、手放しで肯定されている。[26] 強者の支配は正当なのかという現実批判的な問いは、ヨーロッパ中心主義批判という名のもとに姿を消してしまっているのである。

このフランクの著書を学術研究としてどのように評価するかは、なかなか難しい問題である。旧来のヨーロッパ中心的偏見に対する批判という観点は大方の賛同を得るであろうし、フランクの批判の筆鋒の鋭さに快哉を叫ぶ読者も多いと思われる。一方で、フランクの主張する「史実」の妥当性に首をかしげる読者も少なくないだろう。しかし、読者が中国（アジア）に対する本書の評価に誇張があると感じたとしても、実証に穴があることはフランク自身公然と認めており、一次資料に基づく実証的批判に対し「つまらないあら探し」としてあらかじめシャットアウトしようとするその姿勢は、[27] 気の弱い研究者をひるませる。ヨーロッパ中心主義批判という大義に賛同する限り、実証部分に関する批判はしにくくなるという暗黙の構造が——著者たち自身におけるその意図の有無を問わず——形成されているように思われる。その故か否か、日本における「グローバル・ヒストリー」の紹介においても、カリフォルニア学派の議論の内容に関する立ち入った検討はほとんど行われていないようである。[28]しかし、欧米の動向にただ受動的に追随するだけでは、カリフォルニア学派の標榜する非英語圏住民の「エンパワー」という趣旨にも違うことになるだろう。次節では、カリフォルニア学派の若干の論点を取り上げ、簡単な論評を行ってみたい。

三　カリフォルニア学派の論点――農民経営と市場

カリフォルニア学派の論点は、第一節で紹介したゴールドストーンのまとめにもあるように、多岐にわたるが、本節では、ポメランツの『大分岐』（二〇〇〇年）と、ビン・ウォンの『転形する中国（*China Transformed*）』（一九九七年）[29]を中心に、農民経営の特質に関わる両者の所論を検討してみよう。この両書はいずれも、中国社会経済史を専門とする研究者による中国とヨーロッパの比較研究であり、併称されることが多い。特に両者とも、ヨーロッパの歴史的経験から抽象されたモデルを安易に用いて中国との異同を論ずるのではなく、ヨーロッパ史の分野に――二次文献に依拠するとはいえ――深く踏み込んでより具体的な比較を行おうとしている点は、共通の新しい特徴であり、敬服に値する。しかし、両者の内容はかなり異なっている。ポメランツの著書が、もっぱら一八世紀を中心とする経済や環境に関わる量的な指標の検討を特色とするのに対し、ウォンの著書が対象とする範囲は、経済のみならず、国家形成、民衆運動といった諸方面にわたっており、前近代から現代に至る長期的視野をもって、経済史・社会史・国家史を総合した動態的な歴史の展開を扱おうとしている。また、ポメランツが「大分岐」以前、即ち一八世紀までの中国江南とイングランドの経済状況の共通性を強調しているのに対し[30]、ウォンは、経済面についてはポメランツと同様に共通性を指摘するものの、国家形成や民衆運動の性格は大きく異なっていたとして、その相違に着目している。それはむろん、かつてのヨーロッパ中心主義的な中西異質論への回帰を意味するものではなく、ウォンは、「双方向的比較」即ち、ヨーロッパを基準として中国を見ると同時に中国を基準としてヨーロッパを見るという方法や、偶然性及び経路依存性（path-dependency）の重視といった視角により、固定的かつ非対称的な旧来型の類型論を克服しようとしている[31]。

ウォンの著書に見られる国家形成や民衆運動の比較論は興味深いものだが、紙幅の関係でそれらについては省略し、ここでは経済、特に小農経営と市場の問題を取り上げたい。

まず小農経営についてみると、一八世紀及びそれ以前の中国とヨーロッパ（ポメランツの場合は対象をより限定して江南とイングランド）において、小農経営の状況に大きな差はなかったという点では、ウォンとポメランツの見解は一致している。ウォンは、スミス的成長（Smithian dynamics）――即ち、アダム・スミス『諸国民の富』に見られるような、社会的分業の深化が生産性の増大と市場の拡大をもたらし、市場の拡大が社会的分業の深化をもたらすといった成長の方式――が、ヨーロッパにおいてと同様、一六世紀から一九世紀の中国においても見られたとする。ただ、ウォンは、こうした「成長」を必ずしも明るい色彩で描くわけではない。彼は、商業化が中国において土地生産性の上昇をもたらしたことは確かだが、労働生産性の上昇や一人当たり所得の増加をもたらしたかどうかは不明であると指摘する[32]。彼は、ヤン・デ・フリース（Jan de Vries）が一七―一八世紀のヨーロッパについていう「勤勉革命（industrious revolution）」や、ヨーロッパ史で用いられる「プロト工業化」、及びフィリップ・ホアン（Philip C. C. Huang）が中国についていう「インヴォリューション[33]」などは、いずれも、スミス的成長に伴う労働集約化を指摘しているという点で、重なり合う概念である、とする。従来の論者はこれらの概念を、往々にしてヨーロッパ或いは中国にのみ当てはまるものと考えてきたが、都市の工場制工業が始まるまでは、中国とヨーロッパの農民経済は、いずれもこのような基本特徴を共有してきた。「スミス的成長」は必然的に資本主義的工業化につながるというものではなく、ヨーロッパの資本主義的工業化は、むしろ偶然的な要因によって説明されるべきである、という。

ウォンの『転形する中国』の三年後に出版されたポメランツの『大分岐』は、多くの点でウォンの見解を継承している。一八世紀以前の中国とヨーロッパにおける農村工業の発展における共通性、しかしそれが自動的に資本主義へと発展するものではなかったこと、従ってヨーロッパの資本主義的工業化は偶然的要因によってもたらされたこと、といった点である。しかし、ウォンとポメランツの書物の与える印象はかなり異なる。例えば、ウォンが、中国とヨーロッパにおけるスミス的成長に基づく労働集約化のメカニズムの共通性を周到に論ずる反面、量的な動向については「長年にわたり、中国の人口と資源はおそらくほぼ均衡を保っており、そのなかで生活水準は、地域による大きな相違を含みながら、上昇と下降のサイクルを示していた[34]」といった漠然とした記述に止めているのに対し、ポメランツの関心はもっぱら、量的な推計を通じて、江南の経済状況がイングランドに勝るとも劣らぬレヴェルにあったことを証するという方面にあるようにみえる。スポーツの試合に例えるなら、ウォンの関心はプレイヤーの動き方のパターンを理解することにあり、一方でポメランツの関心はスコアを算出して比較することにあるということができよう。ポメランツの論敵であるホアンの「インヴォリューション」論に対する評価を例にとれば、ウォンは労働集約化のメカニズムの質的理解といった観点からホアンの議論をかなり肯定的に取り上げているのに対し、ポメランツはもっぱらこれを窮乏化論の側面においてとらえ、量的な推計によってホアンの結論を論駁しようとするのである(35)。

中国とヨーロッパの前近代農民経済の比較という問題は、戦後日本の中国史学界を含め、多くの関心を呼んできた問題であるが、ポメランツのような形で正面から計量的な比較を行おうとする試みは、ほとんどなかった。ポメランツの書物が広範な関心を集めた理由の一つはそこにあろう。また、スコアの比較という手法のわかりやすさと、一種の勝ち負け的な興味——中国とヨーロッパとどちらが優位であったのか——も、学界の範囲に止まらぬ反響を呼んだ背景として指摘できよう(36)。ただ、その手法には疑問もある。

第一に、史料に見える散発的な数量的データの精度が、ポメランツの行っているような複雑な推計(例えば、異なる史料から、綿花価格、綿布価格、女性が原綿から綿布一反を製造するのに必要な日数、銅銭と銀の交換レート、米価、一日の米消費量、男性農業労働者の賃金、などを抽出し、また女性の年間労働日数を仮説的に想定して、それらを組み合わせた計算に基づき、女性の織布労働が男性の農業労働に勝るとも劣らぬ収入をもたらした、と推計するといった作業(37)に耐えられるものなのか、という点である。ポメランツが、史料の操作に厳密であろうと最大限の努力を払っていることは十分にわかるが、綿花・綿布・米などの価格や銀銭比価の短期変動の激しさ、賃金データの分散の大きさ、などを考えると、机上の計算という印象をぬぐうことができない。このような推計においてポメランツは多くの場合、帳簿などの数量的資料ではなく、記述史料のなかに散発的に現れる零細な数値を集めた二次文献に依拠しているが、数値の文脈をなす記述部分にはほとんど言及していない。そのことも、推計の安定性に疑問を抱かせる原因となっている。記述史料のなかの数値は、経済景況や社会問題に対する作者の感想と結びついて示されていることも多く、このような文脈こそが、当時の人々の経済行動やその背景となる経済状況を理解するための重要なヒントとなる。記述史料に基づく印象論的な経済史研究を乗り越えて具体的な数値を提示しようとしたポメランツの努力は尊重しつつも、この数値が独り歩きすることにはやはり警戒が必要であろう。定量的な推計においては、推計そのものと同時に、その限界を把握することにも同じ程度の重要性があるといえるのではないだろうか。

また、仮により精密なデータが存在していたとしても、そもそもポメランツが行っているような形で標準的な数値を算出することにどの程度の意味があるのか、ということも考えてみる必要があろう。彼は、中国全体を扱うのでなく、イングランドに対応する規模の先進地域として長江デルタに焦点を絞っているが、長江デルタのなかでも農家副業における農民の稼得能力は千差万別である。特に、商品価格が低落すれば生産を縮小し、従って利益率の平準化へのメカニズムが働く資本主義経営と異なり、家族の生存維持を目的とする家族経営においては、商品価格が低落しても家族を養うために生産が続けられ、利益率の平準化へのメカニズムが必ずしも働かない、という点が研究者によってしばしば指摘されている。そのような家族経営にあっては、単位労働当たりの収入は、個々の経営により、また時期により、大きな幅をもっており、標準値といったものを算出することに果たして意味があるかどうかについては、慎重に考慮する必要がある。当時の農民経営が直面していた自然的或いは市場的リスク（不況など）に対し、ポメランツはあまり触れるところがないが、当時の人々にとって意味があったのは、長期的な平均ではなく、経済状況の短期変動――そしてその下限が生存の最低線を割ることがないかどうか――であったともいえる。

第二に、上記のような詳細な推計が行われる反面で、本書には根拠を十分に示さない推測も少なからず見られる。一例を挙げれば、ポメランツは中国の農民経営の状況について、ホアンの「インヴォリューション」論を批判して以下のように述べる。

男性の農業労働者の賃金が、その生存を脅かすほどに低いレヴェルに落ちたことはないし、自分で耕作可能な土地を所有する者については、農村のプロレタリアよりも悪い条件に置かれたとも思えない。……一六〇〇年代、一八〇〇年代、一九三〇年代の長江デルタにおける水田一畝当たりの生産に要する労働日数の推計を見てみると、ほとんど変わっていない。にもかかわらず、一畝当たりの生産量は上昇し、単位生産量当たりの地代はおおむね低下したと思われ※、したがって、実際に労働時間が延長され、おそらくは非熟練労働者の賃金が低下していた近世ヨーロッパと比べて、少なくとも中国のこの地方にかんする限り、農業におけるインヴォリューションの徴候は認められない[38]。

この引用の前半部分については、根拠も示されておらず、なぜそう断言できるのか、疑問である。長江デルタでも、貧農が貧困に迫られて妻子を売るといった記述史料は少なからず見られる。ポメランツは関連の注で日雇い労働者の賃金について、「仕事を見つけられなかった日も多かったからには、日雇い労働者の賃金は生存を維持する水準よりある程度高いものであったに違いない[39]」と述べているが、これも理解し難い。「仕事が見つけられなかった日も多かった」ことから、なぜ労働者の貧困や、競争による賃金の下落でなく、逆に賃金の高さが推論されるのか。また、地代について引用文の※の個所の注で参照を求められるキャサリン・バーンハートの著書の該当部分[40]では、確かに地代が一～二割程度下落したことが指摘されているが、バーンハートはそれを、押租（土地を借りる際の敷金）や田面（耕作権）価格を農民が支払う慣行の普及に付随した現象としているのであって、これらの慣行はむしろ、土地をめぐる競争の激化に伴う農民の負担の増加を示すものと考えることもできる。こうした慣行についての記述を敢えて落とすのは、明らかにミスリーディングである。

ここでこのような細かい問題――といっても中国経済史の観点から見れば大問題であるが――を取り上げるのは、ポメランツの主張を論駁して論敵のホアンを支持しようということでは必ずしもなく、グローバル・ヒストリーの語り口に関わる重要な問題がここに露呈していると思うからである。巨大な問題を、しかも「ヨーロッパ優位論を論駁する」という結論を先取した形で――ポメランツの議論は私には明らかに結論先取的に見える——論じてゆくとき、実証面での慎重さは往々にして犠牲にされるのではないか。

以上、農民経営そのものに関する所論を検討してきたが、次に、農民経営が行われる環境としての市場の問題に触れておきたい。「スミス的成長」論に見られるように、当時の農民経営において市場が重要な役割を果たしていたことは、カリフォルニア学派の人々が共通して認めるところであろう。市場のもたらすチャンスとリスクをどのように考えるか、また局地市場、遠隔地市場、国際市場など様々なレヴェルの市場に農民経営がどのように関わっていたか、といったことは、興味深い問題群をなす。

市場に対するポメランツの関心は、ヨーロッパに比べて中国の市場は規制の多いものだったといった通説に対抗して、中国の市場の自由さをヨーロッパの規制の多さと対比するところにある。ポメランツは「一八世紀の中国の市場経済（そして、たぶん日本のそれも）こそが、西ヨーロッパのそれよりも新古典派経済学における理想的な市場により近かった」[41]と主張するが、その理由として挙げられるものは大略以下の通りである。(1)世襲的な権利によって土地売買に対する制限が見られたヨーロッパに対して、中国の場合、慣習的規制はあまり機能しておらず、土地は自由に売買された。(2)農奴制の残滓がみられたヨーロッパに対し、中国では非自由労働者の存在は早くから取るに足りないものとなっていた。(3)一八〇〇年以前、フロンティアへの移民という点では中国のほうが、また資本が豊富な中核地域への移民という点ではヨーロッパのほうが、活発であった。しかし、スムーズに機能する新古典派的な労働市場という点では、おそらく中国のほうがこのモデルにより近い市場をもっていた。(4)農産物や手工業製品市場という点では、独占やギルド規制があったヨーロッパに対し、中国の農民が活動していた生産物市場は、より競争的で自由なものであった。

もっぱら「規制の無さ」「自由さ」によって市場の先進度をはかろうとするポメランツの「新古典派的」姿勢は、インヴォリューション論を否定する彼の上記の主張と整合的である。即ち彼は、農民の「生存」問題を当時の重要問題と意識しておらず、従って、市場は自由であればあるほどよいのである。それに対し、ウォンの市場論はより多面的である。彼は、国家による穀物備蓄制度や食糧暴動の問題を扱う中で、「スミス的成長」を通じて顕在化してきた長距離穀物流通と民衆の生存との矛盾にも着目する。市場と生存との矛盾という問題は、ウォンによれば一八世紀の中国とヨーロッパに共通であったが、それぞれの対応の仕方は異なった。中国においては、国家は市場流通を基本的に容認しつつ、市場の欠陥を穀物備蓄などの官の政策（即ち備蓄穀物を市場に適宜放出して価格の過度の高騰を防ぐ、など）で補うという柔軟な態度をとった。それに対しヨーロッパでは、「公正価格」を設定するなど市場に直接に介入してゆく政治的パターナリズムから、レッセフェールへのかなり明確な移行が行われ、国家の役割も、市場に介入して調整を図るのではなく、私的所有権など、自由な市場活動を下支えする法制的構造を形成維持することへとその重心を移行させた。ここでウォンは、ヨーロッパと中国との優劣を問うというよりは、両者の異なる対応を、二〇世紀までつらなるそれぞれ個性的な歴史的軌道のなかで理解しようとしているのである。(42)

清代の市場に関して、現在の日本の議論はむしろ、中国の市場の「自由」さを前提としつつ、その市場秩序の特色を、商法の制定、貨幣・度量衡の統一といった国家による公的制度整備があまり行われないなかで私人関係による秩序維持機能が発達している点に求めているように思われる[43]。それは翻って、欧米の市場における私的な秩序形成の意義を改めて問うことにもつながっているといえよう。経済学の領域でも「新古典派的」な市場観の見直しの動きが広がっているが、中国の経済史はそれに興味深い実例を提供している[44]。「新古典派経済学における理想的な市場」を基準として中国の市場の先進性を主張するポメランツに対し、新古典派的市場観の相対化を図るこのような動きは、「ヨーロッパ中心主義批判」のもう一つの——そしておそらく、より根底的な——試みともいえよう。

おわりに

以上、カリフォルニア学派の研究について、簡単ながら論評を行ってきた。彼らの研究は、もっぱら「ヨーロッパ中心主義批判」を刺激的な形で打ち出していることによって評価される傾向があるが、「ヨーロッパ中心主義批判」そのものは特に新しい視角とはいえず、また、方法的卓見も多くある一方で実証的な問題点も少なくない。グローバルな視野で論じているのだから仕方がない、といってこうした問題点の指摘を遠慮することはあまり健全なことではないし、カリフォルニア学派もすべてがそうした対話の不在を望むわけではないだろう。建設的な批判は、必ずしも彼らに敵対して「ヨーロッパ中心主義」の側に立つことを意味しない。日本の研究者にとって重要なことは、彼らの主張を受動的に受け入れてそれを宣伝することではなく、彼らの取り組んだ問題に、自らも積極的に取り組んで対話を試みることではないだろうか。(45)

（1）水島司『グローバル・ヒストリー入門』（山川出版社、二〇一〇）三—四頁。

（2）Kenneth Pomeranz, *The Great Divergence: China, Europe, and the Making of the Modern World Economy*, Princeton University Press, 2000.（邦訳『大分岐——中国、ヨーロッパ、そして近代世界経済の形成』川北稔監訳、名古屋大学出版会、二〇一五）。

（3）「グローバル・ヒストリー」の意味・評価に関連して私が今まで参照した主な日本語（翻訳を含む）の著作は、以下の通りである。「特集　グローバル・ヒストリー」（『思想』九三七号、二〇〇二）。水島司編『グローバル・ヒストリーの挑戦』（山川出版社、二〇〇八）。水島前掲『グローバル・ヒストリー入門』。羽田正『新しい世界史へ——地球市民のための構想』（岩波書店、二〇一一）。パミラ・カイル・クロスリー『グローバル・ヒストリーとは何か』佐藤彰一訳（岩波書店、二〇一二）。南塚信吾「歴史学の新たな挑戦——「グローバル・ヒストリー」と「新しい世界史」」（『歴史学研究』八九九号、二〇一二）。「特集　世界史論の現在」（『歴史評論』七四一号、二〇一二）。秋田茂編『アジアからみたグローバルヒストリー——「長期の一八世紀」から「東アジアの経済的再興」へ』（ミネルヴァ書房、二〇一三）。秋田茂・桃木至朗編『グローバルヒストリーと帝国』（大阪大学出版会、二〇一三）。小田中直樹「グローバル・ヒストリーの史学史的位置」（『史叢』九一、二〇一三）。羽田正編『グローバルヒストリーと東アジア史』（東京大学出版会、二〇一六）。羽田正編『地域史と世界史』（ミネルヴァ書房、二〇一六）。永井和「近世論からみたグローバル・ヒストリー」（『岩波講座日本歴史　二二　歴史学の現在』岩波書店、二〇一六）。秋田茂他編『「世界史」の世界史』（ミネルヴァ書房、二〇一六）。リン・ハント『グローバル時代の歴史学』長谷川貴彦訳（岩波書店、二〇一六）。木畑洋一「グローバル・ヒストリー――可能性と課題」（歴史学研究会編『第四次　現代歴史学の成果と課題　1　新自由主義時代の歴史学』績文堂出版、二〇一七）。

（4）クロスリー前掲邦訳書、一五六頁以下。

（5）Jared M. Diamond, *Guns, Germs and Steel: The Fates of Human Societies*, New York, W. W. Norton, 1997. 邦訳『銃・病原菌・鉄――一万三〇〇〇年にわたる人類史の謎』上・下、倉骨彰訳（草思社文庫、二〇一二）。

（6）Janet L. Abu-Lughod, *Before European Hegemony: The World System AD 1250–1350*, Oxford University Press.（邦訳『ヨーロッパ覇権以前――もう一つの世界システム』上・下、佐藤次高他訳、岩波書店、二〇〇一）。

（7）Jack A. Goldstone, "The Rise of the West-or not? A Revision to Socio-economic History," *Sociological Theory*, 18(2), 2000.

（8）以下、各研究者の所属はゴールドストーンの論文執筆時（二〇〇〇年）のものである。

（9）『リオリエント』（*ReORIENT: Global Economy in Asian Age*, University of California Press, 1998）を指す。

（10）Robert B. Marks, *The Origins of the Modern World: A Global and Ecological Narrative from the Fifteenth to the*

Twenty-first Century, Second Edition, Lanham, etc., Rowman & Littlefield Publishers, Inc., 2007.

(11) *Ibid*., p. 8. なお、この引用部分の一部は、羽田正前掲『新しい世界史へ』の七七頁にも引用されている。

(12) *Ibid*., pp. 8–9.

(13) 類似の比喩はフランクの『リオリエント』にも見えるが、そこで著者が「失くした時計が、実はどこかよそにあるというばかりでなく、それに頼って時計を探すべき、より明るい光の方もまた、よそにある」と述べているのは、マークスとやや異なる。山下範久訳『リオリエント――アジア時代のグローバル・エコノミー』（藤原書店、二〇〇〇）五五七頁。

(14) Marks, *op. cit*., pp. 14–15.

(15) マークスによるヨーロッパ中心主義の説明を引いて日本の現行世界史教育を批判する前掲羽田『新しい世界史へ』は、そうした主張を行っているように見える。

(16) 戦後中国史学のこうした流れに関する文献は膨大に存在するが、私見に基づく素描として、拙稿「時代区分論」『岩波講座世界歴史　1　世界史へのアプローチ』（岩波書店、一九九八）を挙げておく。

(17) このような単純な構図は、カリフォルニア学派のすべての論者に共通するわけではなく、非英語圏の研究に目配りしたより周到な整理も存在するが、ここでは、マークスの議論――そしてそれを取り入れているように見える日本の論調――に即して所見を述べた。

(18) ここでは、上で例に挙げた歴史学内部での発展段階をめぐる論争ばかりでなく、戦前以来の、アジア主義と脱亜主義をめぐる対立、竹内好やその問題関心を継承する論者たちの錯綜した議論、といったものを念頭に置いている。

(19) Goldstone, op. cit.

(20) R. Bin Wong, *China Transformed: Historical Change and the Limits of European Experience*, Cornell University Press, 1997, pp. 288-289.

(21) フランク前掲邦訳書、第六章、その他随所。

(22) Paul A Cohen, *Discovering History in China: American Historical Writing on the Recent Chinese Past*, Columbia University Press, 1984(邦訳『知の帝国主義――オリエンタリズムと中国像』佐藤慎一訳、平凡社、一九八八)。

(23) この"China-centered"という語は、文字通りには「中国を中心とした」と訳せるが、ここで「中国自身に即した」としているのは、訳者の佐藤慎一の苦心の訳語による。

(24) William Rowe, *Hankow: Commerce and Society in a Chinese City, 1796-1889*, Stanford University Press, 1984; do., *Hankow: Conflict and Community in a Chinese City, 1796-1895*. Stanford University Press, 1989.

(25) フランク前掲邦訳書、五二―五三頁。

(26) フランクは、濱下武志の朝貢システム論によりつつ、朝貢は単なるイデオロギー的言説ではなく、ヨーロッパを含む周辺諸国に対する中国の経済的優位の表現であったとする。フランク前掲邦訳書、二一二―二一一頁。

(27) 同右、一〇四―一〇六頁。

(28) 最近、ポメランツの『大分岐』について内容にわたる論評を行った村上衛は、日本の中国史研究者がグローバル・ヒストリーの潮流に対し敏感に反応してこなかった理由として、第一に、従来から前近代中国経済に高い評価を与えてきた日本の学界では、ポメランツの著書が衝撃を与えなかったこと、第二に、本書を含む欧米の中国経済史研究の内容・実証性に対する違和感や懐疑を挙げている。村上「『大分岐』を超えて――K・ポメランツの議論をめぐって――」（『歴史学研究』九四九号、二〇一六）五〇頁。

（29）注（20）参照。

（30）なお、ポメランツは、二〇〇〇年の原著では、江南とイングランドの生活水準や一人当たり所得は一八〇〇年頃までは拮抗していたと述べていたが、二〇一五年の邦訳書に寄せた序文では、その時期を一八世紀の前半へと繰り上げている。邦訳書、二頁。

（31）この「双方向的比較」や「偶然性」への注目は、ポメランツにも共有されている。

（32）Wong, *op. cit.*, p. 19.

（33）「インヴォリューション」とは、ホアンがA・V・チャヤノフの小農理論などに依拠し、またクリフォード・ギーアツの語を借用して用いている概念である。利益追求を目的とする資本主義的経営と異なり、生計維持を目標とする家族経営では、家族の生存を維持するのに必要であれば、労働の限界生産力が生存コストを割るに至っても生産が続けられ、またそれが家族経営の強い競争力を生み出す。高い人口圧力のもとでは、このようにして、農民層分解が進行しないまま、労働当たりの実質所得が低減してゆく、という。Huang, *The Peasant Economy and Social Change in North China*, Stanford University Press, 1985, Chap.1.

（34）Wong, *op. cit.*, p. 29.

（35）その後、ポメランツの批判に応答したホアンとの間で、相当激烈な論争が行われた。この論争の主要文献として*The Journal of Asian Studies*, 61(2) 所載の両者の論文がある。

(36) ポメランツは邦訳書に寄せた序文のなかで、「拙著が意図したわけではないが、一部の中国人ナショナリストに強く訴えかけるものがあった」と述べている。邦訳書、一〇頁。

(37) ポメランツ前掲邦訳書、三二四—三三四頁。

(38) 同右、一一四—一一五頁。

(39) 同右、三六一頁。

(40) Kathryn Bernhardt, *Rents, Taxes, and Peasant Resistance: The Lower Yangzi Region, 1840–1950*, Stanford University Press, 1992, p. 228.

(41) ポメランツ前掲邦訳書、八七頁。

(42) Wong, *op. cit.*, Chap. 6.

(43) このような特色は、すでに二〇世紀半ばに柏祐賢らによって、中国経済の「個性」として指摘されていたが、近年では、今日の中国経済の成長を支える独特の特徴として、改めて注目されている。例えば、加藤弘之『「曖昧な制度」としての中国型資本主義』(NTT出版、二〇一三)を参照。

(44) 拙稿「市場と社会秩序」社会経済史学会編『社会経済史学の課題と展望』(有斐閣、二〇〇二)参照。

(45) むろん、英語圏ではそうした試みが盛んに行われている。関連の文献を網羅的に挙げることは不可能だが、カリフォルニア学派の「行き過ぎ」に対するバランスのとれた批評の一例としてここでは、Peer Vries, "The California School and Beyond: How to Study the Great Divergence?" *History Compass*, 8(7), 2010を挙げておく。ただ、生産・貿易・貨幣流通などの量的側面のみならず、技術改良への志向、生産様式、制度的インフラストラクチャー、財政=軍事国家としての発展度など、様々な方面に目配りしつつ、カリフォルニア学派(特にポメランツとフランク)の議論の単純さを指摘するフリースの議論にしても、結局何が「大分岐」の主要因だったのか、ということの論証をなし得ているわけではない。それは問題の性質からいって不可能であり、その意味では、やや徒労感のある作業ともいえよう。

原載　『思想』一一二七号、二〇一八年。のち、成田龍一・長谷川貴彦編『〈世界史〉をいかに語るか――グローバル時代の歴史像』岩波書店、二〇二〇年、所収。

東アジア史の「パラダイム転換」をめぐって

はじめに

「韓国併合」をめぐる歴史認識の問題は、単に一九一〇年の「韓国併合」という事件およびその直接の原因結果をどう見るか、という問題のみならず、より長期的な歴史認識に深く根差す問題である――このような観点から、宮嶋博史は、「これまでの日本における歴史認識を支配していた「東アジアの中心としての日本史」という認識」を転換して、「東アジアの周辺部としての日本史」という新たなパラダイムを構築すべきことを提唱している（「日本史認識のパラダイム転換のために」下記⑦論文）。東アジアの歴史を長期的・総合的にとらえ、そのなかに一九世紀以降の問題を位置づけるという氏の構想は、一〇年以上の長い期間にわたって熟成され、日本語、韓国語の一連の論文として発表されており、東アジア史研究に大きな影響力をもちつつあるものといえよう。本稿では、従来発表されてきた氏の論文のうち、私の語学力の限界から、日本語で書かれたもの（左記参照）を対象として、その主要論点を整理するとともに、若干の論評を加えてみたい。

以下、紙幅の節約のため、これらの論文からの引用については論文名を省略し、各論文に付した番号で示すこととする。

①「東アジア小農社会の形成」溝口雄三他編『アジアから考える6　長期社会変動』東京大学出版会、一九九四。

②「日本における「国史」の成立と韓国史認識――封建制論を中心に」宮嶋博史・金容徳編『近代交流史と相互認識Ⅰ』慶應義塾大学出版会、二〇〇一。

③「東アジアにおける近代化、植民地化をどう捉えるか」宮嶋博史他編『植民地近代の視座』岩波書店、二〇〇四。

④「日本史・朝鮮史認識における「封建制論」――一九一〇―一九四五」宮嶋博史・金容徳編『近代交流史と相互認識Ⅱ』慶應義塾大学出版会、二〇〇五。

⑤「高校の歴史教育における世界史認識と「封建制」論」同編『近代交流史と相互認識Ⅲ』慶應義塾大学出版会、二〇〇六。

⑥「東アジア世界における日本の「近世化」」『歴史学研究』八二一号、二〇〇六。

⑦「日本史認識のパラダイム転換のために――「韓国併合」一〇〇年にあたって――」『思想』一〇二九号、二〇一〇。

⑧「コメント　日本の朝鮮認識の転換を目指して」安田常雄・趙景達編『近代日本のなかの「韓国併合」』東京堂出版、二〇一〇。

一　宮嶋説の基本骨格

まず、これらの論文の共通の基調であり、宮嶋の説の根幹をなすと考えられる論点を、概略的にまとめておこう。

1　朱子学モデルに基づく国家・社会体制は、一四―一五世紀における小農社会の成立とともに東アジア（中国、朝鮮、ベトナム）で同時代的に形成されたが、日本では小農社会が成立したにもかかわらず、同様の体制が形成されなかった。一九世紀後半に日本が東アジアで直面したのは、この体制であったが、日本人にはこの体制に対する認識が基本的に欠けている。

2　朱子学モデルの核心は、儒教に関する深い知識を有する者を科挙によって選抜し、彼らが国家統治を担当すること、および、統治のもっとも重要な方法として「礼」が位置づけられ、「礼治」の徹底をはかること、の二点にあった。それは、平等主義の理念と社会的流動性を備えた、合理性をもった国家・社会体制であった。

3　世襲的身分制を持たない中央集権的政治体制という点で、朱子学モデルは、日本やヨーロッパでは近代になって初めて実現するような国家のあり方をいち早く実現していた。土地所有も身分的な性格をもたず、純経済的な性格のものであった。これを、「儒教的近代性」と呼ぶことができる。

4　日本では、「日本にはヨーロッパと同様の封建制があり、中国や朝鮮にはそれがなかった」ことを理由に、日本の優位性を主張する「脱亜」的議論が通説となっているが、むしろ、日本と中国・朝鮮との国家・社会体制の相違は、「儒教的近代」化という東アジアの同時代的な動きに対応できなかった日本の失敗として捉えるべきである。

以上、宮嶋の主な批判対象となっているのは、アジア諸地域との相違を強調する一国史的視点とヨーロッパ中心主義とを結合させ、日本の先進性・優位性を強調する「脱亜的日本史認識」である。そして、氏の主要論点は、東アジア文化圏のなかで、儒教（特に朱子学）を軸に先進—後進関係を設定し、儒教的近代を達成できた中国・朝鮮とできなかった日本という対比の構図を描くことにある。ここで、私の主要な疑問点を先取りして述べておくならば、封建制の存在を理由に日本の優位性を説く「脱亜的日本史認識」に対する宮嶋の批判は首肯できるとしても[1]、その優劣を逆転して儒教・朱子学モデルに基づく国家・社会体制に「近代性」を見出し、その欠如を「失敗」とする宮嶋の議論は、却ってまた別種のエスノセントリズムに帰結するのではないか、という点である。以下、いくつかに分けて検討してゆきたい。

二　「近代」の内容

まず、宮嶋の所論のなかで、プラスの意味を持つ語として用いられている「近代」という言葉について、その意味内容を検討してみよう。氏は、一面では、ヨーロッパ近代を「近代」の基準とすることに批判的である。氏は、「内藤〔湖南〕の宋代以降近世説は、ヨーロッパにおける「近世」＝ルネサンスを基準としたものであり、ヨーロッパ基準という意味では、根本的な再検討が必要である。少なくとも一八世紀末までの中国は、世界でもっとも進んだ文明を有していたのであり、そうした中国前近代の歴史をヨーロッパ基準でとらえるということは、まったく逆立ちした方法である」（⑥一七頁。傍線は引用者。〔　〕内は引用者による補足。以下同様）と述べている。氏によれば、内藤にはじまる従来の中国近世論の根底には、西欧の近代を基準とみなす歴史理解が存在していたが、「儒教的近代という概念は、以上のような研究史をふまえつつ、その弱点や曖昧さを克服するための、仮説的概念である。その核心は、西欧的近代とは別個の近代というものを想定して、中国独自の近代という見方から中国と東アジアの歴史をとらえるところにある。」ここでいう近代とは、その語源となった西欧の諸言語（英語の modern など）が本来有していた意味に基づいている。すなわち、われわれが今生きている時代と同質の時代、現在に直結する時代を近代ととらえるのである。そして中国や東アジアの現在を大きく規定している時代がいつ始まったかを考えれば、一九世紀の分岐よりは、一四世紀から一六世紀の分岐のほうがより決定的であると見るのが、儒教的近代の立場である」（⑧二〇七頁）という。以上より見れば、氏は、「近代」という語を、特定の内容をもつものとはとらえず、それぞれの地域における「現代に直結する時代」として、多様な「近代」を想定しているように見える（同様の論旨は、

③一七九頁にも見られる)。

しかし他方で氏は、朱子学的国家体制の近代的たる所以を、欧米近代との類似に求めている。「〔明代に地位を確立した〕朱子学と、その理念に基づく国家体制は、きわめて洗練された、世界最先端のものであった」「朱子学理念に基づく国家・社会体制は、経済的・社会的には欧米的近代にきわめて適合的な面を有していた。欧米的近代化に際して基本的な問題の一つが、旧来の特権的貴族層をいかに排除していくかということにあるとすれば、朱子学的体制は当初から貴族層の存在を否定することによって、欧米的近代をある意味では先取りするものであった。……一九世紀後半以後の東アジア各地域で行われた土地改革において、ヨーロッパ以上に「近代的」な土地制度が迅速に確立されたのも、以上のような脈絡で理解することができる」(③一八一、一八八頁)。ここでは、朱子学的体制がヨーロッパ近代を「先取り」した「世界最先端」のものであったことが強調されており、その意味で、ヨーロッパを先進としアジアを後進とする一般的見方とは一線を画していることは確かだが、それにもかかわらず、先進―後進の基準としての物差し自体がヨーロッパの歴史から導かれていることは否定できない。即ち、ヨーロッパ基準の物差しの上で、中国がヨーロッパ以上に先進的であった、という論じ方なのである。

むろん、朱子学的体制と欧米的近代との間には相違がある。その点についての宮嶋の説明は、必ずしも整合的なものではない。一方で氏は、「朱子学的体制は君主権の絶対性や、その独特の民本主義などの面で、欧米的近代とは相容れない面を有していた。君主権の絶対性についていえば、もちろん朱子学においても天＝理による君主権への制約という枠がはめられていたのではあるが、その絶対性に対する制度的制約は存在しなかった。……また儒教的民本主義といわれるものは、民衆の政治舞台への登場を前提にした、時代先取り的なものではあったが、民衆はあくまでも統治の客体として捉えられ、政治主体とは決して見なされなかった。……今後の東アジアを展望するとき、伝統の正負の遺産を正しく位置付けておくことが重要である」（③一八八―一八九頁）として、欧米的近代との相違を「負の遺産」ととらえている如くである。他方で氏は、儒教的近代の核心をなす中国独自の近代を構成する要素として重要なのは、科挙制度の確立と朱子学の誕生、及び両者の結合、市場経済の発展と身分制の解体、等である、と指摘しつつ、「以上のような現象を整合的に理解するための概念が、儒教的近代性である。その基礎にあるのは、儒教的な平等主義であるが、統治するものと統治されるものの区別を重視する面であるとか、統治するものにもっとも必要な資質として強調されるのが道徳的倫理性であるとかの面で、儒教的近代性は、議会制を生みだした西欧的近代とは、類型を異にするものであったとしなければならない」（⑧二〇九頁）とも述べており、ここでは欧米との相違は、必ずしも価値の上下を伴わない類型の相違とみなされているように思われる。

以上より宮嶋の「近代性」概念を検討してみると、第一にいえるのは、西洋基準の近代理解を批判する宮嶋の所論でも結局、朱子学モデルが「近代」的である所以は、貴族制・身分制の解体、身分と切り離された所有権、市場経済の発展、平等主義的な官僚登用、中央集権的な国家制度、など、まさに西欧的な近代を「先取り」している点に求められているという点である。このような議論の立て方は、内藤湖南と果たして大きく異なるものだろうか。

第二に指摘したいのは、宮嶋の挙げる近代性の指標が、中央集権的＝非身分制的な国家体制という、漢語で言えばいわば「郡県」的な側面に集中していることである。その実、欧米における「近代性」そのものが、より多義的な側面を持っていることに留意すべきではないだろうか。中央集権的＝非身分制的な国家体制は、確かに欧米の近代国家を特色づけるものであろうが、一方で、専制に対する抵抗の砦としての中間団体を重視する潮流も、近代社会思想の無視しえない一翼を形成してきた。フランス啓蒙思想家のなかでも、開明専制を支持するヴォルテールと君主権の抑制に力点をおくモンテスキューとが、中国の政治体制に対する評価という点で対極にあったことは、よく知られているであろう。中央集権的＝非身分制的な国家体制の弊害を強く意識していた清末の改革派にとって、モンテスキューの思想は、そうした弊害に対処する有力な処方箋であると考えられた（許明龍『孟徳斯鳩与中国』国際文化出版公司、一九八九、第八章）。郡県制度のゆきすぎによる弊害を是正するために「封建」的要素を導入すべしという議論は、清末の改革派にとっても、耳慣れたものであった（増淵龍夫『歴史家の同時代的考察について』岩波書店、一九八二）。「郡県」のほうが「封建」よりも先進的だという判断は、必ずしも自明のものではないのである。

中央集権的＝非身分制的国家体制のなかに「近代性」を見るかどうかという議論は、このような思想的緊張の歴史を踏まえて論じられるべきではないだろうか。宮嶋のいう「脱亜的日本史認識」が「封建制」の一方的プラス評価に傾いていることは確かだとしても、それに対する批判は「郡県制」

の一方的プラス評価に傾くことではなしえないであろう。

第三に、氏の「近代性」は単一なのか複数なのか、という問題である。氏の議論のなかには、西洋を基準として「近代性」をとらえる方向とともに、儒教的近代と西欧的近代との類型的差異の議論のように、型を異にするさまざまな「近代性」の並存を主張する方向も見て取れる。後者は、近代性論におけるヨーロッパ中心主義の批判と見ることができよう。ただもし「近代」を「現代に直結する時代」とのみ定義し、あらゆる地域がその地域固有の「近代」をもつとするならば、「近代化に失敗する」ということは論理上あり得ないはずである。しかし日本の場合は、「儒教的近代性」を獲得し得なかった失敗例と看做されている。即ち、宮嶋の議論では、ヨーロッパ基準に対して東アジアの独自性をポジティブに対置することを目指している反面、東アジアのなかでの日本の独自性（即ち、中国・朝鮮との相違）は、ネガティブな後進性と見なされている。ヨーロッパ基準の世界史観におけるエスノセントリズムを否定しようとしつつも、同型のエスノセントリズムが東アジアレベルで再生産されているのではないか。

このように考えると、氏のいう「近代性」は単数ではないが、必ずしもすべての地域・文化圏が独自の「近代」を持てるというわけではないようである。とすれば、「儒教的近代性」以外に、どのような近代性が想定されているのか。たとえば、宮崎市定の場合は、西アジアにおいてアッバース朝のハールーン・アッラシードの治世（八世紀末〜九世紀初）以降を近世とする（宮崎市定『中国史　上』岩波書店、一九七七、一二頁）が、宮嶋の観点からすれば、「イスラーム的近代性」もあると考えてよいか。インド、東南アジアなどについてはどう考えるべきであろうか。

三　朱子学の特質

本節では、前節で扱った中央集権的な国家体制と「朱子学」との関係について、検討してみたい。宮嶋は、朱子学と中央集権的国家制度との結び付きを一貫して強調している。「政治思想の面では、朱子学は皇帝を頂点とする官僚制的な支配体制というものを大前提としていた。もちろん朱子学以降の儒教のなかでも、集権と分権をめぐっての思想的対立が存在したが、より分権的な方向をめざすものも、官僚制的支配体制の枠内での主張であり続けた」。「〔中国の士大夫層や朝鮮の両班層は〕科挙に合格して政治的支配層の仲間入りをしても、一定の領地を与えられることは決してなかった。……朱子学の政治思想の核心は中央集権的な官僚制的支配にあり、領域的な分割支配体制を完全に否定するものであったが、こうした朱子学の政治思想と上述した政治的支配層の存在のあり方とはきわめて相即的なものであった」（①六九、八五頁）。「ここで儒教モデルといっているのは、儒教＝朱子学を理念として掲げ、その理念の実現を目指す国家、社会体制のことである。その核心は、儒教に関する深い知識を有する者を科挙によって選抜し、彼らが国家統治を担当すること、および、統治のもっとも重要な方法として『礼』が位置づけられ、『礼治』の徹底をはかること、の二点にあった」。「漢代以降の儒教は「封建制」（中国の古典的な意味での）を否定し、集権的な国家体制を擁護するものであったし、宋代以降の科挙制度の確立とともに、支配層の身分的世襲制を理念的に否定する思想であった。」(⑦七、一六頁)。

ここでは、漢代以降の儒教(特に朱子学)について、「封建制を否定し、集権的な国家体制を擁護するもの」とされている。しかしそれは、儒教(朱子学)の特徴としてとらえるべきものだろうか。たしかに儒学者のなかには、王夫之のようにはっきりと郡県制の優位性を主張する学者もいたが、それはむしろ少数派であり、「封建は理想ではあるが、現在では実施困難」あるいは「郡県と封建は二者択一ではなく、双方のよいところをとるべき」といった折衷的態度を取る者が(朱子を含めて)多数派であったといえよう。現実との妥協を拒否する原理主義的な朱子学者は、むしろ封建の復活を力説する傾向がある(呂留良など)(伊東貴之『思想としての中国近世』東京大学出版会、二〇〇五)。むろん、現実問題としては科挙官僚制度を容認する者が圧倒的に多いとはいえるが、封建制の否定が「朱子学の政治思想の核心」であるとはいえないのではないだろうか。

次に、朱子学的国家体制を確立した中国・朝鮮とそうでなかった日本との対比にかかわる宮嶋の記述を見てみたい。氏は、中国・朝鮮・日本においてともにほぼ同時期に小農社会が形成されたにもかかわらず「なぜ日本においては、小農社会にもっとも適合的な朱子学的体制が形成されなかったのか」と問い、次のように答える。「それは基本的には、朱子学の理念とあいいれない存在である武士によって「近世化」が推進されたためである。」豊臣政権や、それを継いだ徳川政権による支配の根拠は武威であり、武威による「平和」の実現=天下惣無事であった」。この「平和」の内実について、氏が参照するのは、水林彪の次のような見解である。「社会の平和化には、軍隊内的平和秩序の原理が軍国主義的秩序の確立を媒介に全社会へと拡大してゆく上からの道と、暴力を排したところでのみ存在しうる市場経済が次第に発展していって、やがて市場的平和の原理が全社会をおおうにいたる下からの道との二つの道が存在する。……前者は、戦国大名権力から織田・豊臣権力へと引き継がれていった道、後者は村落共同体間の自主的平和秩序の延長線上に形成される局地的市場圏が担っていた社会の平和化の道である。そして、この二つの道の対抗の歴史は、前者の道、すなわち、軍国主義的国家の確立による社会の平和化が勝利するという形で終局を迎えようとしていたのである」（水林彪『封建制の再編と日本的社会の確立』山川出版社、一九八七、一五四頁）。宮嶋は、この水林の指摘をふまえつつ、さらにそれを東アジア規模の比較に拡張し、「水林の指摘は、日本「近世」の「平和」の質を的確にいいあてているが、ひとつ見過ごされているのは、「平和」化へのもうひとつ別の道、すなわち、中国や朝鮮の「近世化」とそこにおける「平和」の実現であった」という（以上、引用は⑥二三頁より）。ここで「もうひとつ別の道」といわれているのは、朱子学的な国家体制と民間の宗法とが支え合いつつ確立される「国家秩序と宗法秩序との一致」（⑥二二頁）の理念に基づく平和化の道である。

中国や朝鮮において、そうした理念が、あるべき国家・社会秩序の原像として「平和化」を支えていたことは確かであろう。しかし、ここで疑問に感ずるのは、宮嶋が、東アジア近世国家の現実の形成過程をどのようなものと見ているのか、という点である。中国近世王朝について、その現実的な過程を見れば、明初の「平和化」も、清初の「平和化」も、長期にわたる大戦乱のあとの軍事的強者による平和回復であった。支配者が「徳治」を標榜していたとしても、そうした無矛盾的な「徳治」の理想像は、徳ある支配者に従おうとしない不徳の敵に対する暴力的殲滅と表裏するものであり得る。近世日本の対朝鮮・中国の自意識においては、「武威」対「文弱」という言説が存在したであろうが、清朝そのものは、辺境出身の軍事政権であり、中国を占領して儒教的統治を標榜するようになってからも、満洲的「武威」の重視は続いたのである。

四　東アジア世界の中心と周縁

中国の周辺、とくに北方には、上記のような「武威」型統治理念をもつ国家は、本来少なくなかった。では、宮嶋は、「東アジア世界」の範囲をどのようにとらえているのであろうか。氏によれば、東アジアという言葉は「時には地理的概念として、または文化的概念として使われることもあるし、時には「地政学」的概念としても使われる」が、「いずれの場合も、厳密に定義した上で東アジアという言葉が使われることは稀で、感覚的・便宜的に使われることが多いように見える」(3)（一六七—一六八頁）という。その実、西嶋定生が一九六〇年代に、「漢字文化、儒教、律令制、仏教」を指標とする「東アジア世界」論を明示的に提出して以来、「東アジア世界」概念をめぐって学界では、活発な議論が行われてきた。(2)宮嶋は、「中国文明の持続性という特徴と関連して指摘されるのは、これまで東アジア社会の共通性として漢字、儒教、仏教、律令など、七—八世紀までに朝鮮半島や日本列島に受容された文化が意識されてきたことである。……そして唐の衰退を契機に東アジアの一体性は次第に弱まり、各地域の独自性が強くなっていくというのが、通説的な理解であった。特に日本史研究ではこうした脱亜的傾向が、いわゆる国風文化論として、今なお支配的である。唐宋変革期以後、東アジアの一体性が弱まるという捉え方の前提には、この変革期を前後しても中国文明のあり方が基本的に変化しないという考えがあったと思われる。つまり持続の中国に対して、その影響下から抜け出る朝鮮・日本という捉え方である。しかし私見によれば中国文明のあり方は、唐宋変革期を前後して根本的に変化するのであり、その新しい文明は朝鮮半島や日本列島にそれ以前にもまして決定的な影響を与えた」（③一七八頁）と述べている。西嶋自身が「東アジア世界の解体」の時期を一九世紀と見なしていることも勘案すれば、宮嶋の「東アジア」概念は西嶋のそれに近く、特に「儒教」をその核心とするものであるように思われる。

西嶋「東アジア世界」論に対する従来の批判の一つは、「漢字・儒教」などを中核とする西嶋の定義からすると、漢字や儒教を受容しなかった北アジア・内陸アジアの諸勢力が、この世界の「外部」と見なされてしまうことであった（たとえば堀敏一による批判――堀敏一『中国と古代東アジア世界』岩波書店、一九九三）。実際には、これら非漢字・非儒教勢力は、自ら中国に入って王朝を建てる場合も含めて、東アジアの歴史を大きく動かしてきたのである。宮嶋の場合、儒教の卓越性を強調することと表裏して、これら北方・西方勢力に対する関心はほとんど示されていないように思われる。日本についての議論でも見られるように、氏の場合、儒教を受容し、儒教的国家体制を作ることが先進性の基準になっているので、儒教を受容し得なかった勢力は、遅れたものと見なされる。たとえば元朝の場合をみると、「中国・宋代にはあらゆる面で画期的な変化が生じたのであるが、これらの変化を一つの体制として安定させるには至らなかった。そのことをよく示すのが、遼・金による北方からの圧迫、さらにそれに続くモンゴルの席巻と宋の滅亡である。モンゴル帝国の中心であった大元ウルスの時代には、宋代に達成された経済面での変化はさらに加速化されたが、科挙が停止されたことに象徴されるように、国家体制の面では宋代との連続性が途絶えてしまった」（③一八一頁）とあるように、宋代の成果を継承し得た経済面については高く評価されるが、科挙の停止など宋代の成果を継承し得なかった面については、否定的な評価がなされているといえよう。それに対し清朝の場合、非漢字・非儒教の世界に出自した王朝であるわけだが、「明清時代の国家と社会のありかたを特徴づけるものとして指摘しておきたいことは、国家と社会が相対的に独自の領域を形成したことである。言い換えると、西欧において市民革命以後にはじめて形成されるようになる国家と社会の分離という事態が、中国ではすでに明清代に実現されたということである。そしてこのことによって、中国は前近代社会に一般的に見られる身分制の枠組みをいち早く廃棄したのであるが……」（③一八三頁）とあるように、少なくとも対漢人支配の領域については、明代の制度を受け継いでいるということから、宮嶋の所論のなかでは、「明清時代」と連称されて高い評価がなされていると考えられる。ここに、中国的国家・社会体制への接近度を以て評価の基準とする北方民族観を見て取ることができるだろう。日本に対する評価もまた、この物差しを以て行われているのである。このような評価の仕方が、中国（漢文化）中心主義の色彩を帯びていることは否定できないだろう。

日本の学界に存在する中国中心主義に対しては、杉山正明などを始めとする内陸アジア史研究者から近年強い批判が行われ、学術界に止まらない広い反響を呼んでいる（たとえば『クビライの挑戦』朝日新聞社、一九九五年（サントリー学芸賞受賞）など）。このような批判が、中国など儒教圏に対するいわれない反感や蔑視と結びつきやすいことは確かであるが、しかしその批判が、内陸アジアの諸民族を無意識のうちに遅れたものと見てしまいがちな中国中心主義に対する、それなりに正当な反応であることも認めるべきだろう。宮嶋の議論は、こうした中国中心主義の問題点についてはほとんど留意することなく、もっぱら、その逆転像としての脱亜的日本優位論の虚妄性を批判している。韓国植民地化のイデオロギーとなった脱亜的日本優位論に対する宮嶋の批判は正当なものであるが、それが歴史的に逆照射されて、中国（儒教）優位論となって現れてくるとき、そこに私は若干の懸念を抱かないわけにはいかない。

一つは、東アジア史像の問題である。歴史的にみて、中国中心主義と、それに対抗して中国を相対化しようとする動きとの緊張関係は、広義の——即ち、内陸・北方アジアを含む——東アジアにおいて、根の深いものである。東アジア世界は、儒教的天下主義の想定するような無矛盾的な世界ではなく、異なる文化を持つ国々が、相互に競争し、自尊意識を衝突させている世界であり、その対抗関係が東アジア史のダイナミズムを形成してきた。中国を中心とする「先進—後進」論でその動きを説明しようとする場合、その歴史像は「儒教的近代化に成功したか失敗したか」で歴史の動きを裁断する、過度に単純化されたものになってしまうのではないだろうか。

もう一つは、より現実的な問題である。中国（儒教）の先進性を強調する議論は、西洋中心主義やその威を借りた脱亜的日本優位論に対しては、抵抗の論理となり得るであろう。しかし、現在の「中国」の内部にもエスニシティに関わる深刻な問題があり、その問題の基底に、中国（漢族）の先進性を自明とする歴史認識が存在していることは、やはり考えておく必要があるだろう。宮嶋の「新たなパラダイム」は、内陸アジア諸民族の問題がほぼ捨象されていることもあって、直接にこうした当面の民族問題に関わるものではないが、暗黙のうちに、漢族を頂点とする民族間の「先進―後進」の序列づけを、歴史認識の上で補強するものともなりかねないのである。

おわりに

日本の歴史上、中国文明に対する尊崇の念と表裏して、中国文明の影響力に対する対抗心も、さまざまな形での自尊意識となって現れてきた。三谷博の言葉を借りていえば、中国は日本にとって「忘れ得ぬ他者」であり続けた（三谷博「「我ら」と「他者」――スティティズム・ナショナリズム形成素・ナショナリズム」朴忠錫・渡辺浩編『国家理念と対外認識　一七―一九世紀』慶應義塾大学出版会、二〇〇一）。日本のみならず、中国の周辺諸国家は、いずれもそうした意識と無縁ではなかったし、朝鮮史においても、中国に対する緊張感が国家統合において持った意味は、少なからぬものがあるだろう。

宮嶋博史の批判対象である「脱亜的日本優位論」も、長期的にみれば、そうした自尊意識の一形態ということができる。宮嶋に対する私の疑問は、このような深い根をもった歴史認識の問題に対し、中国・朝鮮の儒教的国家体制の優位性を正答として提示することで、果たして解決がつけられるのか、ということである。宮嶋の議論は結局、儒教を中心とする新たなエスノセントリズムを生みだし、ひいては、それに対する対抗言説をも相変わらず再生産していく結果になるのではないか。

東アジアの歴史は、様々な勢力が対抗し、せめぎあう中で展開してきた。諸勢力は、変動のリズムを共有しつつも、それぞれ独自の体制を構築し、自己意識を形成し、相互に影響を与えあってきた。このような認識を踏まえるならば、いずれが先進的でいずれが遅れていたか、という問いは果たして生産的だろうか。むしろ、そうした対抗の在り方を深く内在的に検討しつつ、異なる文化、異なる体制の相互理解はいかにして可能かという方向で、我々の歴史意識を充実させてゆくべきではないだろうか。

（1） こうした「脱亜的日本史認識」が実際に日本の歴史学界の主流であるのかという点について、私は疑問を持っている。ライシャワーの「近代化論」や梅棹忠夫の「生態史観」に対する批判は、我々にとってむしろ耳慣れたものではなかっただろうか。しかし、ここで実証的な検討を行うことはできないので、この点は保留としておきたい。

（2） 西嶋定生の主要な「東アジア世界」論を集成したコンパクトな論集として、李成市編『古代東アジア世界と日本』（岩波現代文庫、二〇〇〇）がある。「東アジア世界」論のその後の展開に関する私見は、簡略ながら、"The Ch'ing Dynasty and the East Asian World," ACTA ASIATICA, No.88, 2005, で述べた。

原載　国立歴史民俗博物館編『「韓国併合」一〇〇年を問う　二〇一〇年国際シンポジウム』岩波書店、二〇一一年。本書は、国立歴史民俗博物館主催・「韓国併合」一〇〇年を問う会共催によって二〇一〇年八月七日・八日に開催された「国際シンポジウム「韓国併合」一〇〇年を問う」（岩波書店・朝日新聞社後援、於東京大学弥生講堂一番ホール）の記録集である。

【補記】

本稿提出後、「儒教的近代」に関する宮嶋博史氏の新たな論文「儒教的近代としての東アジア「近世」」（和田春樹他編『岩波講座　東アジア近現代通史1　東アジア世界の近代　一九世紀』二〇一〇年一二月）が発表された。その内容は、本稿で提出したいくつかの問題にも大きく関わるものであり、掘り下げた議論が行われている。あわせて参照していただければ幸いである。

中国史研究におけるアクチュアリティとリアリティ

一　アクチュアリティとリアリティ

本シンポジウム（歴史学研究会創立八〇周年シンポジウム「歴史学のアクチュアリティ」二〇一二年一二月一五日、於明治大学）の報告依頼を二〇一二年九月に歴史学研究会委員会から受けたとき、仮題として設定されていたテーマは「歴史を現在から問いなおす」というものであった。その後、シンポジウムのテーマは「歴史学のアクチュアリティ」となったが、おそらく、「現代的課題と歴史学との関係を問う」という趣旨は一貫しているものと思われる。そしてその背後には、現代の歴史学が専門化・精緻化する一方で、現代的課題とのつながりを失いつつあるのではないか、という危機感があるのではないかと推察される。

歴史の研究は「現在からの問いかけ」に根差しているものだ（べきだ）、という点について、多くの歴史研究者の意見は一致するだろう。しかし今日の歴史学をめぐる状況は、「歴史研究者が正しい実践的な立場に立ってイデオロギーのベールをはぎとれば、そこに客観的な歴史の現実が現れる」といった類の、かつての楽観的な信念を許すものではない。現在の問題はむしろ、歴史研究者にとって、現実というものの存在自体の自明性がゆらいでいる、ということだと思われる。「現実はどのようであったか」ではなく、そもそも「現実とは何か」ということが問われているのである。歴史研究者は相変わらず、文書館で史料を集め、論文を書くが、底の抜けかけた舟で新しい島を捜すように、その足元は不安定である。

本シンポジウムのテーマである「アクチュアリティ」とはまさに、「現実とは何か」という問題に直接関わる概念である。シンポジウムの趣旨とはややずれるかもしれないが、本報告では、具体的な現実的・実践的課題との取り組み事例を論ずるというよりは、私たちの感じる「現実」とは一体何なのか、といういわば日常生活的実感のレベルにまで降り立って、かつ私の専攻する中国史研究を例としながら、若干の感想を述べてみたい。

本論に先立ち、まず、「アクチュアリティ」とはどういう意味なのか、辞書的な説明を見てみよう。一般の英和辞典で“actuality”を引くと、おおむね次のような語義が並べられている。

1a 現実（性）、（現象的）実在（reality）、b 事実、（描写の）写実性、2 ［通例～ies］ 実情、現状、3 記録映画、ドキュメンタリー

一方、*Oxford English Dictionary* には

1 Capacity of action, 2 The state of being actual or real; reality, existing objective fact, 3 Actual

existing conditions or circumstances (pl.), 4 Realism in description とあり、最初の〝capacity of action〟を除くと、2から4までの語義はそれぞれ、上記英和辞典の1から3に対応するといえよう。これらの辞典では、〝actuality〟の語義として〝reality〟という語が挙げられているが、一般に「現実（性）」に対応する語とされている「リアリティ」と対比して、「アクチュアリティ」はどのような意味の違いを持つのだろうか。精神病理学者の木村敏によれば、「リアリティ」はラテン語のres（もの、実物）に由来し、「アクチュアリティ」はactio（行動）に由来するという。「同じように「現実」といっても、リアリティが現実を構成する事物の存在に関してこれを認識し確認する立場から言われるのに対して、アクチュアリティは現実に向かってはたらきかける行為のはたらきそのものに関していわれる(1)」。

野家啓一は、木村のこのような説明をふまえつつ、「自然科学が解明をめざしてきたのが「リアリティ」であるとすれば、人間科学が目指しているのは、むしろ「アクチュアリティ」の把握である(2)」とするのであるが、一般的にいって、リアリティとアクチュアリティの対比は、自然科学と人間科学との関係にそのまま重なりあうものと考えられているのだろうか。むしろ今日、「リアリティ」という言葉で私たちが思い浮かべるのは、上野千鶴子が「わたしたちの前提は、被害者が思いきって口を開いたとき、その被害者の圧倒的な「現実（リアリティ）」から出発するほかない、ということである。わたしが「現実」と呼ぶものは「事実」と同じではない(3)」と述べているような、当事者の目に映っている現実とでもいうべきものではないだろうか。このような「リアリティ」概念は、必ずしもポストモダンの潮流のなかで初めて登場したわけではなく、例えば谷川道雄が一九七一年の書物のなかで、隋唐帝国を没人間的な支配機構として分析しようとする学界主流の姿勢を批判して、「この歴史世界を形作っているリアリティ」——即ち当時の人々の目から見た隋唐帝国の姿——を問うべきだと述べているように(4)、歴史学のなかではそれなりに普通に用いられてきたものであった。ここでいう「リアリティ」とは、まさに人間科学（あるいはむしろ人文学というべきか）の研究対象ということができよう。

二　現在の歴史学の直面する問題

1　リアリティ問題とアクチュアリティ問題

現在の歴史学が、「リアリティ」と「アクチュアリティ」との双方の側面において、難しい問題に直面していることは、大方の研究者が認めるところであろう。リアリティ問題に関していうと、歴史研究者というものは「事実」の客観的存在を素朴に信じて疑わないものである、といういささか疑わしい事実認識に立脚して、言語論的転回論や歴史の物語（り）論の立場から繰り広げられてきた方法論的議論は、現在ではやや沈静化し、現場の歴史研究者にとっても受け入れられやすい論調へと変化しているように見える。この問題についてはすでに多くの議論が行われているので、ここではこれ以上触れないこととしたい。

もう一つのアクチュアリティ問題——即ち、現在的問題へのコミットメントの問題——はリアリティ問題と重なりあう面もあるが、新しい認識論的立場からの批判というよりは、むしろ、かつて日本の歴史学界に存在した現代的問題関心が今日では希薄になってしまっているのではないか、という方向の批判的問題提起であろうと思われる。キャロル・グラックが「歴史家は政治的にも方法論的にも自らの前提や傾向に自覚的であるべきだと信じるので、私は二〇世紀日本歴史学においてその立場性(positionality)が明確に述べられている点に早くから感銘を受けていた。……彼らの歴史学は、概してコミットメントを伴った批判的学問だった」[5]と述べているような評言が、当時のすべての日本の歴史研究者にあてはまるものであったとはいえないであろうが、大学に入りたての一年生に対しても「問題意識」や「立場性」を鋭く問い詰めるような雰囲気が、一九七〇年代ころまでは確かにあった。

それに対して今日では、羽田正がやや極端ともいえる筆致で述べるように、
時代が先に進んでいるのに、なぜか歴史研究者の多くは二、三〇年前の立ち位置にとどまったままであるように思える。研究テーマは細分化され、本人以外にはほとんど誰も読まない論文が次々と生産されている。かつては重要だった研究の視点が、現在ではその意味を失っていることがままある。研究の枠組みや問題関心がすでに過去のものとなっているとすれば、その上に何を積み重ねても、一般の人々の関心を引くことはないだろう。なぜそのテーマを研究するのか、現代においてそのテーマを研究する意義は何か、という点について、歴史研究者は、十分自覚的でなければならない[6]。
といった反省がしばしば行われている。ここで羽田は、今日の歴史研究者における問題関心の希薄化

を指摘するのみならず、あるべき問題関心は、研究者が任意に選べるものではなく、現在にふさわしいものでなくてはならない、と述べているのである。

リアリティ問題とアクチュアリティ問題とは、素朴実在論批判、立場性の自覚といった観点から歴史学の現状に対し反省を迫っている点で共通点をもつ。しかし、リアリティ問題からの歴史学批判が（少なくとも論理的には）「正しい立場」のポジティブな明示に必ずしもつながらないのに対し、アクチュアリティ問題からの歴史学の現状批判は、何らかの「正しい立場」の存在を含意しているように見える。次項では、戦後の中国史研究を例にとりながら、アクチュアリティ問題の様相を瞥見してみよう。

2 中国史研究の場合

東洋史学というと、素朴実証主義の牙城のように見えるかもしれないが、戦後日本の東洋史学界では、戦前・戦中の研究のあり方に対する自己批判という形で、方法論的議論が、ある種の切実さをもって繰り返されてきた。そこでは、戦前・戦中の研究者による時局的・政治的な発言やアジア蔑視的文明論（中国社会停滞論など）が批判されると同時に、客観主義的な実証研究も反省の対象となっていたことを忘れてはならない。ここでは、一九六二年の『歴史学研究』に掲載された、旗田巍の文章を引いてみよう。

現実をはなれ、思想をすてることによって、日本の東洋史学は侵略体制のなかで学問の純粋性を守ろうとした。それはそれなりに相当大きな成果をあげてきた。しかし……現実をはなれ思想をすることが学問の純粋性・主体性を守り、学問の内容を高める道であるのか。……東洋史研究者とくに東京の東洋史家のなかには、中国文明について愛着をもつものが極めて少なかった。中国批判者はいたが中国愛好者は乏しかった。ある国のことを研究すると、その国が好ましくなるのが自然であるが、東洋史家にはそういう傾向は乏しかった。……思想をすてることは実際には不可能であって、何ものにもとらわれぬと思っていたものが、実は近代主義の立場にたち、そこからアジアを眺めていた。そのためにアジアの変革・アジア諸民族の解放という重大な歴史的事実を認識することができなかった。(7)

ここでは、日本の東洋史学が「現実をはなれ、思想をすてる」こと――いわば学問のアクチュアリティの放棄――によって「学問の純粋性」を守ろうとし、その結果歴史的事実の認識に失敗したことが鋭く批判されているが、そうした批判を支えていたのは、研究者の立脚すべき「正しい立場」に対する確信であった。「中国」は一体としてとらえられ、そこには歴史的な中国文明も現在の中国人民も無矛盾的に包含されていた。そしてその中国を「愛する」ということの正しさは、自明のものであり、歴史事実を正しく認識するための必須条件とされた。むろんこれは、旗田の中国認識が単純であったということではなく、当時の冷戦状況のなかでアジア・フォード財団資金問題(8)に触発されてこの文章が書かれたことからすれば、アメリカの資金を受け入れて行う「学問的」研究と、アジア・アフリカの人民の立場に立つ研究との鋭い対立構図が描かれていたことは当然ともいえる。

しかしその後の中国情勢の展開とともに、そうした「正しい立場」の自明性は急速に失われていった。一九六六年に始まったプロレタリア文化大革命では「四旧打破（大破四旧。旧思想、旧文化、旧風俗、旧習慣の打破）」をスローガンに、文化財の大量破壊が行われた。私が上記の旗田の文章を読んだのは、一九七二年か七三年ころであったと思うが、「中国文明に愛着をもつ」ことと「中国愛好」とが無造作に等置されているような書きぶりを、やや奇異に感じたものだ。中国の歴史や文明が好きということと、現在の中国が好きということとは、別のものではないのか？と。「学問の純粋性」イデオロギーに対する批判についてみても、旗田がこの文章を書いた時点では、その後の文化大革命のなかで、「学問」全般が激しい攻撃にさらされ、完膚無きまでに打撃を受けるということは、予想すべくもなかったであろう。しかし、文革期には、学問の「主体性」は雲散霧消し、歴史学は政争の道具になっていったのである。それは必ずしも「反中」ではない日本の中国史研究者にとっても、全面的に肯定できるような現象ではなかった。

文化大革命が終了し、改革開放政策がとられるようになっても、中国史研究における「正しい立場」の自明性が回復されているかというと、そうはいえない。「ある国のことを研究すると、その国が好ましくなるのが自然であるが、東洋史家にはそういう傾向は乏しかった」という旗田の批判は、せんじつめていえば、親中国は善で反中国は悪という考え方に基づいているといえようが、現在の中国史研究者に、親中国か反中国かと二者択一を迫っても、意味のあることとは思われない。中国政府・共産党と中国国民とが同一視できないことはもとより、中国国内での政治的・経済的・階層的・民族的矛盾は、「親中国」とか「反中国」といった言葉を、あまり意味のないものとしている。そのような複雑さに対して認識が深まるなかで、戦前・戦中の日本の中国研究の「リアル」さに対して、再評価が行われるようにもなっている。

こうした現状からすると、中国史研究の「正しい立場」について、かつてのような明確な指針を示すことは、今日では不可能といってもよい。旗田の提示するような形での歴史学と現実との結び付きの理念は、今日では却って現実性の薄いものとなっている。歴史学のアクチュアリティというと、現在の社会問題・政治問題(「帝国主義」「新自由主義」「ジェンダー」など)に対する明確な問題関心(往々にして価値判断を伴った)がまずあり、そのような問題関心から具体的な対象に向かってゆく、というイメージで捉えられやすい。しかし今日の中国研究において現実的なのは、むしろ逆に、まず具体的史料なり人々なりに触れ、そのなかで生ずる漠然たる疑問や共感・違和感を明確化・自覚化してゆくという道ではなかろうか。次節で述べるように、アクチュアリティとは、人間の日常生活を支えるほとんど意識化されない基盤に関わる概念でもある。そのようなレベルに根差す歴史学という観点から「歴史学のアクチュアリティ」を考えてみることもできるだろう。

三　歴史研究者にとってのアクチュアリティとリアリティ

1　日常生活におけるアクチュアリティとリアリティ

私たちは一般に、自分をとりまく状況を、ある現実感をもってとらえている。他人も同じような現実感をもっているという保証はないが、お互いの生活に支障のない程度の共通認識というものは、おそらくあるのだろう。私たちはなぜ、そのような現実感をもつことができるのだろうか。

たとえば研究室の机を例にとって考えてみると、「ここに机がある」ということは、私にとって、リアリティとして感じられる。机が単に孤立してあるのではなく「去年校費で買った」「本で埋もれている」などの認識と結びついて日常世界のなかに位置づけられている。その机は単に「ある」だけでなく、私にとっての実践的な意味を持つ。即ち、「机の上で書類を書こう」「そのためには片づけなくては」といった形で、机は私にとってアクチュアリティを持つのである。そして片づけたり書類を書いたりすることを通じ、机がちゃんとそこにあるという感じは強化される。リアリティとアクチュアリティは経験のなかで循環的に結びついて自然な自明性を形作る。しかし、すべての人間がそうした自然な自明性のなかで生きることができるわけではない。「離人症の場合、リアリティは——少なくとも知覚的には——保たれているのに、アクチュアリティはすっかり失われてしまう(9)」。その場合、まわりの事物が自分にとっての意味をもち統合された世界を形作っているという感じが失われ、事物はばらばらの疎遠な存在となる。「自然な自明性」の感覚は、私たちの毎日の生活を支えているものであり、それが失われると、ふつうに生きていくこと自体が極めて困難になるのである。

「机」ばかりでなく、「研究室」とか「大学」、さらに「国家」といったものも、私にとって「常識」的なリアリティを形作っている。しかし、「確からしさ」の強度は異なる。実在か非実在かの二分法ではなく、濃淡の分布のようなものであり、確かでない部分もあれば、確かだとおもっていたものがゆらぐこともある。しかし、ゆらいだ時点でそのつど微修正してゆけばよいのであり、そうした部分も含めて、日常的世界はある安定性をもって感じ取られる。精神病理学者ブランケンブルクは、「人間的現存在は、自然な自明性がそなわっているということだけによってではなく、それが部分的に止揚されうるという可能性によっても特筆すべきものなのです。この部分的な止揚ということがあるからこそ、われわれは自明性にあらためて内省の目を向けることができるのです。……疑問をもつということは、われわれの現存在を統合しているひとつの契機です。ただしそれは、適度の分量の場合にかぎられます」[10]（傍点原文）と述べているが、この文章は、私たちの常識的な認識世界のあり方を、簡潔かつ適切に表現しているものではなかろうか。私たちの認識世界を支える「自然な自明性」は、閉じられたものではなく、「適度の分量」の疑問を通じて、安定性を保ちつつも、外の世界と交流し、それを「止揚」して内部化し、広がってゆくことができる。そのようにして私たちは、幼児のころから大人になるまで、次第に認識の範囲を拡大してきたのである。

ここで私が述べたいのは、このような自然な自明性を帯びたリアリティは、認識論的にいえば疑わしく不完全なものであろうけれども、それに対する「適度の分量」を超えた懐疑は、人間生活を破壊する、ということである。別の言い方をすれば、そうした自明性の檻を徹底的に打ち壊して人間精神を解放するといったことを抽象的に主張することは可能であろうが、そのような議論を展開する論者が特に支障もなく日常生活を営むことができているとすれば、それは、彼（女）が学問と生活を切り離し、生活面では自然な自明性の世界に安住しているからに他ならない。

2　歴史学におけるリアリティとアクチュアリティ

歴史研究者にとって一つの問題は、日常生活において私たちが自明のものとして感じる現実感と、歴史研究を通じて感じ取られる過去の世界についての現実感との関係である。日常生活（現在）と歴史学（過去）におけるリアリティは異質なのだろうか。「歴史の物語り論」において、特に「歴史の」といわれる所以は、両者の峻別にあるように思われる。野家啓一は次のように言う。

歴史記述は常に「事後的」という性格を免れることはできません。……「事後的」ということは、記述の対象である出来事がすでに「存在しない」ということを意味している……。ですから、歴史記述は目の前で起こっている知覚可能な出来事をリアルタイムで「記述」したり「描写」したりすることとは、その性格を根本的に異にしています。……画家がアトリエで肖像画を描いている場面……。もし本人がモデルとして目の前に坐っていれば……われわれは完成した絵を本人と見比べて、その良し悪しを「客観的」に判定することができます。……それに対して、画家が死んだ父親の肖像画を描くような場合……モデルにしたくとも本人はすでに存在しておりません。……写真映りが良い人も悪い人もいるでしょうし、また若い頃の写真しか残されていない場合もありますので、写真といえども決定的証拠とはなりません。……ですから画家は、こうした証拠や証言を突き合わせ、それらを総合的に判断しながら絵筆を動かしていく必要があります。この一筋縄ではいかないプロセスが、まさに「探究」にほかなりません。[11]

ヘイドン・ホワイトも同様に、以下のように述べている。

過去はもはや存在していません。残されているものをとおして研究することができるだけです。歴史となった出来事は明らかに復元することはできません。実験室で物理的事象を繰り返すようには、それを繰り返すことはできないのです。……歴史上の出来事はもはや知覚できず、それゆえそれらを経験主義的なかたちで研究することはできません。それらを研究することができるのは、別の、非経験主義的な方法によってです。[12]

これらの議論は、「現在のことなら目の前で起こっているので客観的にその事実性を判断できるが、過去の出来事〔歴史〕はすでに過ぎ去っていてその痕跡が残っているにすぎないので、現代からの「探究」の行為を経て構成されるものとなる」と言っているように見える。しかしこれは私には、驚くべき議論に聞こえる。現在の問題であれば、人は事実を「客観的」に認識することができるのか。現状分析や実地調査をする人々は「探究」をせずに「記述」「描写」するだけなのか。「実験室で物理的事象を繰り返すようには、それを繰り返すことができない」のは、それが過去の歴史だからでなく、人間社会に関する複雑な事象だからではないだろうか〔例えば過去の災害の原因を探るための再現実験といったことなら、過去についての実験的研究も十分に可能であろう〕。

「実証的」歴史研究者たちは、このような「現在」と「過去」の間の実証可能性の相違について、どのように考えているのだろうか。少なくとも私の観点からいえば、現在のことは客観的判定が可能で過去のことは不可能だ、といった峻別はあまり意味がないもののように思われる。それは、過去の事実が現在の事実と同様に客観的に実証し尽くせると考えるからではなくて、むしろそもそも現在私たちを取り巻いている現実というものが曖昧さを含んでおり、問題関心をもって「探究」することによって、相対的な「確からしさ」を判断し得るものに過ぎないからである。日常の生活世界が自然な自明性をそなえたものと感じられるとしても、私たちはその自明性が普遍的なものではないことを、常識として知っている。他の人々との接触を経て、私たちは自らの自明性の感覚に内省の目を向け、「部分的に止揚」しつつ、自らの理解できる世界を広げてゆく。空間的な広がりとともに時間的にも広げてゆけば、それが歴史研究ということになる。その意味では、歴史研究といっても、日常性の延長上にあるものといえるだろう。

これを別の言葉でいえば、私たちの認識世界の拡大というものは、さまざまなリアリティが交錯し、相互作用を経て修正されてゆく開かれた過程であるということもできよう。私にとっての自明なリアリティは、他人にとっての自明なリアリティと触れ合うことによって修正を迫られる。現在の常識は、過去の世界の常識と照らし合わせることによって、歴史的に相対化される。もちろん、ここでいう「過去の世界の常識」といっても、それを歴史研究者が正しく認識できているかどうかはわからない。しかし、他の研究者の異なる認識とすり合わせることによって、認識は変化してくるかもしれない。……

このような相互作用の連鎖は、自分の認識を絶対化するのでもなく、また相対主義を絶対化するのでもない曖昧な状況のなかに人間精神を置いておこうとするものである。歴史学も、そうした人間精神の営みの一環であるということができよう。過去の事物や現象について、私たちは、「この机で書類を書こう」とか「片付けよう」といった類の実践的志向をもつ直接のアクチュアリティを感ずることはできない。既に存在しないものには、手の出しようがないからである。しかし、過去についての認識が私たちの自明な常識を揺るがし、変えてゆくとき、そこに歴史学のアクチュアルな意義の一つの側面があることは、疑い得ないであろう。

歴史研究におけるアクチュアリティとは、ともすれば自分の研究の現実的意義や、倫理的な立場の正しさを根拠づけるものとして捉えられてきた。まともな研究者なら、事前に自分の研究のアクチュアリティ、自分のポジショナリティを明確に言語化できていなければいけない、と。だがはたしてそうなのだろうか。アクチュアリティの問題を、日常生活的な「気づき」「驚き」の延長上にとらえるならば、必ずしも事前の言語化・明確化が必要だとはいえないだろう。むろん、ある時代、ある地域を研究対象として選ぶからには、そこには何か考えがあるはずだ、という見方ももっともである。しかし日常生活において、他人と話したり外国の文化に触れたりして自明なリアリティのゆらぎを感ずるとき、前もって明確に問題を立てて臨むというよりは、むしろ「気づき」「驚き」のほうが先にあって、アクチュアリティやポジショナリティは事後的に自覚されてくるものではないだろうか。

このことは決して、研究者の立場は無色透明の中立的なものであり得るとか、そうであるべきだ、ということを意味するのではない。むしろ、実際問題として、自分の問題関心とか立場性とかいったものは、事前にはっきりわからないほうが普通なのではないか、ということである。自分なりの関心や好みはあるとは思うが、それが何なのかということは、研究をやってみるまではわからない。当然見方のゆがみもあるだろうが、それは他人に指摘されるまではわからない。

「停滞論を批判し、中国史の発展を証明する」とか「アジアの変革・アジア諸民族の解放という歴史的事実を認識する」といったかつての問題関心は、戦後の中国史学界において確かにアクチュアルなものであったであろうが、それを事前に設定することは、研究のなかでの気づきを「想定内」の枠に抑え込む結果をもたらしたのではないか。今日ではむろん、「世界史の発展法則」や「革命史観」は――羽田正の言葉を借りれば――「すでに過去のもの」となり、「現代においてそのテーマを研究する意義は何か」を十分考えた上で新たなテーマを設定すべき、ということになるのだろう。ただ、「現代においてそのテーマを研究する意義」をまず明確に設定し、その上で対象に向かってゆく、という姿勢は、外在的アプローチという点で、過去のそれと同型であることも否めない。実は、方法の外在性と内在性という問題は、中国史研究において、久しく議論の対象となってきた。次節では、その状況を瞥見してみよう。

四　中国史学におけるアクチュアリティとリアリティ

1　伝統的歴史学の特質

中国史研究における方法の外在性を早くから問題化した研究者として、増淵龍夫が挙げられる。増淵は、前述の旗田巍の論文と同じ頃（一九六三年）、津田左右吉と内藤湖南を取り上げ、日本の中国史研究の問題性を鋭く指摘する論文を書いており[13]、また旗田と同様、アジア・フォード財団問題に深い関心を持っていた。ここでは、増淵の一九七一年の報告に基づく文章「歴史のいわゆる内面的理解について[14]」を取り上げてみよう。

この文章において増淵は、西洋を基準としてアジア社会を停滞と断ずるアジア社会停滞論のみならず、停滞論を批判して中国史の発展を論証しようとした「世界史の基本法則」的な発展段階論をも、共に外在的なアプローチとして批判する。そして「中国史の内側に入って、そこから問題を展開させる」内面的理解を提唱するのだが、具体的に取り上げられているのは、歴史家の陳垣が日中戦争中に書いた『通鑑胡注表微』という書物である。この書物は、宋代の司馬光の『資治通鑑』に元初の胡三省がつけた注について、その含意を解説しているものである。増淵によれば、「陳垣は、日本軍占領下の暗い世情の下で、ひとり門をとざして『資治通鑑』を読み、それに附せられている胡三省の注釈を読んで行くうちに、胡三省の注は単なる史実の考証というものではない、ということに気づいた」。胡三省は「亡国の暗い世情の下にあって、元朝の残酷な統治と、それに阿附し、或いはそれに抵抗するさまざまな人の動きを、その目で見、きびしい現実批判の心を内にこめて、『資治通鑑』を読み、その全精神を、『通鑑』の注釈という仕事に託したのであった。」そしてまた、陳垣も、日本軍占領下の北京で、抗日の意志を内に秘めて門をとざし、胡三省の現実批判に対して追体験による再現を試みたのである、という。

中国の人々の歴史理解なり、歴史解釈の基底には、常に現実の問題がふまえられており、過去と現実とが、時間を超えて、追体験による内面的理解によって主体的に交流している……。そこで、歴史が意識されるのは、過去それ自体としてではない。また、過去にすべての価値をおいて、現実と自己とをそれにあずける、という意味で、歴史が問題とされるのでもなければ、又、未来に価値をおいて、時間の経過を、価値実現の過程として、考えるのでも、もとよりない。そこにおける歴史の理解は、当面している現実の問題を歴史の中に見出すことである。現実の体験にもとづいて、歴史を追体験的に理解することであるが、そのことは、同時に、局限された現実とそこに生きる自己を、より展望のきく歴史の舞台にうつして対象化することを意味し、そのことによって逆に、歴史によって現実と自己をたしかめる、という相互作用がなされるのである。[15]

ここには、「歴史学とアクチュアリティ」に関わる問題が、複雑な形で重なりあっている。第一は、中国の伝統的歴史学における、いわばアクチュアリティの優越ということである。中国の歴史解釈の基底には、常に現実の問題がふまえられており、そして中国の知識人は一種の同時代感覚をもって過去を追体験しようとしている、という。第二に、中国史研究者は、「中国史の発展の検証」といった、自分にとってアクチュアルな課題を外在的に押し付けるのではなく、まず「中国史の内側に入って、そこから問題を展開」させなければならない、という反省である。そして第三に、こうした内面的理解の意味は、単に中国の歴史学の特質を「知る」ということだけでなく、今日の歴史学のあり方に対する内省を促すという点で、私たちにとってアクチュアルな意義を持つのである。

ただ同時に、こうした「内面的理解」が危うさをもっていることにも着目しなければならない。

「常に現実の問題がふまえられている」中国の歴史学のあり方は、歴史学の政治への従属という問題と地続きである。また、今日に残る文献を作成したのは、おおむね漢人の知識人であるが、彼らにとっての「現実（リアリティ）」に身を添わせてゆく「内面的理解」の手法は、彼らのもつ認識の歪みをそのまま取り入れてしまう危険と隣り合わせである。この文章のなかには、モンゴルの支配について「亡国の暗い世情」「元朝の残酷な統治」といった否定的評言が論証を伴わずに多用されているが、元朝に対する漢人知識人の否定的評価が、北方民族を夷狄視する偏見に基づいている場合が多いことは、今日モンゴル史研究者からしばしば指摘されていることである。そしてそうした評価をそのまま取り入れる日本の中国史研究者にも抜き難い中国中心主義があるのだ、というモンゴル史研究者からの批判は故ないことではない。さらに、モンゴルも長期にわたる融合の過程を経て「中華民族」の一部となってきた、とする今日の中国の主張から見ても、モンゴル支配への否定的評価は、今や「政治的に正しい」言明ではなくなっている。むろん「中華民族」論は歴史学的にみて成り立たない、という議論も可能だが、「中国史の内側に入る」ことをめざす「内面的理解」の立場からすれば、今日の中国の「中華民族」ナショナリズムに対して——それが少数民族に対して抑圧的なものであるとしても——、共感的な理解をめざすことがひとまずは必要だということになるだろう。

旗田のいう「愛」と同様、増淵においても「内面的理解」とは、単に知的理解に止まらず、「彼らの側に立つ」ことを意味していた。しかしそうした倫理的な縛りは、改革開放政策のもと、日本と中国の学術交流が盛んになった一九八〇年代以降、しだいに緩んでいったように見える。

2 「内面的理解」と「地域社会論」

明清史研究の領域では、一九八〇年代から、「地域社会論」と呼ばれる潮流が注目を集めるようになった。「地域社会論」の潮流の出発点となったシンポジウムを主催した森正夫は、「従来の階級分析の方法のみに安易によりかかっているだけでは、私たちの今日的な人間としての課題と中国前近代史研究とが乖離を強めていくのではないか」という認識のもと、「習俗、倫理、価値観などを媒介として構成される秩序意識の統合の場。……人間が生きる基本的な場において、意識の上でその場の構成員を規定し、また構成員によって規定されているところの社会秩序の問題」を扱うべきことを提唱した(16)。ここには、増淵の「内面的理解」論と同様、外在的な枠組みを脱却して、中国史の内側に入り、中国の人々にとっての「現実（リアリティ）」に即した中国社会の理解を目指したい、とする姿勢が表明されている。そうしてこそ、中国前近代史研究が「私たちの今日的な人間としての課題」との生きた結び付きを――アクチュアリティを――を回復し得るのだ、とされているのである。

このような潮流のなかで、明清時代の地域社会における集団形成、紛争とその解決、地方政治、民衆暴動、といった問題に対する研究が蓄積されていった。そのような研究は確かに「内面的理解」を目指していたとはいえようが、必ずしも「民衆の立場に立つ」といった形のコミットメントを伴うものではなかった。むしろ、「支配階層対民衆」といった単純な対立的構図でなく、地域住民内部の抗争と結集の複雑な動きが展開される「場」としての地域社会のあり方に焦点が当てられたのである。

森のいう「秩序」「秩序意識」への着目とは、当時の人々を結びつける直接の共同性を見出し、それに自らもコミットしようという姿勢を意味するわけでは必ずしもなく、多くの研究者は、苛烈な競争に満ちた当時の地域社会のなかで、人々がいかにせめぎ合い、自らの生活の安定と上昇を図るのか、そのゲームを意味づける暗黙のルールを解読しようとする方向へと進んでいった。当時の人々の生きる姿の懸命さ、切実さに研究者が共感や親近感を抱いたとしても、それは旗田が述べたような「愛着」とはやや異質なものであったといえよう。

階級対立といった既存の枠組みと一線を画そうとするこのような「地域社会論」の潮流に対しては、厳しい批判が寄せられもした。山本進は、一九九二年の明清史学界の回顧と展望のなかで、次のように述べている。

八〇年代以降の明清史学界における新しい潮流は、……既存の研究を止揚することなく、それらを流行遅れとして切り捨てることによって出来たものである。このことは七〇年代末頃を境とした日本の社会環境の構造的変化と無関係ではないであろう。明清時代に自明の「国家」が存在したか否か、「国家論」とは何を論ずることなのか、など国家権力に対して疑問が提示され始めたのは、我々が日頃（現代日本の）国家を如何に意識しなくなったか、比喩的に言えば耳障りなサーベルの音を聞かずに生活しているか、という事の反映ではなかろうか。地域社会論がかくも流行を博し、巧妙な修辞を駆使した粗放な議論が称賛の対象になる今日的現象は、取りも直さず、日本の大衆社会が高度に「成熟」したことを物語っているように思われる。(17)

山本によれば、「国家」の自明性を疑うような「地域社会論」の論じ方は、研究者が現在の国家権力とその支配に対するアクチュアルな感覚を失っていることの表れだ、ということになるだろう。おそらくここには、アクチュアリティというものに関わる異なる感じ方があるのだと思われる。今日の政治・社会問題の明確な定式化の上に立ち、その観点から過去の社会を見てゆこうとする方向と、逆に、そうした定式化が中国研究にとって外在的なものとなっていることに満足できず、中国社会のなかからその独自の論理を抽出してゆこうとする方向と。これは、中国史研究のなかで、いまだに解決のついていない課題であろうと考えられる。

五　日常生活からのアクチュアリティ

本シンポジウムでは、現実のアクチュアルな問題の事例をいくつかを取り上げ、そうした問題に中国史研究者がいかに取り組んできたかを紹介すべきであったかもしれない。しかし、戦後から今日に至る中国史研究においては、時期によって変わりゆくアクチュアルな課題を次々と取り上げてゆくのみならず、そもそもアクチュアリティとは一体何なのかを考えさせるような議論もなされてきた。

本報告は極めて雑駁な素描に止まったが、私の言いたかったことは、歴史学のアクチュアリティとは必ずしも、明確な現代的課題を掲げ、その観点から過去を見てゆく、ということだけではないだろう、ということである。日常生活において私たちが周囲の人々や今まで知らなかった事象に接し、自明性のほころびに気づき、自らの認識世界を変容させてゆくこと――これもアクチュアリティの一つのあり方だろう。歴史学もその延長上に位置づけられ得るものである。漠然とした疑問や感覚が、研究を通じてしだいに明確化され、自分の位置というものがおぼろげながらわかってくる。そのような泥臭い営みに、アクチュアリティの基礎を置くことも、あるいは可能なのではなかろうか。

(1) 木村敏「『偶然性の精神病理』序論」一九九四(『木村敏著作集』7、弘文堂、二〇〇一)六二頁。
(2) 野家啓一「物語り行為による世界制作」初出 二〇〇三、同『物語の哲学』(岩波現代文庫、二〇〇五)三三〇頁。
(3) 上野千鶴子『ナショナリズムとジェンダー』(青土社、一九九八)一七三頁。
(4) 谷川道雄『隋唐帝国形成史論』(筑摩書房、一九七一)七頁。
(5) キャロル・グラック、梅﨑透訳『歴史で考える』(岩波書店、二〇〇七)四頁。
(6) 羽田正『新しい世界史へ――地球市民のための構想』(岩波新書、二〇一一)七頁。
(7) 旗田巍「日本における東洋史学の伝統」(『歴史学研究』二七五号、一九六二、のち幼方直吉他編『歴史像再構成の課題――歴史学の方法とアジア』御茶の水書房、一九六六、所収)二一六―二二四頁。
(8) 一九六二年、東洋文庫の現代中国研究センターに対しアメリカのアジア・フォード両財団から多額の資金援助の申し出があった際に、その受け入れをめぐり、研究者の間で反対運動が起こった事件。
(9) 木村敏前掲論文。
(10) W・ブランケンブルク、木村敏他訳『自明性の喪失』(みすず書房、一九七八)三頁。

（11）野家啓一『新・哲学講義 8 歴史と終末論』（岩波書店、一九九八）二六―二八頁。
（12）「（インタビュー）ヘイドン・ホワイトに聞く」（『思想』一〇三六号、二〇一〇）五一頁。
（13）「日本の近代史学史における中国と日本」（Ⅰ）（Ⅱ）（『思想』四六二、四六八号、一九六三、のち増淵『歴史家の同時代史的考察について』岩波書店、一九八三所収）。
（14）前掲『歴史家の同時代史的考察について』所収。
（15）同右書、一〇〇―一〇一頁。
（16）森正夫「中国前近代史研究における地域社会の視点」（『名古屋大学文学部研究論集』八三号、一九八二）。
（17）山本進「中国―明・清」（『史学雑誌』一〇二編五号〈一九九二年の歴史学界――回顧と展望――〉、一九九三）二四一頁。

原載　歴史学研究会編『歴史学のアクチュアリティ』東京大学出版会、二〇一三年。本書は、本稿冒頭に挙げた二〇一二年のシンポジウムの報告をもとにした論文とコメントを第Ⅰ部とし、現代歴史学に関わる三つの討議（「社会史研究と現代歴史学」、「社会主義圏の崩壊・ポスト冷戦と現代歴史学」、「新自由主義時代と歴史学の将来」）の記録を第Ⅱ部とした論集である。

二宮史学における文体と比喩

はじめに

長谷川貴彦さん、成田龍一さんをはじめとしてこの場（シンポジウム「歴史からの問い／歴史への問い――二宮宏之と歴史学」二〇一二年六月二日）にいらっしゃる皆様と比べて、私は実は二宮先生と直接にお話した機会はそれほど多くないのです。もちろん、ご著作からは非常に影響を受けたと思いますけれども。二宮先生とご一緒した機会としては、日本西洋史学会のシンポジウムですとか、あと岩波書店で二宮先生をはじめ歴史研究者を何人か呼んで、現在の歴史学の課題を聞きたいということで懇談会を設定してくださったことが何度かありました。東洋史も一人まぜようということで、私も呼んでくださったのだと思いますが、二宮先生を中心として、皆さんのお話が談論風発という感じで、それはもう非常に面白い。それでときどき、「東洋史はどうですか？」と話を振ってくださるのですが、こちらは頭の中がまとまっていないものですから、アーとかウーとかいうばかりで、ほとんど答えられない。二宮先生たちから見ると、ほとんどしゃべらずにおいしいお料理をひたすらぱくぱく食べているお気楽な奴、と思われたと思いますが、内心は打ちのめされておりました。せっかく聞いてくださったのに、そのとき答えられなかったことは、今思い返しても恥ずかしい痛恨事であります。ここではそのおわびを兼ねまして、二宮先生のご著作に関して私の感ずるところを率直にお話したいと思います。むろん私は、フランス史の専門ではありませんし、歴史学方法論についてもあまり考えたことはありません。従ってきちんとしたお話はできませんので、ここでは、二宮先生のご著作から私が受ける漠然とした「感じ」、この「感じ」の正体は何なのか、ということを、二、三の事例に即して、素人なりに考えてみたいと思います。

ここでいう「感じ」の内容には、研究対象について著者が描き、読者が感ずるイメージというのみならず、文体・語り口を通じて著者と読者との間に作り上げられてくる関係や著者の自己イメージといったものも含みます。ですので、例えば私がここで「二宮先生」と言うか或いは「二宮さん」と言うか、といったことも議論にちょっと関係してくるわけです。そこで、どうお呼びするかなかなか難しいのですが、とりあえず以下では少し距離をとって、「二宮氏」というふうにお呼びしたいと思っております。

1　史学史研究の対象としての文体と比喩

さて以下、二宮氏の歴史学の醸し出す「感じ」について考えてみたいと思うのですが、このような

「感じ」というものを考えてみる意味はいったいどこにあるのでしょうか。私は実は、こうした「感じ」を史学史的に対象化することは、案外重要なことではないかと思っております。一般に史学史的な研究において扱われるものは、概念的に整理された史学史上の語彙群であろうかと思います、例えば、「史的唯物論」「戦後歴史学」「社会史」「民衆史」「全体史」「世界システム論」「表象の歴史学」「グローバル・ヒストリー」……といった類のものです。ただ、私たち読者が歴史学の作品を読んで直接に受け取るものは何なのか、ということを考えてみますと、議論や実証の内容ばかりでなく、文体や比喩的なイメージのもたらす、「ピンとくる」とか、「しっくりする」とか、「なんとなく惹かれる」といった漠然とした感じが案外大きな部分を占めているのではないか。例えば何十年か前の歴史学の本を読んで私たちが時代性を感じるのは、実証や議論の内容が古いというばかりでなく、一種の「書きっぷり」、即ち文体や比喩から匂いたつその時代の雰囲気に驚くのではないでしょうか。歴史学におけるこのような文体や比喩の問題に関して、例えば『歴史の文体』(P. Gay)、『歴史のメタファー』(R. Nisbet) などの著作はありますが、少なくとも現在の日本では、これらの問題が史学史のなかで市民権をもっているとは必ずしも言えないのではないかと感じられます。

「歴史の物語り論」は本来そういう側面を対象化するはずのものだったと思うのですが、私見では、日本でのそうした方面の議論においては、「物語りである」という結論が先行し、かつ「物語り」論者が認識論的に素朴な歴史家を批判的に俎上に載せるという構図が表に出すぎていて、実際の歴史家の文体などをじっくりと粘着的に分析した研究はあまりないように思われます。「物語り」論者自身についてみても、彼らも何かを「物語って」いるのだと思われるのですが、自分がどのような自己イメージを持ち、読者との距離感をどのように測り、どのような文体で論じているのか、という点に着目した自己分析的な著述はほとんどないのではないでしょうか。

二宮氏は、「物語り論」とは一線を画しておられましたが、歴史叙述の実作者であるだけに、ある意味では「物語り」論者以上に、ご自分の「語り」に対して鋭い意識をもっておられたのではないかと推察されます。「平易かつ明澄」「清澄で明晰な語り」と評される二宮氏の文体――これは、二宮氏個人のものではありましょうが、当時の学界で支配的な文体を批判的に意識しつつ自覚的に択びとられたものであると考えるならば、それを「史学史的」に論ずることもできるのではないかと思います。

二宮史学において「感覚」「雰囲気」に重要な位置づけがなされていることは疑いないことですが、それは、対象となる時代の「感覚」や「雰囲気」を歴史家が理解するということに止まらず、現在の著者と読者との間の「感覚」「雰囲気」の共有（或いはズレ）の問題にも広がってゆくはずです。「書き手と読み手の心の通い」（5―三五一。以下、括弧内の数字は『二宮宏之著作集』の巻数と頁数を指す）。「頭でっかち」でなく「からだ」と「こころ」のレベルで「通う」とはどういうことか。そこに、感覚に訴える文体や比喩の役割があるのではないでしょうか。

この報告のタイトルに「二宮史学」という言葉を使いましたが、「二宮史学」というような呼び方はあまりにも二宮氏を奉っているようで、二宮氏自身あまり喜ばれないのではないかというお考えもありましょう。でもなんとなく「二宮史学」と言いたくなってしまうのは、二宮氏の著作に、読者をひきつける或る特有の「雰囲気」があるからではないか、そしてそこに、二宮氏の好みと結びついた一貫したものが見て取れるからではないか、と思います。

2　文体

それではまず、二宮氏の著作において、歴史家の「文体」というものが、どのように言及されているかを見てみましょう。事例はそれほど多くないのですが、興味深い内容が見られます。スタイリストという言葉の本来の意味は、「文体に意識的である人」という意味だそうですが、そのような意味では、二宮氏は日本の歴史学界で有数のスタイリストであったといえるでしょう。

・ムーヴレ先生が空疎な美文調の饒舌を嫌悪され、極度に凝縮され、一字たりとも動かしえない程の緊迫したクラシークな文体でその論文を書かれたのも、この精神（峻厳な批判精神）のなせる業である。（「ジャン・ムーヴレ先生追悼」一九七二、5—二九七。引用文の括弧内は引用者による補足。以下同様）

・高橋（幸八郎）さんの文体は、大塚（久雄）さんとは随分違った文体で、あの二人の資質の違いを良く表わしていると思いますが、僕は高橋さんの文体にとても惹かれましてね。これは今でもそうなんですが、『近代社会成立史論』は大好きな本でした。（「インタビュー　二宮宏之氏にきく」一九九二、5—四〇一）

・フェーヴルの文章は、頭の回転が速く、物事に熱中し、そそっかしいところのある人柄をみごとに表現している。本書（『歴史のための闘い』）に収録されているのは、……それぞれに肩肘張っていてもおかしくないものなのだが、フェーヴルの語り口は自由闊達で屈託がない。時には羽目を外しすぎているのではないかと思わせるほどだ。……マルク・ブロックは、この点ではフェーヴルと対照的であった。ブロックがいつも上下を着けていたというのでは勿論ないが、その凝縮された文章は論理明晰、何ひとつ無駄なものはない。（「現代歴史学生誕のドラマ」一九九五、5—二）

・教科書の歴史記述の文体自体は、歴史というものはこういう読みとり方があるのだという文体ではなしに、これが世界史である、これが日本史であるという文体で書かれている。……教科書型の記述というものが、どうしても歴史を一つの型にはめて、外側から押しつけるといいますか、他律的な歴史像というものを若者に与えてしまっているのではないでしょうか。（「歴史への問い」一九九五、1—二九九）

・彼（ブローデル）の文体は一種パセティックなんです。やや美文調にすぎる感もありますが、この文体と非常にマッチした想いが『地中海』という作品のなかにはこめられているように思います。（「『地中海』と歴史学」一九九六、1—二〇八）

このような評言をまとめてみますと、二宮氏には、固く生気のない文体——日本の歴史教科書のみならず、多くの実証論文に共通する——に対する拒否感があったことは疑いないところでしょう。一方で、パセティックな美文や饒舌な才気の誇示に対するクールなまなざしも、大変特徴的だと思われます。必ずしも「嫌い」というわけではないけれども、自分ではちょっと遠慮する、というような……。

そして一貫して見られるのは、無駄のない明晰な文章に対する尊重であります。

興味深いのは、高橋幸八郎氏の文体についての評価です。実のところ、高橋氏の『近代社会成立史論』と二宮氏の文体を比べてみると、どうしても似ているとは思えないのです。高橋氏の文体のもつ熱気と衝迫力、そしてそれに伴う一種の「押しの強さ」。それに対して、二宮氏の文体は暖かくはあるけれども、「押しが強い」という感じは全然しません。それにもかかわらず、二宮氏は高橋氏の文章に「とても惹かれた」、「大好き」とおっしゃる。そこには、戦後歴史学に対する二宮氏の、決して単純ではない感懐があるのかと思われますが、その点は私の能力を以てしては論ずることはできません。西洋史の方々のお考えを伺いたいところです。

以上、二宮氏の生き生きした、しかも脇の甘さや筆のすべりのない文章は、自然に流れ出た、というよりはむしろ、意識して細やかな配慮のもとで選びとられたものであるように思われます。フランスの歴史家たちについて二宮氏は、敬愛の念に満ちた評伝や紹介を書かれているのですが、情緒的な同一化に対してはしっかりとブレーキがかかっているという感じを私は常に受けていました。心を通わせつつもよりかからない、その緊張感に二宮氏の文体の一つの特徴があるように思うのですが、いかがでしょうか。

さて次に、若干唐突ではありますが、二宮氏の使用する一人称について、分析してみたいと思います。二宮氏はときどき「ぼく」という一人称を使用しておられましたが、私はこのインティメートな語感をもつ自称にずっと関心を抱いておりました。とりあえず、『二宮宏之著作集』に出てくる自称

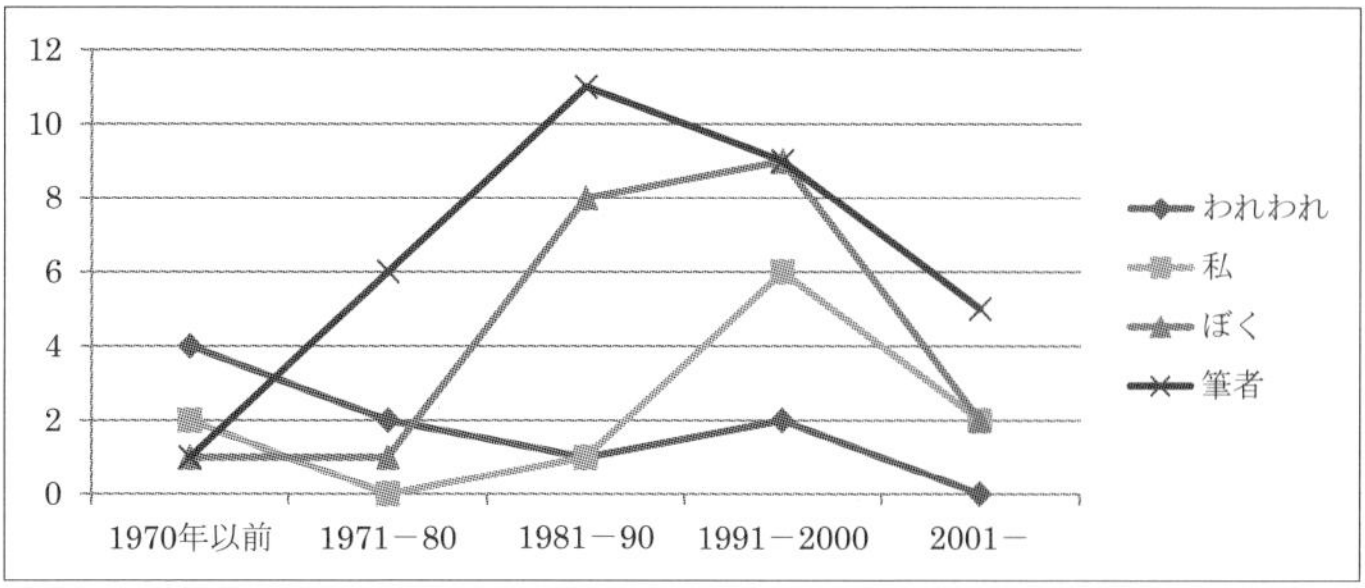

図　二宮氏の文章で用いられる自称

（注１）　各数値はそれぞれ関連の複数形や別表記を含む。**われわれ**←われわれ、我々／**私**←私、私たち、わたし、わたしたち／**ぼく**←ぼく、ぼくら、僕、僕ら／**筆者**←筆者

（注２）　『著作集』所収の各文章につき、用いられている一人称を原則として一つ挙げた（同じ文章に同じ一人称が複数出てくる場合は１と数える）。ただ、同じ文章に異なる一人称が共存している場合（「筆者」と「私」など）は、それぞれ１とした。

（注３）　インタビューは除いた。

を時期別のグラフにしてみたものをご覧いただきましょう。

なぜこのようなどうでもよいことに関心をもつのか、不審に思われるかもしれませんが、自称というものは、単に著者を指示するという機能のみならず、著者と読者の距離感覚を反映する言葉といえます。ほとんどの研究者はあまり意識せずに自称を用いていると思われますが、多くの例を集めてみることによって、それぞれの時期の特徴とともにそれぞれの研究者の特徴も浮かび上がってくるのではないでしょうか。

二宮氏の場合注目されることは、氏の用いる自称の多様さです。私（岸本）は数十年来もっぱら「私」を使っておりますが、二宮氏の場合、「私」が比較的少ない。時期的に見ると、初期には「われわれ」が多く、その後「筆者」と「ぼく」が多くなる、という興味深い推移を示しています。エッセイと論文で使い分けという傾向はむろんありますが、必ずしも明確には分かれていません。

初期の「われわれ」について見ますと、「われわれ」という自称は、戦後の歴史学において想定されていた著者と読者との関係を特徴的に表す語ではないかと思われます。この場合、「われわれ」という語の機能は、必ずしも一人称の複数を指すというだけではなく、著者と読者との間の強い関係を表しています。例えば、「次にこの問題を検討する」という意味のことを、「われわれは次に、この問題を検討せねばならない」と言ったりするわけです。二宮氏の例でいえば、「ところでわれわれは、以上のラヴォーの立論の上に立って、更に、それぞれの社会層の発展方向を見定めておかねばならない」（「領主制の「危機」と半封建的土地所有の形成」一九六〇、4―一一〇。傍点原文）というふうにです。そこには、論理的な話の進め方はこういうものだ、という、気負いともいえるようなトーンの高さがあります。必ずしも実践的な呼びかけの部分に限らず、論文全体に当為の感覚が横溢しているのです。或いはそこには、欧文論文における著者自称の用い方が影響を与えているのかもしれませんが、そうした一種の欧文直訳的な調子も含めて、このような「われわれ」の用い方には、著者の読者との間の「同志」的な関係とともにまた、読者に同調を促すやや権威的な暑苦しさも含まれているように思います。

一方で、「ぼく」という自称の増加は一九八〇年代から見られます。それは『社会史研究』に連載されていた「不協和音」というエッセイのなかで、二宮氏がもっぱら「ぼく」を使っていたこととともに関係するでしょう。しかし、「ぼく」という語がすでに、極初期の文章にも見られることにも留意すべきです（「十六世紀の歴史像」一九五六、4―一一）。戦後の歴史学において「ぼく」という語は、自然にというよりはやはり、一定の意味をもって意識的に使われていたと思われます。その代表例というべきは、内田義彦氏の『経済学の生誕』（未来社、初版一九五三）でしょう。「ぼく」という自称を一貫して用いたこの書物で内田氏は、その理由を明示的に説明してはいませんが、「あとがき」で、経済学における「人間」の不在について批判的に触れており、「ぼく」という自称を氏がなぜ選んだのかを窺うことができます。このような問題関心は、二宮氏に近いものがあるといえるのではないでしょうか。

同時に二宮氏は、三人称的自称である「筆者」も多用します。「筆者」という語は、クールでアカデミックな語感をもち、「ぼく」とは対極の肌触りの言葉です。しかし、一九八〇年代から九〇年代、氏が健筆を振るわれていた時期に、「筆者」と「ぼく」とはともに多数を占めるのです。その理由を推測することは難しいですが、二宮氏の文体に見える、親密さとクールさとが緊張感をもって拮抗しているような感じが、ここにも見て取れるのかもしれません。

なお、『二宮宏之著作集』を題材に自称法の「調査」を行って感じたことは、日本語というのは、特に論文の場合は、自称なしでも十分に使える言語だということです。問いの立て方も、「私」が立てるのではなく、自動的に立ってくるような形で書くことが可能です。そのようななかで「私」というものをどのように論文のなかに位置づけるべきでしょうか。加藤博氏の『アブー・スィネータ村の醜聞』（創文社、一九九七）や、長谷川まゆ帆氏の『お産椅子への旅』（岩波書店、二〇〇四）は、「私」と学問との関係を意識的に問うている著作のように私は感じたのですが、自称問題とあわせて、今後考えてみたいテーマです。

3　比喩

次に、二宮氏の文章における比喩の問題について考えてみましょう。二宮氏の用いる比喩としてまず思い浮かぶのが「生きた身体」であることは、異論のないところでしょう。例えば、下記のリュシアン・フェーヴルの「身体」の比喩は、この場にいるすべての方がご覧になったことがあるのではないでしょうか――。

近代特有の学問の専門分化に伴って、歴史学も、政治史とか経済史とか文学史とか美術史とかに細分されてしまっているが、実をいえば歴史学の対象は「生きた人間たち」そのものなのだ。この人間を便宜上身体のある部分、たとえば頭ではなしに腕や脚でつかまえても、それは一向に構わないが、どこをつかまえようと、それを引っぱれば結局のところ人間全体を引っぱることになるのだということを忘れぬようにしよう。ばらばらにしてしまえば人間は死んでしまう。歴史家はそんな死骸の断片などに用はない。

この一節は、『二宮宏之著作集』のなかに、四回も登場します（「全体を見る眼と歴史家たち」一九七六、1―三、「歴史的思考とその位相」一九七七、1―二四、「現代歴史学生誕のドラマ」一九九五、5―四、『マルク・

ブロックを読む』二〇〇五、5―一六六)。そのほか、次のような言い方もあります。

・(ブローデル『地中海』の)第一の狙いは、地中海世界なるものを、あたかも一人の歴史上の人物であるかのように、その息づかいまでも、まるごと描いて見せようとするところにある。(「明確な物語性をもつ『地中海』の魅力」一九九二、1―二二七)

・(「大恐怖」についてのルフェーヴルの言)「(集団の)メンバーの間に、こころの、そして恐らくはからだの、相互作用が生ずる。その相互作用が人びとの神経を過度に昂ぶらせ、不安をその頂点にまで高める。こうして彼らは、不安から逃れるために、行動へと急ぐのだ。つまりは、前へ逃げるのである」と。行動に至る心性の動きが、身体に密着した形で語られているのを、そこに見ることができる。(「社会史における「集合心性」」一九七九、2―一一四)

二宮氏の著作のなかでの「身体」の比喩を通観してみますと、二つの側面が見て取れるように思います。一つは、部分(ばらばら)でなく全体、という含意です。そこには、ブロックないし戦後歴史学の「構造」論を受け継ぐ方向性とともに、それが完結した全体像として成立するやいなや、「問題発見的機能を失い重苦しい桎梏」となってしまうことへの危惧が見られます(「社会史の課題と方法」一九八〇、1―三一五、『全体を見る眼と歴史家たち』あとがき、一九八六、1―四〇八、その他随所)。もう一つは、「頭でっかち」でない身体的側面への着目です。生物学的与件であると同時に社会状態の反映でもある身体。人口、セクシュアリテ、身体技法、労働、食生活、病気、衛生、自然、風土などの問題群がそれと関わります(「参照系としてのからだとこころ」一九八八、3―八、その他随所)。二宮史学に

おける この「二つの身体」は、重なりあうのでしょうか。「生きている」身体とは何なのでしょうか。この「身体」の比喩との関係で、二宮氏の「構造」概念についても、少し考えてみたいと思います。二〇〇六年の大変興味深い鼎談（成田龍一、安丸良夫、山之内靖）において、安丸氏は成田氏に次のように質問しておられます――。

安丸「二宮さんはやはり構造的全体史だと思うんですよ。その点は成田さんはどうお考えになるのか。」成田「……二宮さんは最後まで全体史は手放されなかった。しかし、構造といったときには、それが、がちっとしたハードなものではなく、絶えず揺さぶられ変形するものとして考えられており、さらに『歴史学再考』以後では、そもそも構造的な全体史を語るとはどのようなことなのか、という新たな論点を組み入れていると思うのですね。」（「歴史家・二宮宏之を語る」*Quadrante* 九号、二〇〇七、一二〇頁）

私自身は、そもそもが二宮氏の「フランス絶対王政の統治構造」（日本西洋史学会での報告は一九七七年、論文としての刊行は一九七九年）に魅せられて二宮氏のお名前を知ったという経験をもつものですから、二宮氏が「構造的全体史」であることに異論はないし、むしろそこに二宮史学の魅力があると感じています。ただ「構造とは何か」と言った時に、「フランス絶対王政の統治構造」には、それ以前とは少し異なる「構造」概念が見られるように思います。

この論文では、一元的・絶対的支配という当時のイデオロギーに対置する形で社団的構造のモデルが描かれているので、社団的モデルが、イデオロギーのベールをはぎとった後の「客観的」な構造モデルとして提出されているかのように捉えられやすいのです。しかし私見では（何分門外漢なのでピントがはずれているかもしれませんが）、このモデルの説得性は、「客観的」というよりもむしろ、当時の人々の社会的構造感覚（sense of social structure）により密着したものであることに由来すると思われます。「ハードな」というよりは、「間主観的な」構造です。社団＝身体（corps）という中心概念を始めとして、「侮蔑の滝」の比喩など、この論文は、当時の人々の社会感覚に丁寧によりそいつつ書かれている。そこに私は非常に感銘を受けたのです。

注目すべきは、ほぼ同じ時期に、日本史でも中国史でも、客観主義的な構造論から社会的構造感覚にねざす構造論への転換が起こっていることです。日本史では尾藤正英氏の「江戸時代の社会と政治思想の特質」（一九八一年）における、いわゆる「役の体系」論がそれに当るでしょう。中国史では、上田信氏が森正夫氏、高橋芳郎氏などの研究に言及しつつ、一九八〇年前後の動向を大略以下のようにまとめているので引いておきましょう――階級闘争・発展段階論に代わり、現代を相対化し批判する方法・視座を探るという課題のもとで、対象となる社会・文化そのものに価値を認め、それに固有な内的世界＝構造を解明することが要請される。構造的把握の方法として次の三点を挙げることができる。①共時的事象を重視し、その相互連関を明らかにする。②共時的事象を秩序づけているものを明らかにする。たとえば、人間の行動を無意識の中に規定する規範意識・慣習・世界観、経済行動・思想を規定する市場構造、法を支える理念、支配者と被支配者、反乱主体と鎮圧者の双方を同時に規定する観念など。③時間あるいは空間をもって隔てられる二つ以上の構造の変化、各構造の特徴を解明する（『史学雑誌　一九八二年の歴史学界　回顧と展望』明清、一九三―一九八頁）。

二宮氏の「フランス絶対王政の統治構造」は、日本の歴史学界におけるこのような「構造概念の構造転換」を先導したものとして史学史のなかに位置づけることができるのではないでしょうか。地域と時代を問わず、人々は自分を取り巻く世界の全体像を何らかの形で「感じて」いたものと思われます。知識人のみならず、「カトリーヌやジャック」のような人々もその点では同様でしょう。「頭でっかち」な理屈としての理解でなく、「感じられた」世界。歴史学は、そうした「感じ」をどのようにとらえ、読者に伝えることが出来るのか。二宮氏は、社会の「全体」と、人々の「感覚」とを包摂する歴史像を描こうとしました。その結節点にあったのが「生きている身体」のイメージであったと思われます。「全体」であるとともに、それが冷たい建造物のような「枠」でなく一人一人の内面的感覚に根差すものである、そのような「構造」を二宮氏は追求されようとしたのだと思います。むろん、そうした構造論については、認識論的な省察も必要です。しかし、哲学者の皆さんには、それが「物語り」であることと同時に、その「物語り」がどうしてこんなにも切実に私たちの心を捉えるのかを教えていただければ有り難いです。

以上、未熟な走り書きではありますが、思うところを述べました。素人ゆえの誤解も多々あるかと思いますが、ご叱正をいただければ幸いです。

原載　*Quadrante* 一五号、特集「歴史からの問い／歴史への問い――二宮宏之と歴史学」二〇一三年。本特集は、二〇一二年六月二日に東京外国語大学で開催された同名のシンポジウム（東京外国語大学海外事情研究所・日仏歴史学会主催、岩波書店後援）の記録である。

【補記】

本報告に関しては、終了後に多くの方々から様々なご教示をいただいた。特に安村直己氏からは「自称」問題に関連して、クリフォード・ギーアツの著作など貴重なご指摘を頂戴したことに謝意を表したい。

その後、主にジェンダー論や国民国家論との関係で、歴史叙述における人称が以前から問題になっていることに気が付いた。西川祐子氏は、こうした問題との関連で、次のように述懐している。「わたしの研究者としての出発は遅かったのですが、その理由のひとつに、三、四十年前の常識であった学術論文の中性的一人称複数記述「われわれ」になじむことができなかった、ということがありました。もっといえば、学会という職能集団の「われわれ」に自分はカウントされているのだろうか、という疑問です。当時はフランス語の論文も nous が主語でした」（牧原憲夫編『〈私〉にとっての国民国家論——歴史研究者の井戸端談義』日本経済評論社、二〇〇三、八七頁）。ジェラール・ノワリエルによれば、一九世紀末以降、フランスの歴史叙述において一人称複数形が使用されるようになったのは、科学的謙譲と学者コミュニティ総体の連帯を示す「忠誠の印」としてであったという（ノワリエル『歴史学の〈危機〉』小田中直樹訳、木鐸社、一九九七、一九〇頁）。こうした人称問題の広がりについては、あらためて勉強してみたい。

近代東アジアの歴史叙述における「正史」

はじめに

『近代日本のヒストリオグラフィー』（山川出版社、二〇一五年、以下、本書と称する）に収録されている八篇の論文のうち、題名に「正史」を含む第一章「修史局における正史編纂構想の形成過程」（松沢裕作）をはじめとして、「正史」という語は四編の論文（松沢論文及び第二章「明治期の史料採訪と古文書学の成立」〈佐藤雄基〉、第四章「一八九〇年代のアカデミズム史学——自立化への模索」〈廣木尚〉、第六章「「社稷」の日本史——権藤成卿と〈偽史〉の政治学」〈河野有理〉）に登場する。「正史」は、近代日本の修史事業におけるキーワードの一つであり、そこには日本古代の六国史を「正史」と性格づけた上で[1]、それを継ぐ歴史を編纂するという構想が存在した。この「正史」という語の背景は、日本史の範囲に止まるものではなく、中国における「正史」著述・編纂の長い歴史もまた近代日本の歴史編纂者たちによって意識されていた。さて、中国における「正史」の歴史をたどるとき、「正史」の語義は複雑な転変過程を経ていること、その確定は一八世紀、清代中期に至って初めてなされること、またその後ほどなくして一九世紀末には中国ナショナリズムの高揚の中で「正史」はむしろ批判の対象となったこと、などの諸点が、近代日本の「正史」概念との比較において興味深い問題として浮かび上がってくるであろう。本稿では、日本と中国における「正史」概念の多層性とずれに着目しつつ、日中史学史の交錯の一端を窺ってみたい。

一　近代日本の歴史編纂における「正史」の意味

まず、本書において用いられている「正史」の意味について検討してみよう。以下は、それぞれの論文（著者名で示す）における「正史」ないしそれに関連する記述を列挙したものである。「1—A」などの番号の数字は章番号、英字大文字は史料引用、英字小文字は各章著者による文章を示す。角括弧は岸本による補足、丸括弧は原文のもの、太字は岸本による強調、「……」は岸本による省略である。

1—A　太政官正院歴史課、一八七二年——「**本課ノ掌ハ歴代ノ紀伝ヲ編撰シ、世運ノ汙隆、政体ノ沿革ヲ詳ニシ、一定ノ国史ヲ修ルニ在リ**、……〔当面は孝明天皇即位後の多事の時期について、各種の記録を博採し〕本院ノ正史ヲ撰シ、以テ廟堂ノ広視通観ニ供スヘシ」【松沢論文、五頁】

1—B　川田剛、一八七三年——「史ヲ修ムルハ大業也、六国史・大日本史ハ姑ク置キ、且漢土ニ就テ之ヲ論ズルニ、史記・漢書・北斉書・梁陳書等、並ニ父子祖孫、各其業ヲ継キ修ム、固ヨリ一世一人ノ手ニ成ルニ非ズ、其他新唐書ハ十七年、資治通鑑ハ十九年ヲ経て成ル、唯明ノ初ニ元史ヲ撰ムハ僅ニ十三箇月ニシテ功竣レトモ、紕謬百出、以テ信史ト為ルニ足ラズ」【松沢論文、七頁】

1—C　修史局、一八七五年——「皇国ノ正史六国史ノ後未タ之ニ続クモノアラス、大日本史出ルニ及テ　神武天皇以来南北朝ニ至ルマテ始テ一部ノ正史アリ、南北以後今日ニ至ルマテ五百年間世ニ正史ナク、私撰野乗紕謬百出統記スル所ナシ、是宜シク急ニ一部ノ正史ヲ編シ、以テ世ノ確拠トナサヽルヘカラス」【松沢論文、九—一〇頁】

1—D　岡千仭、一八七三年——「〔学校教育に関して〕日本史以外正史之レ無ニ付キ、皇国ニ生レ皇朝ノ何物タルヲ知ラズ、……愛国ノ念自然疎薄ニ相成候」／「編年ハ暦史ノ変体ニテ、正体ハ紀伝」【松沢論文、一八—一九頁】

2—a——〔中世は〕古代ないし近代（あるいは近世）に比べて国家の存在は自明ではなく、分権性・多元性に特徴をもつ。近世には、……古代国家による正史（六国史）が途絶した十世紀以降の歴史を如何に叙述するかという問いがすでに生じていた。このような近世の状況を前提として、明治政府は古代国家の「復古」として自らの正統性を主張するとともに、六国史以降の「正史」編纂を開始することになる。【佐藤論文、三四頁】

4—a——坪井〔九馬三〕は、〔一八九四年の論説「史学に就て」のなかで「文学」としての「歴史」と「学問上の史学」とを峻別し〕、「文学」としての「歴史」には二つの淵源があるといい、それは

「史官の記録」と「小説文」「歴史小説の祖先」の二種だとして、**前者の例に「支那の所謂正史」**を、後者の例には「ヘロドトスの歴史」や「左丘明の歴史」を挙げている。それに対し、「学問上の歴史」は「第一種第二種の歴史を綜合せる歴史」であり、具体的には「ランケの歴史」がそれに当たるとする。【廣木論文、八八頁】

4―b――〈坪井九馬三の同上論説においては、「応用史学」と区別された「科学」としての「純正史学」が提唱された。〉「立憲政体興らざれば史学の表面は顕れざる筈にて、本邦に於て純正史学漸く萌えんとし、支那朝鮮に於て未た是れなきは理の観易き所なり」と、「純正史学」の存在は、それ自体が「支那朝鮮」に先んじて「立憲政体」を樹立した日本の優越性の証明なのである。【廣木論文、一〇八頁】

5―A　坪井九馬三　一八九四――「〈国家よりも社会と関係の深い「農工芸諸科学」について述べて〉史学の如きは然らす其国家直轄の下に在るを以て一挙一動国家の鼻息を窺ハさるを得す。況や支那の如く国家自ら史官を置き国史を記録せしめ、上は天子の起居を注し下は孝子順孫の徳行を録し、**一部の国史を以て政治の唯一金科教育の唯一玉条と為したる時代に於ては、史学とては唯其裏面あるのみ、又其裏面も発達する能はざりし**は勿論の事なり。」【第五章「史学の「純正」と「応用」――坪井九馬三にみるアカデミズム史学と自然科学の交錯」〈中野弘喜〉、一三一頁】

6―a――東アジアの歴史において、**政治権力の正統性の根拠を歴史に求めようとする試みは一般的であった。「正史」である。**ここに言う「正史」とは、公開性や検証可能性を核とする適正な手続きに基づいて叙述された歴史の謂いではない。問題なのは手続きの適正ではなく、内容の正しさ、それも政治的な正しさなのであり、そのような内容によって調達される権力の正統性である。／この意味での「正史」を、近代日本はだが遂に持つことがなかった。正確に言えばその試みはあった。「維新」を受けた最初の「正史」編纂事業と、大東亜戦争を控えた二度目の「正史」編纂事業。【河野論文、一七七頁】

以上の諸例のみを以て、近代日本の歴史論における「正史」の概念（及びそれをふまえた今日の歴史研究者の理解）の広がりを眺望することはやや軽率であるかもしれないが、とりあえず本書に依拠した限りでの考察を行ってみよう。近代日本の歴史家による上記のような「正史」の用例において、中国の目録学（図書分類学）的カテゴリーとしての「正史」がある程度念頭に置かれていることは確かであろう。以下述べるように、中国の「正史」概念には様々な要素が含まれているが、上記の諸例では、「国家（政府）による編纂」という側面がもっぱら強調されていることが見て取れる。しかし、その含意は必ずしも単純ではない。

「国家（政府）により編纂された正史」が含意するのは、第一に、事業規模の大きさやスタッフのレベルの高さによる信頼性の確保ということである。即ち、「紕謬百出」の「私撰野乗」と対比される「信史」としての性格が「正史」の特徴とされるのである（1―B、1―C）。[2] 松沢裕作は、重野安繹らの修史事業を扱った別の著作のなかで、「叙述」重視から「考証」重視への重野のスタンスの変化を指摘し、「重野は、一八八四（明治十七）年の講演……のなかでは、国家が「正史」を編纂する目的を、民間で流布しているあやまった事実を含む歴史書を一掃し、正しい事実を記載した歴史書を編纂することに求めるようになっていく」とする。そして、重野の『大日本史』批判――南朝正統説を主張するあまり軍記物語である『太平記』に依拠しすぎた――にふれつつ、「歴史の書き手の立場が事実をゆがめてしまう危険性がある以上、歴史家は「愛憎」の心をもってはいけない、と重野は主張する」と論じている。(3)

以上のような「信頼性」問題とやや異なる側面として、一国の歴史の全体像を提示する「国史」としての枠組みという問題が挙げられよう。いわば「国史性」ともいうべきこのような範囲設定が、「国家（政府）により編纂された正史」の第二の含意をなす。信頼性という点でいえば、民間の歴史学のなかにも学問的な手続きを踏んだ信頼すべき成果は存在する。また、個別トピックに関するモノグラフが近代のアカデミックな歴史学を支えていることは言うまでもない。しかし「正史」とは、そうした個別論文の集積とは次元を異にし、「世運の汙隆、政体の沿革を詳に」する「一定の国史」として、「廟堂の広視通覧に供す」べきものである（1―A）。『大日本史』が私撰であるにもかかわらず、修史局によって準「正史」と見なされ得た（1―C）のは、そうした「国史」としての枠組みの故であったと考えられる。ここでは、個々の考証よりも、全体像を描く叙述が重要視される。

「国家（政府）により編纂された正史」の第三の含意として、古代からの日本の歴史を連続的なものととらえ、そのなかに現在の政権を位置づけるという、「正統性」に関わる課題が存在する。これは上記の「国史性」と深く関わるが、「国史性」が空間的・集団的まとまりに関する問題であるのに対し、「正統性」は時間的連続に関わる問題としてとらえることができ、他の歴史像を排除して唯一の「正しい」歴史のストーリーを描くという志向性（6—a）を持つ。この「正統性」という課題は、「古代国家の復古」としての現政権の正統性の主張（2—a）や、「皇朝の何物たる」かを知らしめることによる民衆の愛国心の涵養（1—D）など、いくつかの位相を含んでいる。

以上挙げた諸問題——「信頼性」「国史性」「正統性」——は、いずれも「正史」という語の一側面をなすものだが、完全に重なり合うわけではない。「信頼性」の側面を極限まで推し進めれば坪井九馬三のいわゆる「純正史学」に近づき、その「純正史学」の観点からは「正史」は「学問上の史学」と異なる「文学」に属するものとされ、また「史学」を抑圧する存在として捉えられる（4—a・b、5—A）。「考証」重視か「叙述」重視かといった当時の議論（本書松沢論文、一六—二〇頁等）も、「信頼性」と「国史性」「正統性」との方向性の違いに関わるものであろう。

近代日本の「正史」概念に含まれるこうした複雑さの一方で、これを伝統中国の「正史」概念と比べてみると、中国の「正史」の基本特徴とされている「紀伝体」については、全く議論がないわけではないものの（1—D）、あまり論じられていないという印象を受ける。次節では、中国の「正史」概念の変遷をごく簡単にまとめてみたい。

二　中国における「正史」カテゴリーの成立と変遷

現在、中国の「正史」といえば、「二十四史」[4]即ち、『史記』に始まり『明史』に終わる二四部のスタンダードな紀伝体史書を指すものとして説明されることが多い。しかし、「正史」の意味は時代により、かなり大きく変遷している[5]。

中国の目録学史上で大きな画期とされる書物は、唐代初、七世紀半ばに作られた欽定史書『隋書』の「経籍志」で、その後の中国の図書分類法の基本となる四部分類（経・史・子・集）[6]がこの時に成立した。「正史」は、「史」部に属する一三のサブカテゴリーの筆頭に置かれており、これが中国史上「正史」という分類の初出とされているが、そこには紀伝体の史書及びその注釈六七部が著録されており、必ずしも各時代に一種類のスタンダードな史書を認定するという趣旨ではない。なぜ「正史」というのか、またなぜ紀伝体なのかという点については、それほど明確に述べられているわけではないが、『隋書』「経籍志」の「正史」のリストに付された説明は大略以下の如くである。古より天子諸侯は必ず国史（国家の記録官）を置き、命令や出来事を記録させたが、その後の混乱のなかで史官の制度は滅びてしまった。漢の武帝に至り、太史公を置き、天下の文献を集めさせた。その任にあった司馬談とその子の司馬遷が紀伝体によって『史記』を作り、それに倣う者が多く出た。後漢になって班彪・班固が同様の体例で前漢の歴史を書いた。その後、多くの人々が班氏・司馬氏に倣って著述を行い、これを正史と見なして、一王朝の史は数十家にも及んだ——という。『史記』や『漢書』は奉勅撰ではなく、司馬談父子や班彪父子の一家の著述ではあるが、ここでは司馬談らが国家の記録を司る職にあったことから、古の「国史」の伝統を引き継ぐものと見なされているわけである。そして、

『史記』『漢書』の体例に倣った史書をその伝統のなかに位置づけることによって、「正史」というカテゴリーが成立しているといえる。ただし、「正史」イコール紀伝体という考え方は、当時必ずしも普遍的ではなく、またその後定着したわけでもなかった。例えば史官として唐初の歴史編纂にも参与した劉知幾の『史通』では、史書を大きく「古より帝王の編述せる文籍」である「正史」と「その余の外伝」である「偏記小説」とに分けているが、「正史」のなかには編年体史書も含まれている。また、一千年余りのちの清代に作られた奉勅撰史書『明史』の「芸文志」では、「正史」の項に「実録」などの編年体の文献も著録されている。

唐初という時期は、前の王朝について奉勅撰の史書を紀伝体で編纂する制度が確立したという点でも重要である。このような奉勅撰断代史の最初の例は、北斉（六世紀後半）の時代に作られた『魏書』であるが、唐代以後にその制度が定着する。各時代についてのスタンダードな史書という点からいえば、紀伝体の断代史のうち、それぞれの時代について代表的なものを選び「十史」「十七史」などと総称する非公式な呼び方は古くからあったが、清朝の乾隆帝が、それまで通称されていた二十一史に、新しく完成した『明史』、及び『旧唐書』『旧五代史』を加えて一七三九年に二十四史を選定し、この二四の紀伝体史書およびその注釈書が「正史」のカテゴリーに入れられることとなった。ここにおいて「正史」の定義は初めて確定されたと言える。乾隆帝がのちに編纂させた大叢書である『四庫全書』の分類法では、この「正史」の定義が用いられ(7)、その後現在の漢籍図書館の四部分類に至るまで、基本的にそれが踏襲されている。

ここで選ばれた二四の「正史」の共通の特徴——別言すれば、何がこれらを「正史」たらしめているのか——とは何であろうか。近代日本の「正史」概念において、国家（政府）事業としての編纂ということが大きな意味を持っていたことは先に見たが、二十四史は国家事業として編纂されたものとは限らない。二十四史のうち、奉勅撰でないものは、『史記』『漢書』『後漢書』『三国志』『宋書』『南斉書』『南史』『北史』『新五代史』と、かなりの割合（三分の一強）に上り、国家的修史の制度が始まって以降の私撰著作も含まれている（『南史』『北史』『新五代史』）。「信頼性」という観点からみても、奉勅撰であるから信頼性があるとは限らず、杜撰で悪名高い『元史』のように、多人数で倉卒の間に行われる修史事業は無責任になりがちであることは、当時の人々にも自覚されていた。ただ、上記の『隋書』「経籍志」の説明にも見られるように、実際に国家的事業であるかどうかは問わず、紀伝体史書には、古の「国史」の伝統を継ぐというイメージが付与されていたことは確かであろう。

それではなぜ、紀伝体というスタイルが中国の歴史学のなかで特権的な位置を占めてきたのであろうか。周知のように、紀伝体は、皇帝の事績を編年で記す「本紀」と、皇族・文武官僚から学者・文人・技術者・忠義・節婦烈女など、さらには周辺民族まで扱う「列伝」の両者を根幹とし、それに制度を記す「志」などを加えた構成となっている。本紀とは天下の中心を明確にして時間の流れを示す基準線であり、その本紀に結びつける形で天下の個性ある人物群や制度的仕組み（列伝、志など）を記述する。紀伝体の核心は、明確な中心と天下的拡がりとの組み合わさったその構造性、即ち、天下をばらばらでなく意味をもった統一体として捉える工夫に存するといえる。劉知幾は、「〔本紀の〕紀とは、庶品を綱紀し、万物を網羅するものだ」という（『史通』本紀）。編年体や紀事本末体は、限られた範囲の出来事を叙述するには適していても、こうした拡がりをもつ構造を描くことは難しい。このようなスケールをもつ拡がりを、前節で述べた「国史性」という語で表すことも可能だが、「国」という限定された枠というよりもむしろ、皇帝の本紀を中心として個性ある人物たちがダイナミックに交渉し活動する無限の宇宙的な拡がりをそこに感じ取ることもできよう(8)。

「本紀」は、時間を貫いて伸びる天下の中心線としての役割を持つが、王朝交代によってその中心は入れ替わる。各王朝が前の王朝について行う正史編纂は、前王朝を総括することによってその中心を受け継ぐ作業と言うことができる。この作業は、現王朝の正統性と深く関わるが、現王朝の正統性は、そうした「正史」を編纂すること自体によって担保されるので、必ずしも内容において前王朝を批判・貶視するということはない。むしろ前王朝が正統な王朝であればこそ、それを継ぐ現王朝が正統な存在であることが保証される。従って、「正史」の書き方は――各伝の最後に伝主に対する編者の人物評価が付せられることが普通ではあるが――必ずしも「春秋の筆法」式の毀誉褒貶を旨としたものではない。なかには、「嗚呼史」の別名をもつ欧陽脩の『新五代史』のように激情的な書き方のものもあるが、概して淡々とした叙述が主流であるといえる。

本紀を綱に例えるならば（紀とはもともと綱の意をもつ）、天下の中心線をなすその綱は王朝交代によって途中で切れるが、新たな綱と結び合わせることによって全体としての連続性が保たれているといえよう。断代史のバトンタッチとしてのこうした正統性認識のあり方は、「皇統」の連続性を前提とする近代日本の「正史」観とは相当異なるものと感じられる。

中国の「正史」を特徴づけるこのような「天下」的な拡がりのイメージは、日本の「正史」にはおそらく見られないものだろう。重野安繹は「国史編纂の方法を論ず」(一八七九年)のなかで、一般に「正史」と見なされている六国史や『大日本史』について、大略次のように述べている。書紀は勅撰であり、編年体で編纂されているが、真の編年ではなく実録体である[9]。後紀・続紀などはさらに編年の正しい書き方とは離れ、天皇や諸臣の動静を記す起居注・日暦の類にすぎない。『大日本史』は紀伝体だが、「志」を欠いており、政俗規制の記述がない。「是予ノ(日本に)正史ナシト云フ所以ナリ」と[10]。ただ、そうした紀伝体正史の欠如は日本に限ったことではなく、ベトナムの正史とされる『大越史記全書』も本紀のみの編年体である。朝鮮の『三国史記』『高麗史』は紀伝体であるが、『高麗史』の本紀は、中国王朝をはばかって「世家[11]」と題されていた。中国諸王朝の「正史」のような拡がりをもった紀伝体史書編纂は、周辺諸地域では十分に展開することはなかったといえよう。

三　近代中国のナショナリズムと「正史」批判

このような中国の「正史」の伝統は、清末に至って改革派の人々からの厳しい批判にさらされることとなる。初期のもっとも有名な例は、梁啓超の「新史学」(一九〇二年[12])における「中国の旧史」批判であろう。そこで批判されているのは必ずしも正史のみではないが、以下のような部分では、正史が主な標的となっている。

・朝廷有るを知りて国家有るを知らず。……二十四史は史に非ず、二十四姓の家譜なるのみ。

・陳迹有るを知りて今務有るを知らず。……鼎革（王朝交代）の後に非ずんば則ち一朝の史は出現する能わず。……古を知りて今を知らず、これを陸沈（時代遅れ）と謂う。

・能く鋪叙するも別裁する能わず（羅列するだけで取捨することができない）。……『新五代史』の類に至りては別裁を以て自ら命ずるも、実は則ち大事をもって皆删去し、ただ隣猫子を生むなどの（どうでもよい）語を存するのみ。

・能く因襲するも創作する能わず。……『史記』以後の二十一部は皆『史記』を刻画（本体は変えずにかざりをつける）す。……何ぞその奴隷性、かくも甚だしきに至らんや。

梁啓超はまた、一九二二年の「中国歴史研究法」において、唐代以降の官撰正史について次のように述べている。

いずれも大々的に史局を開いて多くの担当者を置き、高官にその仕事を統括させた。……そこで著作という事業は奉公と同様になり、編纂者は名実対応しなくなった。こうした官撰・合撰の史書の最大の弊害は、著者に責任感がないということである。……思うに我が国の古代の史学は、史官を置いたことによって非常に発達したが、その近代の史学は、史官を置いたことによって非常に衰微したのである。(13)

以上述べたような梁啓超の「正史」批判は、自由な言論を抑える「正史」の権力性や政治性に焦点をあてるというよりはむしろ、国民と遊離した無力さ、旧態依然たる因襲性、といった「役に立たなさ」を理由とするものであった。中国の「正史」に対する同様の批判は、日本の学界にも見られるところであり、例えば三宅米吉は『日本史学提要』（一八八八年）のなかで「支那の歴史編纂法は……、春秋、史記、漢書などを以てこよなき手本となし、後世の史書は都てみなこれらの編纂法に準はざるなし。……又其編纂の主義を以ていふに、これらの書の著者は唯社会の一部分即ち政府及び王室にのみ眼を着けて社会全体には頓着せざれば、春秋なり、史記なり、漢書なり、其作られし時代を以て云はば、実に立派なる著作なりと云はざるを得ざれども、今日に於て之を欧米諸国の史書に比べ見る時は、又甚だ不完全なるものと云はざるを得ざるなり」と述べている[14]。一八九八年の戊戌政変後日本に亡命していた梁啓超が、このような日本の学者の見解に影響を受けたということもあるかもしれない。

ただ大きくいえば、「正史」と国民統合の課題との関係は、日本と中国それぞれの近代史学の出発点において逆方向を向いていたように思われる。近代日本においては、「正史」編纂の必要性は国家統合の課題と――それほど単純ではないにせよ――結びついていたが、梁啓超の場合は、中国の正史が国家統合に無力であることを批判しているのであり、この相違は興味深い。これについては、シンポジウム当日の河野有理のリプライにおける「ある程度確立したディシプリンとして蓄積されてきた正史というものがあるからこそ、梁啓超らは「そんなもの必要ない」と言えたのではないか。一方日本においては、きちんとした正史を持ったことのない国であるからこそ、正史が夢見られたのではないか」という趣旨の発言が、まさに正鵠を射ているといえるだろう。久米邦武の「修史意見書」草案

(一八八五年)の「東洋ノ政ハ上ヨリ出ル、故ニ歴史モ官撰ニ成ル、西洋ノ政ハ下ヨリ成ル、故ニ歴史モ私撰ニテ伝ハル。……是ミナ国ノ経歴自然ニ由ルモノニテ、即歴史ノ歴史タル所ナリ。」「近年国会開設ノ詔ヨリ、時論輙スレバ西洋ニ模倣センヲ望ミ、往々枘鑿合ハザルノ説モ少ナカラズ、倘シ西洋ニ官撰修史ノ国ナシトテ、強テ之ヲ私修ニ付セントスル事モアレバ、本邦ノ歴史ハ永ク廃闕ニ付シテ止ベシ」[15]といった意見も、「正史」の問題点を意識しつつなお「本邦の歴史」を作り出さなければならないとする当時の姿勢を示しているように思われる。

ただ、梁啓超の正史批判が持てる者の贅沢な悩みであったかというと、必ずしもそうではないだろう。吉澤誠一郎が梁啓超の「新史学」を評して「尊皇思想を一つの動因として始まった明治体制は、国民統合の理念に皇統の歴史的一貫性を採用することができたが、梁啓超にとってはそれを模倣する方法がなかった」[16]と指摘しているように、日本にあって中国にないものも存在した。「新史学」の一年前、一九〇一年の「中国史叙論」のなかで梁啓超は有名な「わが国には国名がない」という議論をしている。つまり、各代の正史は王朝の歴史であってそれを通貫する「中国史」の概念がなかったというのである(実際に「中国史」という語は二〇世紀になって初めて出現したものである)。王朝の歴史をいわばむりやり継ぎ合わせることによって連続性を保ってきた中国の歴史に対比して、日本には整った「正史」こそないものの、千数百年にわたって続く「日本」という国名と、連続した「皇統」と、さらには『大日本史』といった書物まである。近代中国の日本知識の淵源ともいうべき黄遵憲『日本国志』(一八八七年)の冒頭の「百二十代、二千余年にもわたり、一姓が受け継ぎ、連綿と伝えて統治の途絶えなかった国は日本だけではないか？」という認識は、梁啓超にも共有されていたものであったろう。中国にはそのような即自的連続性がなかったからこそ、王朝間の受け継ぎを示す「正史」の作成が必要とされた。梁啓超はその「正史」の限界を打破してより直接的な国民の歴史の連続性を回復しようとしたのだともいえよう。

おわりに

梁啓超ら改革派の「正史」批判にもかかわらず、中国における正史編纂の伝統は消滅したわけではなかった。辛亥革命後、北京政府のもとで趙爾巽・柯劭忞らを中心として『清史』編纂の作業が進められ、一九二七年に紀伝体史書『清史稿』が完成した。しかし清朝の立場に立ったその叙述方針（革命派に対する敵対的態度など）が国民政府の反発を招き、『清史稿』は正式に正史として認められることなく、「稿」即ち未定稿としての位置づけのままに止まった。国民党支持の立場から『清史稿』を一部書き直した『清史』が一九六一年に台湾で出版されたが、それはほとんど正史としての認知を受けていない。

以上のような『清史』編纂の試みとは独立に、中華人民共和国では、二〇〇二年に「国家清史纂修工程」（「工程」はプロジェクトの意）が立ち上げられ、全一〇〇巻予定（そのほかに史料や翻訳書のシリーズも出版される）、当初予算六億元、一〇年計画の巨大な『清史』編纂事業が、多数の歴史研究者を動員して進められている。[18] 構成は、「通紀」「志」「列伝」「表」「図録」であり、「わが国の「易代修史」の優良な伝統を継ぐ」とされるように、伝統的な正史の体例に近いが、「通紀」は皇帝の本紀ではなく、政治や戦争を中心とした通史となるようである（即ち、各皇帝の伝記は「列伝」に入ることとなる）。進行は当初の予定よりもやや遅れているが、既に初稿が完成したとの報道が二〇一六年初めになされた。[19]

正史の伝統を積極的に継いでいくことを標榜するこのプロジェクトが、どのような清史像を描くことになるのか、「正史」の夢と無縁ではなかった東アジアの漢字圏諸国の立場からしても、関心の持たれるところである。

（1）ただし、六国史のデータベース（星野聰・水野柳太郎作成、http://www013.upp.so-net.ne.jp/wata/rikkokusi/）によって検索する限り、六国史の本文に「正史」という語は見えないようである。国家事業として編纂された史書を表す語としては「奉勅修国史」（『日本後紀』巻三逸文〈『類聚国史』〉延暦一三年八月己丑）のように、「国史」という語が用いられていた。大宝令（七〇一年）の注釈「古記」（七三八年ごろ成立）には、図書寮の職務である「修撰国史」を説明して、「「国史」とは、その当時の事実を記した書物の名称である。『春秋』『漢書』のような類である。実録のことである」とあるという（遠藤慶太『六国史――日本書紀に始まる古代の「正史」』（中央公論新社、二〇一六）九頁。

（2）ただし、1―Bの引用文にみえる川田の議論では、中国の「正史」に属する諸書に言及するものの、必ずしも国家事業ではない「父子祖孫」の家学としての歴史編纂に高い評価を与える一方で、奉勅撰の

『元史』のずさんさを批判しているので、国家事業であることが即ち信頼性を保証するものだとしているわけではない。

(3) 松沢裕作『重野安繹と久米邦武　「正史」を夢見た歴史家』(山川出版社、二〇一二) 五二頁。

(4) 中華民国期に編纂された『新元史』『清史稿』を加えて「二十五史」「二十六史」といった言い方もある。

(5) 以下、「正史」というカテゴリーの成立とその変遷については、内藤湖南『支那史学史』1・2(原著一九四九年、復刊、平凡社東洋文庫、一九九二)、西嶋定生「中国における歴史意識」(『岩波講座世界歴史』第三〇巻、一九七一、所収)、逯耀東『魏晋史学的思想与社会基礎』(中華書局、二〇〇六) 等を参照した。

(6) 「経」は儒教の経典及びその注釈書、「子」は天文・医学など自然科学をも含む諸子百家の書、「集」は詩など文学をいう。「史」の範囲は今日でいう「歴史」の範囲よりも広く、地理・法律などの同時代の記録をも含むが、これは「史」の原義が記録官であり、記録官の管掌する範囲を「史」ということから来ている。

(7) ただし、目録学上のカテゴリーとしての「正史」と一般名詞としての「正史」とは別であり、『四庫全書』の編纂者による解題『四庫全書総目提要』には、「編年も紀伝も等しく正史である」といった言い方も見られる。同書によれば、「編年が正史に入っていないのは、紀伝体史書が『史記』『漢書』以来連続して書き継がれてきたのに対し、編年史書は時代的に連続していないので「正史」に入れなかっただけで、他意はない」という(巻四十三、史部三、編年類)。

(8) 武田泰淳が『史記』について述べた「人間天文学」という語が想起される。武田泰淳『司馬遷――史

記の世界』（原著一九四三年、復刊、講談社文庫、一九七二）。

（9）中国では一般に実録は編年として分類されるので、ここで重野が編年と区別して実録体と言っているのが何を指すのかはよくわからない。宮廷内の天皇と近臣のことしか書いていないということであろうか。

（10）田中彰・宮地正人編『日本近代歴史大系　歴史認識』（岩波書店、一九九一）二一四―二一五頁。

（11）「世家」は、『史記』におけるジャンルの一つで、諸侯の家の歴史をいう。

（12）『飲冰室文集』之二（上海中華書局、一九三六）所収。

（13）『飲冰室専集』之七十三（上海中華書局、一九三六）。同様の趣旨は内藤湖南『支那史学史』（前掲注（5）、平凡社東洋文庫版、1、二一〇―二一二頁）でも述べられており、かなり一般的な意見であったといえよう。

（14）前掲注（10）『日本近代歴史大系　歴史認識』二三九頁。

（15）同右、二二八―二三〇頁。

（16）吉澤「中国における新史学の形成――梁啓超「新史学」再読」（『歴史学研究』八六三号、二〇一〇）八頁。

（17）＊吉田孝『日本の誕生』（岩波書店、一九九七）によれば、「日本」という呼称はもともと王朝の名として作られたものであったという。とすれば、「日本」という呼称が千数百年にわたって続いたのは、それが――梁啓超の希求したような――王朝を超えた「国名」であったからではなく、たまたま皇統が連綿として存続した（と観念された）からということになろう。しかしいずれにせよ、日本という呼称の連続性や、異民族支配といった問題の不存在は、清末中国の人々から見て、自然な国民統合に有利なものと見なされたであろう。

(18)「国家清史纂修工程」の概要や編集方針については、国家清史纂修工程出版中心他編『清史纂修研究与評論』(上海古籍出版社、二〇一二)に詳しい。

(19)『人民日報海外版』二〇一六年一月一日。http://paper.people.com.cn/rmrbhwb/html/2016-01/01/content_1644411.htm 二〇一六年七月三〇日閲覧。＊その後、専門家による査読が進行中ということであるが、二〇二一年七月時点では、出版時期は未定のようである。

原載 『史苑』七七巻一号、特集「外国史家が読み解く『近代日本のヒストリオグラフィー』」、二〇一六年。本特集は、二〇一六年三月六日に慶應義塾大学で開催された同題のシンポジウム(科研費基盤研究(A)「原史料メタ情報の生成・管理体系の確立及び歴史知識情報との融合による研究高度化」主催、立教SFR「グローバルヒストリーのなかの近代歴史学」共催)での報告をまとめたものである。

Ⅲ　明清史研究の現在

【書評】

余英時（森紀子訳）『中国近世の宗教倫理と商人精神』

『プロテスタンティズムの倫理と資本主義の精神』との対比を意識した本書の題名（原題『中国近世宗教倫理与商人精神』）や「ウェーバーに対するアンチテーゼ！」という帯の惹句をみるとき、本書の内容は、かなり単純なものであると予想されるかも知れない。即ち、ウェーバーの議論の枠にべったりとよりかかりながら、「同様のものは中国にもあった」ことを指摘して、それでウェーバーの西洋中心史観を批判したつもりになっている、よくある類の議論ではないか、と。しかし、邦訳で四〇頁の長さに及ぶ著者の序文を読めば、本書の議論がそのような簡単なものでないことは、ただちに了解される。むしろここで印象的なのは、ウェーバー理論の安易な適用を戒め、問題設定の枠を周到に限定する著者の慎重さであるといえよう。

著者によれば、本書の中心課題は、「中国の儒、仏、道三教の倫理観念が明清の商業の発展に対し推進的な役割を発揮したかどうか」ということである。「宗教観念の経済行為への影響」という「ウェーバー式」問題がここでは提起されている。しかし、それが『プロテスタンティズムの倫理と資本主義の精神』におけるウェーバーの議論の直接的適用であってはならないことは、著者の強調するところである。中国大陸で展開されてきた「資本主義萌芽」研究を批判しつつ、著者は、明末以降の商業発展を近代資本主義に直接結び付けることはできない、とする。また、中国とヨーロッパでは文化の性格が異なるため、「宗教が双方の文化体系の中で演じている役割を、あい並べて論ずることはまったく不可能である」。ウェーバーの論旨は具体的歴史経験を根拠とするものであって、もともと普遍的適用を目指したものではなく、歴史学者は、その具体的研究対象に即して絶えず新たな「理念型」を創造せざるを得ないのである、と。

一方で、著者は、中国とヨーロッパとの「異中の同」にも注目する。「宗教の世俗内展開と商人階層の勃興は、具体的歴史経験があちらとこちらとではおおいに違っていたとしても、中国とヨーロッパの歴史過程における共通の現象である」。この観点から、ウェーバー自身の中国宗教論（邦訳『儒教と道教』）がもつ固定的類型化の傾向が批判される。中国近世の宗教倫理は、ウェーバーのいうごとく、ヨーロッパのそれと対照的に「世俗内的禁欲」の精神を欠いたものであったのか？　事実は、そのように明確な対比をなすものではなく、中国近世にも「世俗内的禁欲」の精神の生成が見られたのであり、ヨーロッパとの相違は、その強弱の程度に過ぎない、と。

以上、著者の姿勢は、従来の研究史に対する二方面の批判を含んでいる。一方で、近代資本主義の精神に関するウェーバーの議論を直接に中国に適用しようとする試みに対する批判と、他方で、中国とヨーロッパとの文化的異質性の過度の強調に対する批判と。それは、より一般化してみれば、実は現在の中国史研究が直面している問題でもある。従来の中国史研究の枠組をなしてきた、両種のヨーロッパ中心的発想――「世界史の基本法則」論におけるような西欧的発展モデルの直接的適用の試みと、また逆に、規範的モデルとしてのヨーロッパ近代との対比の下に伝統中国をそれと全く異質なものとして固定的に類型化する方法と――が、欧米や日本で、その力点を異にしながらも現在急速にその基盤を失いつつあることは確かであろう。しかし、それに代わる新たな「中国自身に即した」枠組を作ることは容易ではない。本書は果たしてそれに成功しているであろうか。

本書の内容は、大きく二部に分かれる。上篇「中国宗教の世俗内的転回」と中篇「儒家倫理の新発展」は、唐宋の間（ほぼ七世紀から一三世紀）において、仏教・道教及び儒教に生じた新発展の性格を、ヨーロッパの宗教改革との比較のもとに分析する。禅宗における慧能の在家修行論や百丈懐海の叢林制度は、新しい精神運動の先駆けとして位置づけられる。彼らは、此岸が「解脱」にとって積極的な意味があることを発見した。「節倹」と「勤労」は、禅宗の新しい経済倫理の二大支柱となった。「一日作さざれば一日食らわず」の語は、禅宗の「世俗内禁欲」の革命的意義を示すものである。道教においても、禅宗の影響を受けた全真教や真大道教が、方術にたよらず労働を重んじ、「世俗でその本分を尽くすことが、超越・解脱の唯一の保証となる」ことを説いた。

儒家はもともと世俗内的な教えであるため、いわゆる「世俗内的転回」という問題は発生しようがないが、唐中期以降宋明の理学に至る所謂「新儒教」は、禅宗の影響を受けながら、新しい精神運動を推進した。煩瑣な章句の学から「人倫日用」の学へ。そしてさらに、新儒教は、「天理」という形で、みずからの「彼岸」をうちたてていった。宇宙論でいえば「理」と「気」、価値論でいえば「天理」と「人欲」等々の対語で表される彼岸と此岸との緊張は、新儒教の主題の一つであった。儒家は、「此岸」に対してただ「適応」していたのではなく、「理」を根拠として積極的な改造の態度をとっていた。ただ、儒家倫理はピューリタニズムと異なり、その「理」を此岸の外部に求めるのでなく、此岸本来のあるべき姿とみなす「内在超越」の立場をとっているため、此岸と彼岸との関係は不即不離のものであり、その緊張も内在的なものである。それ故に、ウェーバーは、儒家は此岸の一切の秩序と習俗に対してすべて「適応」の態度をとっている、と誤解してしまった。しかし実際には、新儒教は、きわめて厳粛な態度で此岸の負の力（人欲）と対峙し、「絶えず一種の大敵に臨むがごとき心情をもって」これを克服しようとしてきたのだ。朱子学でいう「敬」とは、世俗活動における、全精神を集中した一種の心理状態のことであり、「敬業」精神こそは、新儒教倫理における「天職」観念であるということができる。

さて、著者は、新儒教の教理内容を論じたのち、新儒教の社会的基盤の問題に論を転ずる。朱子と同時代の陸象山から明代の王陽明に至る教説の流れは、儒家の世俗内職務遂行の倫理が、もはや士の階層の独占ではなく、社会大衆にまで普及するようになったことを示している。このような倫理と社会史との関係については、下篇「中国商人の精神」で十分に論じられている。明清時代の儒家思想の新しい展開は、人の個体としての「私」を肯定し、「欲」を肯定し、学問者の「治生」を肯定する方向性をもっていた。それに伴い、士を重んじ工商を軽んずる伝統的な儒教の四民論と異なり、それぞれの職業に「心を尽くす」ことにおいて四民は平等であるとする新しい四民論が登場した。これは、現実社会における商人の地位の上昇および「儒を捨て賈に就く」趨勢の増大と呼応するものである。儒家倫理は商業界に推し広められた。商人の実践道徳として重んじられた「勤倹」や「誠信」は、ウェーバーが言ったように「内在的価値の内核を欠いた」ものではなく、「天理」にその基礎を置いていた。商人の中には、商業による致富に対し帝王の建国に匹敵するような大業としての価値を付与する者もおり、彼らの動機は単なる金もうけを超えたものであった。当時の「賈道」は、営利にむけての最も有効な方法を追求するという内容を含んでおり、これはウェーバーの所謂「合理化の過程」に相当する。

以上、著者の議論は、豊富な実例に裏付けられつつ生き生きした文章で展開されており、訳文も原文の勢いをよく伝えていて、楽しんで読める。序文の慎重さに比して、本論ではむしろ、「これ（新禅宗の在家解脱論――評者）はヨーロッパのプロテスタントの諸大師とちっともかわらない」「新儒教が時間の浪費を人生最大の罪と見なしたことは、ピューリタンの倫理と全く違いがない」などの断言を以て、唐以来の新思潮や明清の商人観をピューリタニズムに比定していくその大胆さに、強い印象を受ける。新儒教や明清の商業観にヨーロッパ近代思想と共通した性格を認めようとする議論の基本骨格そのものは、必ずしも新しいものではないが、本書では、ピューリタニズムとの比較のもとで、近世中国の社会思潮の多様な側面が摘出されており、特に商人観や商業道徳についての豊富な具体例は、商人倫理といったものが従来の社会経済史研究の中で殆ど扱われていないだけに、興味深い。ウェーバーなど西洋学者の古典的アジア論を経由して中国を見ている非中国専門家にとっては、当時の中国人自身の言葉の豊富な引用を通じて語られる近世中国の精神世界の、思いの外活発な様相は、新鮮な驚きをもたらすものであるかも知れない。

しかし一方で、本書に、思想史研究としての本質的物足りなさを感じることも否定できない。その理由は第一に、近世中国の人々の経済論議を支える独自の言説的文脈への無関心の故であり、第二に、ウェーバーの近代化論のもつ独特の逆説的緊張感への無関心の故である。例えば、下篇「中国商人の精神」を見よう。この部分は、思想史と社会史との接点をなす本書の中心部分である。ウェーバーの書物がカルヴァン派の商人の経済行為に関する直接的論証を殆ど行っていないのに対し、本書が商人の具体的活動の事例を豊富に挙げつつ商人自身の倫理を論証しようとしていることは、本書の大きな特色であり、この部分は著者も自認する「本書の白眉」(訳者あとがき)として吟味に値するだろう。

確かに一六世紀以降、商業活動の活発化に伴って、商人の地位は向上し、著者が強調するように商業活動を高く評価する文章も例示に事欠かなくなった。しかし、同時に、一六・一七世紀という時代は、農本思想や商人批判の高揚期でもあった。無論、いつの時代にも先覚者もいれば反動思想家もいるわけで、著者もいうように「一九世紀以後でも、伝統的な偏見は依然として続いていた」といえばすむことかも知れない。しかし注目すべきは、同一の思想家の中にも、商業発展に対する肯定と否定との二側面が混在していることである。黄宗羲の有名な「工商皆本」の語は、商品経済の現状に対する厳しい批判の文章の中に出てくる語であり、その文章の主眼は、民用に切実でない物資を一概痛絶するところにあった。王夫之は、商賈を「人の生を賊《そこな》うこと已に極まる」小人として痛罵する一方で、「商賈負販は民衆が生活を立てる上で不可欠のもの」とも言っており、その「矛盾せる貿易観点」（胡寄窓氏の言）は、現代の経済思想史家を悩ましている。

この「矛盾」こそが実は明清経済思想史研究の興味深い課題ではないか。商人肯定論に対する熱い共感を示す一方で、抑商論に対しては極めて冷淡・無関心な著者の態度は、私にはアンバランスと感じられるのである。抑商論は自明に誤ったものなのか。そこには、商品経済の進歩性に対する、著者の過度の楽観がないだろうか。

ここで詳論する余裕を持たないが、当時の人々の議論の共通の基盤には、伝統的な「本―末」的経済観がある。孜々とした経済活動により全体社会の富を増大させてゆく人々の営みが「本」即ち樹木の根幹であり、そこから富を強制的に吸い上げる人々、及びその富の浪費の下に寄生する人々の活動が「末」即ち樹木の梢である。栄養を吸い上げすぎれば、梢は一時繁栄するように見えても、根幹の枯渇により、樹木全体がいずれは倒れてしまう。所謂「農本思想」は、こうした構図の中で、農（即ち民衆生活に必須の食料や大衆衣料の生産者）を本とし、工商（富者の奢侈的消費に奉仕する専業の職人・商人）を末と位置づけるものである。そこでは、全体社会の富の増進に寄与する「生財者」と、そこから富を吸い上げて浪費する「耗財者」との収奪関係が想定され、後者の適当な抑制が目指されているのであり、単に農一般と工商一般とを切り離して比較し、価値づけるものではないのである。当時の経済的現実に照らしてみたとき、この収奪と寄生の構図は、必ずしも現実から遊離した時代遅れのイデオロギーとはいえないのではないだろうか。

工商を末とする常套的語り口にもかかわらず、工商の経済的効用を一概に否定すべきでないことは、古くから気付かれていた。著者は、王陽明の「新四民論」――「いにしえでは、四民は業を異にしながら道を等しくし、その心を尽くす点は同じであった。士はかくて〔身〕を修め、〔国〕を治め、農はかくて営養物を具備させ、工はかくて器物を立派にさせ、商はかくて貨財を流通させるという具合に、各々が自分の資質に近く、能力の及ぶところを業として、その心を尽くそうとした。帰するところ、その要は人間生活に有益という点では同じであった……」――を、社会思想史上画期的なものと評価する。しかし、こうした議論は、例えば宋代の李覯が「末とは何か？」という問いに「いにしえは、工は精巧な細工物を作らず、商は奢侈品を商わなかった。彼らの扱うのは、みな有用な物であった。しかし現在では民間の淫侈は極まりなく、工商は競って奢侈品を扱っている。だから工商が末とされるのだ」と答えているのと比べて特に画期的だろうか。漢代の王符も、工商にそれぞれ本（有用なもの）と末（無用のもの）とがある、と言っている。工商の営みそのものの価値が低いのではなく、それが富者の奢侈に奉仕し、民衆生活に有害無益である経済構造の現状が、問題とされているのである。

確かに「工商―末」論は、一般論として通用してはいた。しかし、当時の人々が商業や商人について発言するとき、商一般ではなく、商人の持つ様々な側面に即したより具体的なイメージが思い浮かべられていることが普通である。農民からの収奪と贅沢な生活ぶりに注目する場合は全体社会の利益を損なう耗財者として糾弾され、逆に、官吏の苛斂誅求に苦しむ側面や地域経済への貢献に注目する場合は、むしろ全体社会の利益を支える生財者としてその擁護が主張される。商人一般・商業一般についての価値観念が当時マイナスからプラスへと大きく変化していったというよりは、商業の発展と富の格差の拡大とに伴って、正負両様の商人論が盛んに行われたのが、明清時代であったといえよう。

著者の議論が、こうした明清時代の商人論の中で、商業肯定論の側を過度に強調する方向に傾いているのは、著者が、「当時の人々が当時の状況の中で何を主張しようとしたのか」その意図を正確につかみとろうとするよりも、むしろ、ピューリタニズムに類似した商人倫理の成長発展を普遍的な現象として想定し、その証拠を明清の文献の中にすくいとろうと最初から身構えているからではないだろうか。明清の文献の中に、ピューリタニズム類似の倫理を発見しようとする著者の姿勢は、明清社会の中にマニュファクチュアの痕跡を捜し求める「資本主義萌芽」研究者の姿勢に案外近い。なるほど著者は、中国の商業の発展は必然的に近代資本主義に導かれるとはいえない、と慎重に言明する。しかし、商業の発展の彼方に、近代資本主義を伴わぬ中国独自の近代の姿がポジティブに描かれているわけではない。最終的には、「〔明清商人は〕すでに伝統の臨界近くを歩んではいたが、しかし、結局まだ伝統を突破しはしなかった」その理由は何か、といった方面に、著者の関心は導かれてゆくのである。「伝統を突破する」とは何だろう。伝統を突破したところにある社会の姿は、西欧近代のモデルとどう違うのか。序文における中国と西洋との相違の強調は、中国社会の独自な質の追求へ向かうものというよりは、結局、西洋モデルを希釈化し、地域的特殊性への周到な配慮を行うことによって中国に無理なく適用しようとする、おなじみの穏健な試みに止まっているのではないだろうか。

著者は、近代化を実践的課題とする研究者が往々にしてそうであるように、ウェーバーのプロテスタンティズム論を、伝統社会の克服の問題――近代社会の精神的基礎である、合理精神・人格的自立・勤勉さ等々を生み出した根源――の問題としてとらえているように思われる。いわば、ウェーバーの議論は、人類共通の目標である近代化へむけてのヨーロッパの成功譚とみなされているのである。しかしウェーバーのプロテスタンティズム論のもう一つの側面――人々を合理性に向けてつき動かしてきた「根底的に非合理的なもの」(大塚久雄氏)、巨大な力を伴いつつ人々をはからずも合理化に向けてかりたてていったヨーロッパ固有の精神運動の危険で倒錯的な一面への着目――を重視するならば、本書とはまた別の形で「ウェーバー式の」問題を立ててみることも可能であろう。即ち、中国近代史上の巨大な変動において、人々を深部でつき動かしてきた世界観は何であったのか、その中国固有の性格を追求しようとする方向である。その場合、問題は、近代資本主義を生み出す諸条件を一般論的に考察する(例えば本書三二頁)ことではなく、中国で実際に起こった変革の固有の質を精神的要素の面から問うことにある。そして、中国革命の倫理的背景を考える場合、重要なのは、商人に対する高い評価といった、当時の人々にとっては副次的な主張――と私は思う――よりもむしろ、商人擁護論と抑商論とをともに支えていたコンテクストの問題、即ち「本―末」論とその背景をなす「全体社会(即ち人民)の利害とその敵」の構図ではないだろうか。中国の人々の生の不安は、個人的救済への関心と神の栄光への奉仕よりも、全人民的共同性への一体化とそれへの奉仕へと人々を導いてゆき、そこにこそ、中国近代の精神運動の崇高な「ヒロイズム」と同時にまた人々の精神を抑圧するおぞましさも存するのではないだろうか。

ウェーバーの議論の核心は、近代資本主義精神が、一般的な商業・営利肯定論からは決して出てこなかったこと、「啓蒙主義的」「進歩」の観念からはおよそ無縁の、神への徹底的奉仕の衝動の中から登場したこと、この逆説的過程を強調することにあった。中国は、一般的な商業・営利肯定論が存在したにもかかわらず（むしろそれ故に）近代資本主義精神が生まれなかった典型例と目されている。ピューリタニズムと一般的商業・営利肯定論との峻別こそ、ウェーバーの議論の眼目である。しかし著者は、ウェーバーの議論が中国に突きつけているこのような問題提起と正面から取り組むことをせず、むしろ、一般的な商業・営利肯定論の大量の例示を以て、ピューリタニズム類似の倫理を中国社会の中に検証し得たとしているように思われる。そこには、ウェーバー理論に対する、過度に素朴で楽観的な理解（というより誤解）があるのではないか。

上述した両種の無関心――中国独自の思想的文脈とウェーバーのピューリタニズム論の逆説的構造とに対する――は、著者の啓蒙主義的な進歩の観念と表裏をなすものであるように思われる。中国と西洋との相違を一面では強調しながら、著者の本質的関心は結局、西洋類似の進歩の過程を中国史の中に検出することにあるのだ。島田虔次氏やセオドア＝ドバリー氏の議論にも共通する著者のこのような視座に対する私の感じ方は、実際のところ、やや微妙なものである。一方では、我々の脳裏にこびりついている西洋近代モデルを克服ないしは少なくとも批判的に対象化しなければ、中国史の内面的理解は望めないとも思う。即ち、「民主主義」とか「個の覚醒」或いは「世俗内的禁欲」といった、西洋思想史のキーワードを用いて中国思想に接近するのでなく、中国思想内部の諸範疇やコンテクストの側に徹底して身を置きながら、彼らの発言の意図を正確に知るべくつとめ、それによって西洋モデルの相対化を試みるべきではないかと思う。しかし他方では、現代中国において西洋近代モデルがいまなお持っている実践的意義を考えるとき、近代倫理の普遍的価値を想定するこれら諸氏の、自信にみちた議論の持つ魅力と健全さとを疑うことはできないのである。碩学余英時氏は、すでにこのようなことはお見通しの上で、議論を立てておられるのかも知れない。

なお、最後になったが、著者余英時氏は、プリンストン大学の教授であり、中国思想史全般にわたる学識に基づくスケールの大きな史論で知られる斯界の第一人者である。原著には、楊聯陞氏の「原商賈」および劉広京氏の「近世制度と商人」という長文の序がついており、前者は中国古代の商賈についてのエッセイ、後者は商人会館の碑文などから商人倫理を論じた論文ともいうべきものである。訳書では、これらは省略され、島田虔次氏の跋及び訳者森紀子氏のあとがきが付せられている。訳注とともに、本書に対する読者の理解を助けるものである。

（平凡社、一九九一年）

原載　『思想』八〇九号、一九九一年

【書評】

エシェリック＆ランキン編『中国の地方エリートと支配の諸形態』

Joseph W. Esherick and Mary B. Rankin eds.

Chinese Local Elites and Patterns of Dominance

アメリカ合衆国を中心とする英語圏における近年の中国史研究——特に明清から近現代に至る時期の社会史研究——の瞠目すべき充実ぶりについては、日本の研究者の共に実感するところであろう。本書は一九八七年にカナダのバンフで開かれた同題の会議の成果であり、そうした英語圏の若手・中堅の研究者の力量を感じさせる書物である。会議に提出された一八本の報告の内、本書には一一本が収録され、編者エシェリック・ランキン両氏による大胆で行き届いた前言と結論とが付せられている。

本書は、単に中国地方エリートに関する論文を集めただけのものではなく、明確な方法的主張をもっている。中国地方エリート研究の現状と課題とは、編者によってどのように把握されているのか、以下まず前言によってまとめてみよう。

英語圏において、中国地方エリートに関する体系的な研究は、まず紳士 gentry 研究として開始された。張仲礼や何炳棣など中国系の研究者によって行われた初期の紳士研究は、エリートを紳士すなわち科挙資格保有者として定義するものであった。そこでは、地方社会とエリートとの関係よりも、官僚ないし科挙資格保有者であるエリートと国家との関係が重視され、地方エリートの基本性格は、地方社会のダイナミックな変化に対して超然たる静態的な型においてとらえられる傾向があった。一方、同じく紳士層に注目しながら、国家との関係よりもむしろ地方における社会経済的基礎を強調してきたのが日本の研究であり（ここで重田徳の郷紳支配論などが紹介されている）、そこでは、土地所有や水利への関与など、地方社会における紳士の活動と支配が関心の焦点となった。王朝末期の国家権力の弛緩と共に地方エリートの力が増大してくることを指摘するいくつかの研究（例えばフィリップ・キューン）も、エリートの力の根源を地方社会に帰するものであるが、これらの研究には、国家と地方エリートとの関係を「ゼロサムゲーム」と見なす傾向があり、エリートの支配を、本来の秩序維持機構である国家の弱体化に伴って成長するインフォーマルな補完物とする前提があるように思われる。しかし、イスラーム社会研究者のアイラ・ラピダスが述べたように、「中国の社会を、全体的構造の視点からでなく、個々人の選択と行為の結果として研究する時」、一見本来の制度からの逸脱のようにみえるインフォーマルな動態の中にこそ、中国社会の本来の姿を見出すことができるのではないか？

さらに、近年の地方社会史研究の中で明らかになってきたことは、単に紳士としても定義できず地主としても定義できない、エリートの性格の時期的・地域的多様性である。時には商業的富により、時には軍事的力によって地方社会を支配する、地方エリートの多様な性格をどのように整合的にとらえるべきか。

そのためには、「富」「地位」「政治権力」などのカテゴリー或いは「生産手段の所有」などの基準によるエリートの本質論的定義を断念し、「地域的な場において支配力を行使している諸個人ないし諸家族」としてまず漠然とエリートを定義した上で、彼らが、様々な活動の場（arenaという語は、村、県、国家など地理的範囲のみならず、軍事的、教育的、政治的といった機能的領域をもさす）において、様々な資源（resourceという語は、土地所有や商業的富といった物質的資源、血縁集団や人的ネットワークといった社会的資源、技術的能力や宗教的力といった個人的資質、名誉や生活様式といった象徴的資源等、支配力を基礎づける諸要素をさす）の間でどのように戦略をたて選択を行ってゆくか、その過程を分析する必要がある。

本書では、時期的・地域的に多様な事例研究を集めて、エリートがそれぞれの状況に応じてどのような戦略をとっていったかを分析するとともに、その背後に通底する共通の特徴を抽出する。それによって、ヨーロッパのエリートなどとの、より広い視野での比較が可能になるであろう、と。

以上、本書の問題視角は明確である。従来の中国エリート研究は、エリートの本質を定義しようと試みて、それに失敗してきた。官僚・科挙資格保有者たる側面を強調するか地方社会における社会的経済的支配力を重視するか（所謂「国家と社会」問題にかかわる論点）、また、科挙資格、土地所有、文化的教養、商業的富、軍事力、等々の中でエリート権力の根源をいずれに求めるべきか——こうした点に関して、様々な見解が並立しつついずれも決定的な解答を得るには至らなかったのである。かつて重田徳が「郷紳支配論」を提出するに当たって直面していた問題状況も、これとまさに同質のものであったように思われる。すなわち、「官僚主義の落とし子」としての郷紳像と「自治的社会団体の指導者」としての郷紳像、或いは、科挙資格と土地所有という二つの契機から導き出される、どうしても重なり合わない郷紳のダブル・イメージ――こうした問題を解決しようとした重田の理論は、地主制を郷紳範疇の中核に据える基本的立場を維持しつつ、そこに「土地所有に基づかぬ支配」「集権制の傘」など、地主制の枠にははまりきらない政治的・社会的・文化的諸要素を可能な限り組み込もうとした力業であったということができる。それに対し、本書の方法は、エリートの定義自体に様々な要素を付け加えるかわりに、エリートの本質規定をいったん断念するところから出発している。何者とも本質的には定義できないが、ともかく衆目の一致するところ中国社会に明白に存在する地方有力者層――彼ら個人個人がそれぞれの状況に応じて多様な戦略をとる、その選択プロセスの理解を通じて、その多様な存在形態を生成的・整合的に説明しようとする行為論的方法（行為論という語は本書で使用されているわけではないが、個々人の行為を基礎的単位として社会現象をとらえ、個人の選択プロセスに遡って社会現象を説明しようとする方法、という意味で以下使用したい）が、ここでは明示的に提出されている。従来日本の研究では、「エリート」という語はあまり使用されておらず、それは、「エリート」という語の無規定性に対する日本の研究者の暗黙の忌避を示しているように思われる。しかし、本書において「エリート」という語が使用されている理由は、まさにその戦略的無規定性にあるのである。

このような議論は、社会科学方法論の分野では、必ずしも新しいものとはいえないであろう。しかし、これが単なる方法論の領域での抽象的な議論にとどまらず、地域的には中国全土、時期的には明代から民国期に至る広い分野をカバーする充実した事例研究を通じて共同で追求されていることは、やはり壮観であり、アメリカの中国史学界のもつ方法的求心性、その生み出す力といったものを感じざるを得ない。それでは、個々の論文では、こうした方法はどのように生かされているであろうか。紙幅の関係で簡単な紹介に止まらざるを得ないが、以下順を追って紹介してみよう。

ティモシー・ブルック「家族の持続性と文化的ヘゲモニー――寧波の郷紳、一三六八―一九一一」(Timothy Brook, "Family Continuity and Cultural Hegemony: The Gentry of Ningbo, 1368-1911")

明清時代における寧波の諸名族を取り上げ、彼らが様々な戦略により、安定した「貴族的」な地位を保ったことを指摘する。戦略の内では、姻戚関係、学問結社などが重要であり、総じて清代の寧波名族は、強固な「文化的ヘゲモニー」を維持していた。清末に至って、商業的富に基礎を置く新興のエリートが成長してきたが、伝統的エリートの特権に反対する抗糧暴動の不成功が示すように、一九世紀半ばにおいても伝統エリートの支配は安定していた。文化的素養と人的結合に基づき、地方社会における安定した地位を志向した寧波名族の持続性が、本論文では強調されている。ここに描かれているのは、比較的オーソドックスなエリート像といえよう。

ウィリアム・ロウ「成功物語――湖北漢陽県における宗族とエリートの地位、一三六八―一九四九」

(William T. Rowe, "Success Stories: Lineage and Elite Status in Hangyang County, Hubei, c.1368–1949")

漢陽県の現存族譜の網羅的分析を通じ、多様な問題提起を行う論点満載型の論文。随所にヨーロッパとの比較の視点が見られる。第一に漢陽エリート宗族の持続性が指摘されている。が、族譜を使う限り、持続性しか検出しえないのではないか。第二に、農業経営と科挙に重点を置く通説と異なり、宗族形成に当たって商業と軍事官職が重要であったことを指摘する。軍事官職の重要性から西欧封建制との類似性を示唆し、又、多様な資源を駆使する中国エリートの柔軟性が、工業化と国家建設に適応していく上でヨーロッパのエリートに比べ有利な条件を提供した、と論ずるあたりは大胆。第三に、宗族が、その直接の目的は多様であれ、エリートの地位を維持する手段として機能したことを論じ、その広範な結集のあり方を、ヨーロッパのエリート家族の単独性と対比する。

マデリン・ツェリン「富栄塩場のエリートの盛衰——清末中国における商人の支配」(Madelene Zelin, "The Rise and Fall of the Fu-rong Salt-Yard Elite: Merchant Dominance in Late Qing China")

清末四川富栄塩場の有力塩業資本の盛衰過程を詳細に追う。清初四川のフロンティア的風気をうけつぎ、当地では紳士的行動様式よりも富の方が、エリートの要件として重視されていたが、一九世紀半ば以降、反乱の危機や経済機会の拡大などにより、四川塩業界に「外界指向」が高まると、捐納などによる官僚ネットワークへの参入といった紳士型戦略がとられていく、というあたりのディテールは興味深い。著者は概して、これら塩業資本を、近代産業資本への「移行段階」を示すものとして、高く評価しているが、その評価は「資本＝賃労働関係」よりもむしろ、集権的に統合された企業組織の性格に基づいているようだ。中国の伝統的企業の性格を「個人営業の連鎖」的特徴に見る有力な見解（これはネットワーク論と表裏するものといえよう）と比較するとき、こうした緊密な結合をもつ企業体の自生的成長をどのようにとらえるか、興味深い問題である。

リンダ・ベル「買弁から県の大事業家へ——無錫蚕糸業におけるブルジョア的実践」（Lynda S. Bell, “From Comprador to County Magnate: Bourgeois Practice in the Wuxi County Silk Industry”）

二〇世紀初の無錫における蚕糸業資本家、特に薛寿萱に焦点を当てて、産業エリートの行動様式を分析する。先端技術を導入し国際市場を開拓する彼らの進取的産業資本家としての活動が、その一方で伝統的な「パトロン＝ブローカー」的な政治スタイル——郷紳の家柄や土地所有に支えられた威信を媒介とする農民支配、中央政府や高級官僚との結びつきなど——と一体のものであった点に、著者の関心は向けられる。近代的性格と伝統的性格との混合とも見えるこのような行動様式につき、著者が「実践 practice」という語を意識的に用いているのは、中国固有の身についた実践感覚という意味がそこにこめられているのであろう。しかし、それは、果たして「ユニークな」中国的特徴といえるだろうか。また、国民政府の蚕糸改良委員会による統制などを、伝統的ネットワーク戦略の枠内でとらえることができるだろうか。

キース・ショッパ「権力、正当性及びシンボル——地方エリートと麻渓壩の事例」（R. Keith Schoppa, “Power, Legitemacy, and Symbol: Local Elites and the Jute Creek Embankment Case”）

浙江省山陰県天楽郷の麻渓壩をめぐる地域的紛争というミクロ事例の強みを生かし、郷内の富裕な地域と貧困地域、エリート階層間の対抗関係とともに、貧困地域におけるリーダーシップの推移が詳細にあとづけられる。エリート自身の戦略のみならず、大衆が自己の利益にもとづきリーダーを選択してゆく過程に焦点が当てられていることは、本論文の特色といえよう。その選択が、直接の経済的利害よりも、文化価値・シンボルといった「支配の用具」の活用による正当性観念の操作に導かれていることも、著者の強調するところである。なお、本論文には、パトロンとしてのエリートと地方の公的利害の代表者としてのエリート、地域的利害を「私」とみなすか否かなど、「公私」観念とその変容にかかわる興味深い論点が含まれているが、十分に展開されていないのが残念。

エドワード・マッコード「地方軍事勢力とエリートの形成――貴州興義県の劉氏一族」(Edward A. McCord, "Local Military Power and Elite Formation: The Liu Family of Xingyi County, Guizhou")

貴州省の中でも辺境に属する興義県の劉氏を取り上げ、エリートが多様な資源を活用して成長してゆく過程をあとづける。一九世紀第三四半期の反乱期に軍事的エリートとして台頭した劉氏は、一九世紀末にはすみやかに武力を放棄して、教育事業の保護者として上層官界における人脈をつちかう。二〇世紀初頭の反乱期には再び団練を組織すると共に、新政にも積極的に関わり、辛亥革命に際しては、革命派に寝返ると見せて省政府をのっとる。状況に応じた劉氏の鮮やかな転身ぶりを描いて明快である。団練の結成が、単に反乱鎮圧を目的としたものでなく、他のエリートとの抗争の中でのしあがってゆく手段であった、という指摘も面白い。

レノーア・バーカン「権力の諸形態――ある中国の県におけるエリート政治の四〇年」(Lenore

Barkan, "Patterns of Power: Forty Years of Elite Politics in a Chinese County")

二〇世紀初頭から一九三八年に至る江蘇省如皋県の権力構造を五期にわけて考察したもの。本書の中では恐らく、「国家—地方社会」の二元対立図式が最も鮮明に出ている論文であり、国家、地方エリート、地方社会などをそれぞれ円で示し、その離合対立をあらわした各時期ごとの概念図が描かれている。その推移は概略、①清末期、エリートを媒介とした国家と地方社会との結合　②軍閥支配期、国家の弱体化に伴う地方社会の自立とエリート支配の確立　③北伐期、国共両党による対エリート攻撃　④一九二七年夏、エリートの撤退　⑤エリートによる地方支配を排除することも統合することもできなかった南京政府のもとでの、国家、エリート、地方社会の並立構造、といった形で整理され、併せてジェネラリストからスペシャリストへ、というエリートの性格変化も指摘されている。

デイヴィッド・ストランド「調解・代表・弾圧——一九二〇年代北京の地方エリート」(David Strand, "Mediation, Representation, and Repression: Local Elites in 1920s Beijing")

バーカン論文と同様、国家と大衆運動とに挟み打ちされたエリートという位置づけでエリートの諸戦略を描写する。自治の余地が残されていた江北と比較して、権力のお膝元の北京では、エリートをめぐる状況は、より圧迫的であった。軍閥の力と大衆運動との狭間で北京エリートは人脈政治を展開しており、その中から、市民社会的自治をめざす安廸生のごときユートピア的方向性も出てきたが、そうした方向性は、国家と大衆運動の壁にはばまれ、ブローカー的に地方政治に参与するか(孫学仕)、或いは地方政治から撤退して、より個別的な利害に集中するか(瑞蚨祥の孟氏)といった、より現実的な方向へと分化していった、とする。

ルビー・ワトソン「珠江デルタにおける団体財産と地方のリーダーシップ、一八九八―一九四一」(Rubie S. Watson, "Corporate Property and Local Leadership in the Pearl River Delta, 1898-1941")

香港新界の一村落でのフィールドワークに基づき、族田の機能を考察する。新界や珠江デルタにおける宗族共有地の比率の高さ、族田を槓桿とする司理（管理者）の受益と族内支配、宗族機構と村落行政機構とを兼ねる堂の性格、などが指摘され、華北や長江下流と比較して、広東における族田がエリート支配を支える重要な役割を果たしていたことを結論する。しかし、広東における族田の重要な機能を指摘するのみならず、なぜ広東において他の地域と異なりこのような共有財産が重要であったのか、それをエリートの「選択」の問題として論ずることが、本書の趣旨からすれば必要であるように思われるのだが。

プラセンジット・デュアラ「華北村落におけるエリートと権威の構造、一九〇〇―一九四九」(Prasenjit Duara, "Elites and the Structures of Authority in the Villages of North China, 1900-1949")

『中国農村慣行調査』を使用して、二〇世紀前半の華北村落の権威構造を分析する。他地方と比較して経済的卓越性に欠ける華北村落エリートの地位は、取引を媒介・保障する中人の活動を通じての非エリートとの互酬関係によって支えられていた。民国期に至り、地主の不在化などに伴い村落エリートが没落していった村々では、中人活動が、大地主のエージェントや親戚関係に担われた。階級対立よりむしろエリート不在の構造による社会不安こそが、革命運動の背景をなした、とする。エリートの存在が必ずしも自明ではない華北の状況は、本書のエリート定義、エリート像の問題点を期せずして顕在化させるもののように思われる。作者は、エリートの要件たる「富と力」とは必ずしも重ならない「権威」という概念を導入して、富裕でなくても公益的活動の遂行により権威を獲得していた人々の存在を指摘する。しかし、彼らが村落においてある種の支配を行っていたとするならば、そして、本書におけるエリート定義の核心が「支配力の行使」にあるならば、かれらをエリート範疇でとらえてはいけないのだろうか。

ステファン・アヴリル「江西山区における地方エリートと共産主義革命」（Stephen C. Averill, "Local Elites and Communist Revolution in the Jiangxi Hill Country"）

一九三〇年に毛沢東が江西省の山岳地帯の尋烏県で行った詳細な調査を題材に、革命の底辺をなす地方の政治過程において、地主―佃戸間の階級対立のみならず、エリート間の派閥抗争が重要な役割を果たしていたことを指摘する、印象鮮明な論文。毛によれば、革命と反革命の立場は、共に下層エリートにおいて最も尖鋭に現れた。上昇過程の下層エリートが既得の利益に固執して反革命の立場をとったのに対し、下降過程の下層エリートは、没落の危機感につき動かされて戦闘的な革命リーダーとなった、という毛の指摘に依拠しつつ、個人的上昇戦略から革命の基礎過程を動態的に説明しようとしている点、興味深い。毛沢東が詳細な戸別調査的記録を残したということ自体、当時の共産党がこうした地方のミクロ政治に依拠せざるを得なかった状況を示唆するものとも言えよう。

さて結論部分では、個別論文を基礎として、本書の議論が以下の如く総括される。

本書では、エリートの多様なあり方が考察されてきたが、それは果てしのない分化と無秩序を意味するものではない。地方的型の相違は、エリートが、中国社会に共有されたやり方で多様な状況に対応した結果として整合的に理解できる。では、帝政後期中国エリートの行動様式の共通の特徴とは何か。

科挙資格も土地所有も安定したエリートの地位を継続的に保障するものではない、という意味で、中国エリートの地位は不安定なものであったが、それにもかかわらず、現実に数百年にわたるエリート家族の存続を可能ならしめたものは、多様な資源の中で機敏に選択を行う彼らの柔軟性であった。教育、商業的富、軍事力、土地所有など、多様な資源によってエリートの地位は獲得され、それぞれの資源の重要性は、状況によって異なった。

エリートの活動は地域内部で完結したものではなく、地域外との関係も重要であった。そうした場の中で、エリートは、宗族を形成し、姻戚関係や文人結社などのネットワークを培い、パトロネージや仲介・調停を行った。こうしたインフォーマルな個々人関係は、中国エリートをエリートたらしめる上で、極めて重要なものである。

非エリートに対するエリートの支配を支えるものは、直接の強制というよりは、エリートが公共事業やパトロネージ・調停などを通じて地方社会に貢献しているという了解であった。互酬性の感覚に支えられた文化的ヘゲモニーが機能するためには、エリートと非エリートとの間に共通の文化・価値が保持されていることが必要である。服装などの生活様式、福祉事業への貢献などの「象徴資本」は、支配実現のための重要な要素であった。

清末以降、全般的教養人としての旧来のエリートにかわって、企業家的エリートや軍事的エリートなど、機能的に分化した専門エリートが出現してきたが、これら新エリート層が、伝統的エリートの家系から生み出されていることに注目すべきである。地域社会における「公共的領域」の成長に伴って、エリートの地位も、インフォーマルな個々人関係に支えられるばかりでなく、地方社会の公的代表者としての性格を帯びてきた。エリートの力の伸長と共に、国家建設が進行したことは、国家と地方社会との溝を深めたが、このことは、また、国家と地方社会とを仲介する新興のエリート層の成長をもたらした。

以上、編者は、中国地方エリートの基本性格を、①多様な戦略の間の柔軟な選択、②人的ネットワークの重要性、③文化的へゲモニーによる支配、の三点に整理した上で、清末から民国期に至る過程で、中国社会の構造は大きく変化し、それに伴ってエリートの様態も変化したが、変化に適応するその行動様式自体（柔軟な選択やネットワーク、仲介的機能など）には継続性が見られることに注目している。

柔軟な選択と人的ネットワーク、文化的へゲモニー——これらの議論は、一九八〇年代の日本の明清史研究の新潮流と大きく重なりあう側面をもつように思われる。日本においても、地方社会の構造を個人の選択から解こうとする方向が近年追求されており、こうした論者のもつ中国社会のイメージは、本書におけるそれと極めて接近しているように思われるのである。しかし、こうした研究潮流は、いまだ発展の途上にあり、多くの未解決の問題を抱えている。その意味で、同様の問題を追求している本書は、私にとっては、切実に面白く、様々なことを考えさせられた。以下、本書の大きな方法的枠組に関し、数点の問題を考えてみよう。

第一に、中国地方エリートの基本性格として挙げられている「柔軟な選択」以下の諸特徴についてである。個別研究において指摘されている各地方レベルでの具体的特徴――商業性の強さや宗族的結集の強さ、等――と比較すると、「柔軟な選択」以下の特徴がレベルを異にする抽象性をもっていることは、容易に了解される。いわばこれらは、多様な現象形態の基底にあるメタ・ルールなのであり、各地方ごとの特徴は、このメタ・ルールに則りつつ、かつ具体的な状況に応じて人々が選択を行う、その結果として説明される。

地域差或いは時期的相違を説明する上で、こうした行為論的方法のメリットは、一面では疑う余地のないものであると私には思える。地域ごとの多様な様相を単に並列したり、或いは、「先進」「後進」などのレッテルを事後的に外から貼るのみでは、不充分なのであって、個々の事象がどのような選択の結果としてもたらされたのか、それを行為者の行動を導くメタ・ルールと個々の状況との複合として理解して始めて、多様な事象を生成的・整合的にとらえることができる。同時に、このような生成的理解は、状況に応じた人々の多様な行動についての予測を可能とし、また、それが当たらなかった場合には仮説としてのメタ・ルールを修正するフィードバックを可能とする。

しかし他面では、「柔軟な選択」以下の議論が、「帝政後期中国エリート」の行動様式を説明するものとしては、あまりにも抽象的な定式化ではないか、という印象も受ける。確かに「柔軟な選択」以下の諸指摘は、私が明清の史料を読んで受ける感触と一致し、かつて私自身、実際にこうした論点を拙文の結論としたこともあった。しかしそれを、他の地域と異なる「中国の」特徴ということができるのか。前言に引かれたラピダスがイスラーム社会について展開する「ネットワーク論」が、一般的方法論としての側面とイスラーム社会論としての側面とを含む重層的な構造をもっていること、及びその諸側面の微妙なからまり具合については、最近三浦徹が精力的に分析しているが、本書の場合も同様の問題が含まれているように思うのである。即ち、一見フォーマルな制度が優越しているような「固い」社会(我々の印象では、西欧や近世日本がそうだが、イスラーム社会から見れば中国もそう見えるのかも知れない)でも、これを個々人の選択の結果としてみれば、「柔軟な選択によって選びとられたリジッドな制度」としてこれを解釈することも可能かもしれない。また、あらゆる社会の人々は「柔軟な選択」をするものであり、ただ、ある種の社会では、ある種の選択肢の伴うリスクが禁止的に高いため、人々の行動は自ずと限られてくる、という議論もできるわけである。とすれば、「柔軟な選択」とは、事実の中から新しく発見された中国固有の特徴というよりは、研究者がもともと持っていた方法的立場の確認に過ぎないともいえよう。

「帝政後期中国エリート」と限定するのであれば、彼らの行動様式の特徴として、よりポジティヴな内容を追求すべく試みることも可能ではないか。たとえば、彼らの「柔軟な選択」を導く基準は何なのか。本書では、概して一般的な功利主義的論理を以て説明しているように思われるのだが、それでよいのか。「人的ネットワーク」は、どのような共同性の感覚に裏打ちされているのか。「文化的ヘゲモニー」を支える共有された文化価値はどのような中国固有の内容をもっているのか、等々。中国という巨大社会に一つの個性ある秩序をもたらしているものは、「柔軟な選択」や「ネットワーク」そのものというよりは、背後でそれらを支える、共有された固有の社会感覚ではないだろうか。

個人の選択と行為を基礎に据えた社会分析法の最も強固な提唱者の一人であるウェーバーの場合、その関心は、それぞれの宗教圏において人々の意志的行動を導く規準——その固有の内容を宗教倫理の中からつかみとることに向けられていたといえよう。しかし、ウェーバーと同様「共有された文化価値」を重視する本書において、その主眼は、人々の行動規準の中に内面化された中国的文化価値の固有な内容の理解ではなく、むしろ、中国のエリートが支配の戦略の重要な一環として「象徴資本」や「文化的ヘゲモニー」を利用した、という点の指摘にあるように見える。「文化的ヘゲモニー」といった用語の頻出にもかかわらず、本書の読者は、本来の意味での文化史的・思想史的関心を、本書の中に殆ど見出すことができないのである。伝統中国においてエリートたることの重要な基準であった徳や教養についてのイデオロギー暴露的な説明は、少なくとも日本では繰り返しなされてきた、と私は思う。前述したように、本書の基本的観点は、生産関係を基準とした階級分析とは無論異なるのだが、「象徴資本」「文化的ヘゲモニー」などの一見斬新な用語は、その実、文化価値を基本的に支配の手段と見なすその用法において、「イデオロギー」という語の陳腐な用法に案外接近しているのではないだろうか。その意味で私は、本書における「象徴資本」等の概念に、それ程の新しさを感ずることができなかったのである。ブルデューの「文化資本」等の語が本来もつ暴露的意義の斬新さは、中国の伝統的知識人よりむしろ、得々として中国伝統知識人のイデオロギー暴露を行ったりする今日の学者——即ち我々自身——を分析するとき、より際立つようにも思われるのだが。

第二に、本書の分析が「エリート」を対象としているということに関わる問題である。本書では、中国の地方エリートが、巧みに資源を選択し、ネットワークを形成することによって地方社会の支配を行っていった様々なプロセスが詳細に論じられている。しかし、実際には、エリートのみが戦略をたて行動する主体なのではない。中国の地方社会が、一般庶民をも含め、安全と社会的上昇を求めて戦略をたて選択を行う諸個人で成り立っていたことは、本書の著者たちも認めるところであろう。このような非エリートの動機と行為は、本書の中でどのように扱われているであろうか。

従来のエリート研究に対比しての本書の一つの特徴は、それが在地社会と切り離された単なる静態的なエリート論でなく、エリートによる「支配」の問題、即ち、地方社会の被支配層との関係におけるエリート権力の動態的変化の過程に焦点を当てているところにある。しかし、本書を通読すると、エリートの権力の問題を被支配者の選択の側から説明しようとしている論文は、ショッパの研究を除けば案外少ないという印象を受ける。概して、エリートの権力は、エリートがいかに巧みに諸資源を利用したか、というエリートの戦略の有効性によって説明されているのである。大衆が、エリート支配の対象であり、また、時としてエリートを圧迫しエリートの戦略を左右するものでもあるという意味では、本書は大衆の重要性を決して軽視してはいない。しかし、本書では、大衆自体の戦略と行為に関心が向けられているというよりは、むしろエリートの戦略と行為を導く「外部状況」「与件」として、大衆の存在が取り上げられているように思う。こうした視点の定め方は、ある意味で依然として英語圏の伝統的「エリート論」の枠組の中にある本書の性格を表していると言えないだろうか。

私見によれば、「支配」とは、エリートの戦略と行為の問題であると同時に、被支配層の戦略と行為の問題でもある。「支配」の問題は、例えば農業経営者がそれぞれの土壌にあった肥料や技術を選択して最大の効果をあげる、といった一方向的過程——本書の分析は些かこうしたイメージを想起させる——と異なり、「土壌」の側の選択にも依存する社会的相互行為の結果としてとらえられるべきではないか。ある地方でなぜある種のエリート（例えば軍事的エリート）が力をもてるのか、ということは、エリート自身が状況に対応した選択を行った結果であるのみならず、大衆が特定のエリートのもとに結集することを通じて、他のエリートが淘汰されてゆく過程としても説明できよう。本書では、概して中国エリートの持続性が強調されているが、例えば明末清初の江南におけるエリートの激しい盛衰も又、中国エリートの一面の姿である。こうした激しい盛衰をもたらすものは、科挙試験と均分相続に由来するエリートの本来的不安定性のみならず、実効あるパトロネージを求めて奔走する大衆側の選択の流動性なのではないだろうか。

この問題を考えるためには、個々人の選択と行為に分析の基礎を置く本書の方法をより拡張し、エリートのみならず地方社会を構成する全住民の行為モデルの中で地方社会の権力構造を解いてゆこうとする方向が恐らく必要であって、こうした方向性は、むしろ日本の明清地方社会論の中で萌芽的に出てきているように思う。そこでは、本書で扱われているエリートの選択や、エリート中心的ネットワークは、より一般的な選択論やネットワーク論の一部として位置づけられるであろう。また、エリートの定義そのものも、「地域的な場において支配力を行使している諸個人ないし諸家族」という本書の実体的な定義よりも、むしろ「ある人々がいかにして支配力ある者として認知されるのか」という、認知と合意の問題になってゆくと予想されるのである。

第三に、国家権力の位置づけの問題である。前言には、「どのように中国の地方エリートを分析するか」という本書の中心的問いのコロラリーの一つとして、「国家は、官職や科挙資格保有に伴う富と地位の源として、或いは地方の政治過程における潜在的な決定要因として、どの程度重要であったのか」という問いが提起されている。個別研究の中でも「国家権力」は、エリートの行動を左右する要因として重視されている。しかし、先述の「被支配層」と同様、「国家」もまた、本書の中では、エリートの選択を導く「外部状況」「与件」として与えられており、行為論的分析方法の中に内部化されてはいないように思われる。バーカン論文やストランド論文にみられる、国家と大衆とに上下からはさまれるエリートというイメージは、そこに由来する。

そもそも「国家権力」とは何だろう。エリートの「権力」は、個々人の選択と行動の結果として本書の中で詳細に説明されたが、それでは、国家の「権力」はどうなのか。それは、実体として、地方社会やエリートの外側に始めから存在するものなのか。それとも、エリートが地方社会の中での様々な行動によって紡ぎ出すエリート権力と同様、エリートが官僚たる側面において紡ぎ出す何物かなのであろうか。前言に引用されたラピダス氏の問いは、フォーマルな制度とインフォーマルな個々人関係との峻別を疑い、国家権力をもある種のネットワーク的な枠組の中で解いてゆく可能性を本来示唆するものではなかったろうか。しかし、本書では、こうした「国家権力」概念自体の見直しということは、殆ど追求されていないようだ。

地方社会に生きる諸個人の側からみれば、「国家権力」を体現するものは、諸々の地方官である。彼らは、地方エリートと競合しつつ、人々の選択を導き、地方社会を「支配」する。彼らの支配力は、単なる官僚制度上の正当な権限のみならず、私的ネットワークに大きく依存している。彼らの支配力が、直接的強制力よりも「文化的ヘゲモニー」に依拠していることは、むしろ常識である。――このように考えれば、「国家権力」を、エリート権力とレベルを異にする地方社会外在的な実体としてとらえるのでなく、「地方社会において人々がエリートや地方官その他様々なファクターの中で何を選択していくか」という問題の一部として、地方社会内在的に、かつ行為論的分析方法の内部で、考察してゆくことが可能となろう。

「地方エリートは仲介者であった。彼らは、官の世界と地方社会との間で活動し、両者に参与するとともに、ある意味ではいずれにも属しきってはいなかった」といった文章が示すように、エリートを国家と地方社会との仲介者としてとらえる見方は、結論の後半でかなり明示的に提出されている。こうした「古典的」な見方が本書の末尾で登場することは、私にとってはやや意外であった。私の感覚によれば、「仲介 brokerage」という語が本書のキーワードの一つである所以は、本書の方法のネットワーク論的性格——即ち、社会を制度化された団体の集合と見なすのでなく、個々人間に織りなされるネットワークの所産として見る方法的態度——にあるように感じられたのである。しかし、「国家」と「社会」との両者が何か実体をもって拮抗・離合しているかのような二項対立の図式は、ネットワーク論の対極にあるものではないのか。「仲介」という概念が、個々人間の関係で用いられる場合と、「国家」—「社会」間で用いられる場合とで、その背景にある社会認識・方法論は、微妙だが決定的な変質を被っているのではないか。こうした私の違和感は、畢竟、本書の提起した行為論的方法論がエリート内部の分析に適用されるに止まっていることに由来するように思われる。エリートの行動は、個々人の選択と行為の結果として鮮やかに説明されているが、「国家」と「大衆」とは依然として団塊をなしつつ外部的与件にとどまっている——こうした印象を拭うことができないのである。

以上、極めて偏った形の書評となったことをお許しいただきたい。本書では、「個々人の選択と行為の結果」として社会事象をとらえようとする行為論的方法が明快に提起されている。これは、私見によれば、近年の日本の明清史研究の新潮流と共鳴しあうものである。しかし問題は、こうした方法を、「エリート」といった、社会の一部に適用することにあるのではなく、民衆運動から国家権力論までを含めた、社会の全構造の分析法として採用し得るかどうかという所にある。戦後日本の明清史研究を導いてきた「大理論」と同じ大きさの理論を、こうした方向でたててゆくことが可能であろうか。英語圏の研究者の真摯な方法的模索に学びつつ、私も試行錯誤してゆきたいと考える次第である。

(Berkeley: University of California Press, 1990.)

原載 『東洋史研究』五〇巻四号、一九九二年

【書評】

濱島敦俊『総管信仰――近世江南農村社会と民間信仰――』

本書の著者濱島敦俊氏は、斬新な視角と精力的な研究活動によって長年日本の明清史研究のリーダーシップをとってこられた。一九八二年に出版された氏の第一冊目の著書『明代江南農村社会の研究』(東京大学出版会)は、明末江南の水利改革及び傜役改革を扱った研究であったが、その序で著者は「筆者の関心の根底は、前近代中国社会における生産力・生産関係の発展のみに止らず、その上部構造――特に農民・民衆が如何にして全的な変革に方途を指向する自らの指導部を獲得して行くのかという点にも存在する」(三―四頁)と述べている。その言の通り、同書の最終章は「明末清初江南の農民闘争」と題して、抗租(小作料不払い闘争)と白蓮教乱の考察に当てられていた。約二〇年後に出版された本書は、まさに前著の問題関心を受け継ぐべく、抗租と農村の神々との関係から出発し、民間宗教の実相とその展開を一貫して追求した著書である。明清時代の江南農村については戦後多くの研究が行われてきたが、本書は民間信仰という観点から同時期の江南農村を扱った初の本格的研究書といえよう。

考察される地域的範囲は、前著と同様、江南デルタの五府（江蘇省の蘇州・常州・松江三府と、浙江省の嘉興・湖州二府）であるが、時代的には、明末清初を専ら扱った前著と異なり、元代から今日に至る長い期間を対象としている。今日の状況とは、主として著者が一九八八年以来行ってきた江南農村の調査に基づく知見であり、文献研究と現地調査とが緊密に結合されているところに、本書の大きな特色の一つが存在するといえよう。表題の「総管」とは、江南デルタ地帯で農民の信仰をあつめていた土神（地方神）の代表的なものであり、「総管」及び同種の土神信仰（総称して「総管信仰」と呼ばれる）が本書の主要なテーマである。一五〇条に及ぶ史料の原文は、巻末にまとめて収録され、江南地方信仰に関する有用な史料集ともいうべきものとなっている。著者が国内外で丹念に収集したそれら史料のなかには、日本で見ることのできない貴重なものも含まれている。

本書の基礎となっているのは、一九八三年の「中国村廟雑考」（『近代中国研究彙報』三号）に始まり著者が二〇年来発表してきた一連の論文であるが、本書は単に既発表論文を集めた論文集ではなく、緊密な構成のもとに新たに書き下ろされた著書であるということができる。

以下、本書の内容をまず簡単に紹介したい。

序章において、いわば本書の「楔子」（まくら）として置かれる二つの史料は、いずれも清末における抗租と神々との関係を生き生きと描いたものである。一つは、湖州府烏程県の双林鎮に関するもので、一八四一年の抗租事件以来、小作農が「少しでも不作になると、申し合わせて「総管」を拝み、自分たちで年貢納入額を取り決め」、違反者を暴力的に制裁する状況を記している。もう一つは一八四六年の蘇州府昭文県の抗租暴動の記事で、この暴動に際し、農民たちは廟で神籤を引いて神意を占い決起したが、暴動の鎮圧後、地方官はそれらの廟に祀られていた「総管・周神・猛将・李王」の四種類の神像を「捕縛」させ、県の城隍廟に一年間晒し者にして、「神籤を以て衆を惑わした咎」を公示した、というのである。以下の第一章、第二章では、抗租する農民たちの信仰の対象であったそれらの神々の来歴が検討される。

第一章「神々の来歴（一）――蘇州府常熟県」では、昭文県の抗租に登場した四種の神々――金総管・李王・周孝子・劉猛将――につき、地方志を博捜して、その来歴を辿る。これらの神々に関する伝説が、いつ頃、どのように形成されたのか、その起源は曖昧であるが、著者が克明な検討によって解明したそれらの共通点は、以下の通りである。第一に、これらは何れも、かつてはこの世に存在した人物とされ、姓名を有する人格神である。例えば、金総管は元代の官僚、周孝子は宋代の孝行息子とされる。しかし、その姓名は諸伝承によって必ずしも一致しない。第二に、いずれもその子孫と称する人々が存在し、彼らは農村の宗教儀能者（巫師、シャーマン）であった。第三に、何れも宋代における封爵の伝承を有するが、それらは甚だ怪しく、ほぼ確実に後世の偽造であると推定される。第四に、彼らの霊異説話、ご利益説話の内容は、疫病・災害・外敵を防ぐといった一般的なものもあるが、この地方・時代に特有の特徴として、水運、特に漕運（首都への税米輸送）保護の説話と結びついていることが挙げられる。著者は、江南デルタに特有のこうした信仰を「総管信仰」と総称し、これが本書の主題となる。

第二章「神々の来歴（二）――常州府江陰県」では、弘治年間（一四八八―一五〇四）に常州府江陰県の知事を勤めた黄傅が編纂した特異な地方志である正徳『江陰県志』（北京図書館蔵）の記事を中心に、これら諸神の性格を検討する。浙江金華府出身の謹厳な儒学者であった黄傅は、これらの土神祭祀を、巫師によって意図的に偽造された「淫祀」として糾弾し、その撲滅を提唱するとともに、これらの信仰について特段の批判を行わず記述している先行地方志の文章を一々引いて、その作者である知識人の見識のなさを罵倒する。こうした黄傅のエキセントリックな態度は、長年土神を篤信してきた県民たちにとっては「甚だ迷惑な災難」であったには違いないものの、「淫祀」の内幕を仮借なく暴露する黄傅の眼力（と、詳細な記述をもって民間信仰の実態を今日に伝えてくれたその功績）に対する濱島氏の共感は、本章の行間に滲み出る。本章では、(1)既に元末に「総管」号を有する土神が成立していること、(2)何れも姓名を持つ人格神であり、子孫と称する巫師によって宋元以来の霊異説話と封号の説話が造成されたこと、(3)説話の核心が、水運・漕運保護という点にあること、などが明らかにされる。

第三章「鬼から神へ――総管信仰成立の契機と構造」は、第一、第二章を踏まえて、江南土神の特質を分析する。これらの神々に関する説話は概ね、(1)生前の道徳的行為、(2)死後に霊異を表すこと、(3)王朝による勅封、を三つの要素として成立する。これはカトリックの列聖の要件とも類似しており、「伝統中国の「神」（人格神）は、極めて saint に近い存在なのである」と著者は述べる。これらの土神の子孫と称する人々は、憑依型のシャーマンである巫師であり、彼らは自らの権威を高めるべく、説話を偽造したのである。これらの土神の顕霊説話における地域的特性は、漕運保護の霊験であり、そうした信仰を支えた社会的基盤は、徭役として漕運を担当した糧長層であった。

そうした土神に対する明朝の対応は、次の第四章「明朝の祭祀政策と郷村社会」で検討される。明初には、儒臣の奉ずる復古的な原則のもと、州県レヴェルの城隍神や郷村＝里レヴェルの里社壇・郷厲壇を中心とする祭祀制度が整備され、城隍神についても従来の人格をもつ神像を廃棄して「某県城隍の神」という非人格的な名号を記した神主（位牌）を祀ることが命令された。このようなあまりにも「原理主義的」な規定は、初めから殆ど実現されないまま（或いは実現されても程なくして）守られなくなり、地方の人々は従前通り、人格をもつ多様な神々への信仰を持続したのである。本章の後半では、聚落地理学の方法を用いつつ、地縁的社会集団と信仰との関係が分析される。著者によれば、江南デルタでは、地形による相違はあるが、概して複数の聚落が一つの廟を持つ形態が多く、この土地廟を中心にして成立する地縁的社会集団によって、納税、宗教行事、橋や道路の補修など、種々の問題が解決されていた。土地廟を中心とするそうした団体は「社」と呼ばれ、「廟界」或いは「地界」と呼ばれる土地神の管轄領域が即ち「社」の領域であった。

第五章「商業化と都市化――宗教構造の変動」では、明末清初即ち一六・一七世紀の社会経済変動が農民の信仰世界に与えた影響を論ずる。本章の第一節は、著者のこれまでの明末清初江南社会経済史研究の簡潔なまとめともいうべきもので、土地開発が限界に達し人口圧力が強まるにつれて農業から商業へのシフトが行われたこと、農村の商品生産の発達に伴い農民の食米購入が一般化したこと、商業化とともに農民の生活空間が聚落ないし「社」の範囲を超えて市鎮を中心とする交易圏まで拡大したこと、明初に「糧長」を担当していたような郷居地主が農業経営を放棄して都市に移住していったこと、そして、郷居地主層の離村とともに農村が小農民の世界となっていったこと、などが述べられる。こうしたなかで、漕運業務に従事する糧長層を基盤として成長した「漕運を保護する神」としての総管信仰は、その社会的基盤を喪失し、変容を迫られる。その変容を示す記事は、清代の史料のなかには見当たらない。しかし、一九八〇年代に浙江の民間文学工作者によって採集されたフォークロアによれば、金総管は穀物の輸送を担当する下級官吏であったが、旱魃で苦しむ農民たちの窮状を見かねて、運送中の軍糧を被災民に与え、自ら責任を取って自殺した人物とされている。同じく食糧輸送に係わりながら、神の性格は「糧運を保護する神」から農民の苦しみを共有する「米を施す神」へと変容しているのであって、著者はここに、農村の主人公が糧長層から小農民へと移行していったという「江南社会経済史の推移」に符合する「共同体的信仰構造の変動を確認」するのである。社会経済の変動と信仰構造の変動とが鮮やかにシンクロナイズする、この部分に読者をあっといわせる本書の核心的論点があることは、疑いないであろう。

こうした説話内容の変化が信仰の内的部分の変容だとすれば、祭祀構造という外的部分では商業化に伴うどのような変化が見られるであろうか。本章の後半では、農村所在の土地廟が鎮所在の城隍廟に紙銭（神仏を祀る時に焼く紙製の銭）を送る「解銭糧（銭糧をおくる）」の慣行を取り上げる。これは、里長・糧長が税糧を徴収してこれを県の役所に送る現実の租税徴収制度に準えられており、鎮の城隍廟と農村の土地廟との間の擬似的従属関係を伴った統合を示している。こうした祭祀圏の拡大は、農民の生活空間が聚落や「社」を超えて市鎮を中心とする市場圏に拡大していったことと表裏するものである。市鎮における城隍廟の建設は、市鎮の都市的成長を示すが、それは市鎮が自律的・自治的な都市として成立したことを意味するものではない。むしろ市鎮の城隍神は、所属する県の城隍神をそのまま招来することが多いのであり、県に従属して官僚制的ヒエラルキーの末端に自らを位置づけようとする方向性を表現している。

以上、本書の内容を簡単に紹介してきた。本書にぎっしりと詰まった細部にわたる具体的分析は、上のような簡単な要約では十分に紹介しきれない豊富で多彩な江南デルタ農村の土神信仰の世界を、説得力をもって読者に提示するものである。明清時代の江南農村に関する研究は戦後の日本で相当大量に行われてきたといえようが、本書は、先行研究とは異なる江南農村の土俗的な一面を生き生きと描き、読者に驚きを与える。一九八〇年前後に著者濱島氏が双林鎮の抗租記事などを通じて「総管」に注目された頃、私もたまたま目にしていた昭文県の抗租記事に見える「総管」につき情報を提供したこともあったが（それについては本書の自跋で言及してくださっている）、それらの記事の向こう側にこのような多彩な広がりをもつ世界が存在するとは、当時予想もつかないことであった。濱島氏は、二〇年余りの粘り強い努力によって、そうした世界を我々の目の前に開示されたのである。

むろん、本書の魅力は、そうしたディテールのもつ手応えのみならず、それを強力に一つの論理のもとに統合してゆく著者の手腕にも存在する。そうした論理の明確さ、鮮やかさについては、上記の紹介で不十分ながら述べた通りである。本書を書評するためには、そうした論理と正面から取り組んで、その妥当性を吟味してゆくことが必要であろう。以下、若干の点につき、私見を述べてみたい。

思想や信仰といった人間の精神的営為への鋭い関心、さらにそれらを社会構造と切り離して論ずるのでなく、極めて明快な社会構造モデルとの関連で説明しようとする点は、前著と本書とを一貫する濱島氏の作風といえよう。本書では特に、第五章の「漕運を保護する神」から「米を施す神」への「総管」の性格転化という議論のなかに、そうした濱島氏のアプローチの特色がはっきりと示されている。読者は、その論理の鮮やかさに感銘を受けるであろう。しかし同時にまた、歴史研究者としては、「米を施す神」の説話が、清代の史料のなかではなく、一九八〇年代に収集されたフォークロアのなかに初めて明示的な形で示される、ということに、やや危うさを感ぜざるを得ないのではないだろうか。「総管」の性格転化が明末清初の社会変化の産物であるということを論証するためには、少なくとも清代前期に「米を施す神」の説話が史料上存在してほしいわけだが、本書のなかにはそうした明示的な証拠は示されていない。むろん、著者のいうように、「小民の土神信仰を「田間の鄙事」と蔑む」士大夫の姿勢からすれば、随筆や雑記、地方志のなかにそうした説話が記されていないことは、当然かもしれない。しかし、著者が大量の史料を挙げて論証したように、明代にはそうした「田間の鄙事」に対し、容認的な立場からであれ、攻撃的な立場からであれ、書き記す士大夫がかなりいたのである。そして、著者の述べる「米を施す神」の説話内容は、私の見るかぎり、特に清代の士大夫にとって唾棄すべきものであるとも思われず、このような「義行」伝説がもし存在したとすればそれは当時の好事家的な士大夫にとって好個の題材になったと見てもよいのではなかろうか。

「米を施す神」の説話がもし明末清初の社会変動を契機として出現したとすると、それは清代から民国期の長期間、知識人に注目されることなく潜伏し、一九八〇年代になって初めて浮かび上がってきたことになる。それはなぜだろうか。濱島氏が依拠する「米を施す神」説話は、主に一九八六年に出版された『浙江風俗簡志』(浙江人民出版社、以下『簡志』と略)から引かれている。この書物は、一九八二年に正式成立した浙江民俗学会のプロジェクトとして編纂されたものである。同学会の編集する『浙江民俗』という内部発行の雑誌(一九八一年の総第一期から八七年の総第二六期までが、上海文芸出版社民俗民間文学影印資料シリーズの一つとして一九九一年に同社から公開出版されている)は、『簡志』編集・刊行前後の同学会の活動と姿勢をよく伝えている。例えば、濱島氏が「米を施す神」説話の代表例として引く嘉善県西塘鎮七老爺廟に関する説話を見よう。本説話の採集者として濱島氏も名前を挙げている嘉善県文化館館長の金天麟氏は、何煥氏と共著で「廟会風俗与群衆文化——浙江嘉善県廟会普査的啓示」という論文を『浙江民俗』の総第九期(一九八三年)に掲載している。金氏らは、共産党の「百花斉放」「古為今用」などの文芸方針の指導下に嘉善県の旧時代の廟会について全面調査を行い、そこで得た啓示として、廟会のなかには封建統治者が宗教迷信や封建倫理道徳を利用して人民を愚弄する一面もあるが、人民のよりよい生活への願いを反映した一面もあることを指摘する。神として祀られる人物が生前庶民のために真心を以て働いた結果死んでしまい、当地の庶民に感銘を与えていた場合などが後者の例であって、そこで引かれているのが、西塘鎮七老爺廟の事例である（内容は『簡志』と若干字の相違はあるがほぼ同文）。金氏らによれば「この種の廟会は同時に、伝説中の人物が生前に民の為に献身した壮烈な事跡を宣揚するための、当地の老人たちの一種の活動ともなっている。従って、毎年定期的に挙行されているのだ」という。本論文の末尾は、文化大革命後の廟会の復活の兆しに直面して、単にその迷信性を以てそれを否定するのでなく、「積極的に民衆的な文芸活動を展開し、勢に因り利を以て導き、過去の廟会中の伝統的民間文芸の形式を継承するとともに改革し、社会主義的農村文化活動を繁栄させるべきである」という提言で結ばれている。

ここで私は、西塘鎮七老爺廟の伝説が「社会主義的農村文化活動」展開のための創作だ、と言おうとするわけではない。むろんおそらく、そのような伝説は採訪時に実際に存在したのであろう。しかし、それが文化大革命後の廟会の復活という状況のなかで政治的な意味をもって取り上げられていること、そしてこの伝説が「人民のために献身した壮烈な事跡」というモティーフのもとに整理された内容となっていることは、否定し難いであろう。あたかも明初の洪武二年、当初の「原理主義的」な土神禁圧が緩み、「民に功績のあった事跡が明らかであれば」廟の存続が許されるという新規定のもとで、多数の神・廟の碑記に「嘗て民に功徳が有った」ことが記載される状況（本書第四章第一節）と類似して、一九八〇年代の江南デルタでも、農村の神々の復活をめぐり「民に対する功績の主張」が行われつつあった、とも言えるのである。『簡志』の編纂もまた、「風俗を改良し、社会主義精神文明を建設し」「伝統的美徳や良好な古俗を発揚するとともに、人民に危害を加えた悪風陋俗を暴露する」

（「《浙江風俗簡志》撰写工作全面鋪開」『浙江民俗』総第一四、一五期）という目的を持っていたとすれば、西塘鎮七老爺廟の説話は、単なる清代以来の伝説の発掘ではなく、すぐれて現代的な政治的磁場のなかで『簡志』のなかに登場したといえるのではないだろうか。西塘鎮七老爺廟説話の歴史的意味は、明末清初の社会変動のみならず、文化大革命から改革開放へ、という現代の社会変動のなかでもとらえていく必要があるように思われる。

この問題をめぐる清代の史料の欠如に限らず、本書を読んでやや物足りなく感ずるのは、明代と近現代の叙述の具体性と比較して、その中間の清代とくに一八世紀の江南農村とその土神信仰の状況があまり詳細に描かれていないことである。それは恐らく、著者の方法の一つの特徴である地理・農業技術・自然環境など物質的側面に留意したアプローチと関係があるのかも知れない。著者は、第五章で、一六世紀以降の江南の商業化の背景として、低湿地開発が限界に達し、「開発飽和、人口圧力発生の状況下、江南デルタ農村の住民は、新たな出路を求めねばならなかった」ことを指摘している。江南商人の出現、農村の商品生産の展開、市鎮の発展などは、土地に対する人口の相対的な過剰という状況の所産と見なされている。土地開発や人口圧力に注目するこのような「実物的」な観点からすれば、一六世紀から一八世紀にかけての江南社会経済の変化が、同方向への直線的な推移と捉えられることは自然であろう。

社会変化の具体的な物質的基礎を重視するこのようなアプローチの貴重さとメリットについては、いうまでもあるまい。ただここでややわかりにくいのは、土地不足という状況のもとで、なぜ「収支相償わざるが故の農業経営放棄、都市移住」が起こるのか、ということである。もし土地の不足が深刻ならば、農産物価格は高騰し、土地所有・土地経営は有利となり、土地価格も高騰して然るべきではないだろうか。ところが事態は逆であり、一六世紀には農産物価格は停滞し、土地価格は大きく下落しているのである。そうした点からみて、一六世紀の商業化は「開発飽和と人口圧力」のみでは説明できず、むしろ、当時の人々が指摘する如く、土地にかかる税・役負担の重さというプッシュ要因と、海外銀の流入や財政支出の膨脹というプル要因との複合によって理解すべきではないか、と思われる。そして、財政や銀の動向といったこのような「貨幣的」な面に着目するならば、江南デルタ農村の状況は、一六世紀と一八世紀とで相当に異なる。一六世紀は農村不況の時代であったのに対し、一八世紀は農村の好況の時代であり、常州府無錫県の人、黄卬の記述によれば「城居する者、貧窶多く、宿舂あるもの十に一を得ず。而れども郷民頗る温飽するもの多し」という、明末と対照的な状況も見られた。しかも同じ黄卬は、明末清初の動乱期に比べて祭りや年中行事の催しがさびれてきたことも指摘している（以上『錫金識小録』巻一。また、稲田清一「清代江南の世相と士風」小野和子編『明末清初の社会と文化』京都大学人文科学研究所、一九九六、参照）。こうした記述が、もしある程度一般化できるものであるとすれば、一八世紀江南の社会経済と信仰世界には、どのような変化が起きていたというべきであろうか。清代については、著者の周到な叙述によっても、まだ十分に描きこまれていない部分が残されているように思われる。

そのほか、細かいことであるが、若干の誤字脱字や翻訳ミス等がある。例えば、七七頁、黄傅の言の引用にみえる「自分の頬を傷つける」は、史料原文によれば「傷頬」であって「煩雑に過ぎる」であり、一一七頁の『太祖実録』の引用の「有司は戯れにも致祭してはならぬ」は原文「有司無得致祭於戯」であって「有司は致祭してはならぬ。於戯（ああ）」と後に続くのであろう。

以上、本書は、著者の長年の精魂を込めた文献調査・聞き取り調査の成果が凝縮された充実した書物である。その魅力を十分に紹介できなかったことをお詫びするとともに、現在台湾において教鞭を取られている著者の研究の益々の発展をお祈りしたい。なお、著者は現在、『東方』誌において、「中国大陸の神々」と題する関連の連載を行っておられることを付記しておく。

（研文出版、二〇〇一年）

原載　『史学雑誌』一一一編八号、二〇〇二年

【書評】

岩井茂樹『中国近世財政史の研究』

本書の著者岩井茂樹氏は、一九八三年に発表された処女作「清朝国家財政における中央と地方」(本書第二章) 以来、明清財政史研究をリードする気鋭の研究者として、話題作を次々と発表してこられた。岩井氏の論文が、狭い意味の財政史の範囲にとどまらず、社会経済史や法制史の分野にも広く反響を呼んだ理由は、氏の研究が史料の一字一句をもゆるがせにしない高い実証性を保持しつつ、同時に中国の政治秩序の全体像に対する鮮明な問題関心に支えられていたことにあるといえよう。本書は、氏の二〇余年にわたる財政史研究を集大成した五百頁余りに及ぶ大著であり、学界待望の一冊ということができる。

まず、本書の構成を以下に示そう。括弧内は各章の元となった論文の刊行年を示す。

序章 (書き下ろし)

本書の頁数の半ば以上を占める第二部（第五章から終章）の諸論文は、もともと「傜役と財政のあいだ――中国税・役制度の歴史的理解に向けて――」と題して『経済経営論叢（京都産業大学）』に四回に分けて連載されたものである。これら第二部の諸論文に加え、学術雑誌・学術書に掲載された第二章・第四章が、本書の実証的コアをなすといえよう。序章・第一章・第三章及び附篇は、それらのコア論文を包括・連結して本書全体の問題を提示し、全体的眺望を示す役割を果たしている。コア論文に関しては、術語の統一などを除きほぼ原載時のまま収録されているが、本書が単なる個別論文の集成でなく内的な統合を保っているのは、序章から終章まで一貫する「正規の財政とその外にある非正規の財政」との「二重構造」（六四頁）の動態に対する明確な問題関心の故であるといえる。

序章において著者は、清代の有名な幕友汪輝祖が「漕飯を喫《く》う（地方有力者が漕米の超過徴収を告発すると脅して地方官府から金をゆすること）」習慣に対して示した態度を糸口に、本書の基本課題を提示する。汪輝祖にとって、このような習慣は確かに望ましくはないものの、当事者を厳罰に処すれば済むというわけではなく、一朝一夕には変えがたい財政構造に深く根ざした現象として、容認せざるを得ないものであった。著者は、こうした当時の「良識」に寄り添いつつ、その論理に肉薄しようとする。当時の人々にとって常識的前提となっていた付加的・追加的課徴の存在を、財政制度の体系のなかにどのように位置づけて理解すべきか。このような付加的課徴が負担の不均衡を通じて深刻な社会問題を引き起こしてゆくのは何故なのか。著者によれば「財政の体系は、伝統中国の政治支配秩序に特有の性質と構造を窺う恰好の分野である」（一六頁）。なぜなら、財政とは「権力団体としての国家と支配をうけいれる社会とのあいだに形成される経済的循環」（一四頁）の動的な構造を端的に表現するものにほかならないからである。

第一章は、清代を対象として、近世中国の財政構造の基本特徴を概括的に論ずる。清代を通じ、人口増や物価騰貴に伴い必要な財政支出が増大していったにもかかわらず、正規の税額はほぼ固定的であり（「原額主義」）、そのギャップが財政難をもたらした。中央財政と区別された独自の財源をもたない地方政府では、中央による経費吸い上げと地方の財政支出増大とに挟撃され、付加税や追加的課徴、及び徭役賦課などの手段によって、経費不足を補わざるを得なかった（「正額外財政の拡大」）。明確な法的規定を欠いた正額外の徴収は、官僚・胥吏・衙役などの不正行為の温床となり、負担配分の不平等に帰結した。こうして、清代後期には、中央政府の統制を受けない正額外財政が成長する（「財政の分権化」）とともに、徴税や徭役賦課をめぐる不正が社会問題となる。

第二章は、雍正年間に成立した酌撥制度を中心に、清朝財政の二重構造を解明する。酌撥制度により、各省の布政司は春秋二期に地方銀庫の現存銀額を中央に報告することを義務づけられ、各省の正額銭糧がすべて中央政府の厳密な管理のもとに置かれる極度に集権的な財政制度が成立した。しかし、この集権的な財政体系の周囲には、その体系の硬直性を補完する形で「公」「私」曖昧な実質的地方財政が成長してくる。即ち「官の役得、吏の手数料……など、個人に帰着する「私」の領域」と「提解された耗羨、帰公された陋規、また公事のため上級官庁の認可を受けて徴収される捐款など、「公」の領域」とが混淆した非正規部門がそれであり、「国家財政は、その固い殻の表面に、どこかぶよぶよとして曖昧なところのある、しかもなくてはならぬ「公」「私」の財政を厚く附着させている」（一〇五頁）。咸豊期以降、太平天国の衝撃により酌撥制度は崩壊し、急増する支出に対応するため新設された釐金などの新しい収入項目は、中央の統制外の非制度的地方財政に組み込まれた。「攤派（割り当て）」方式で地方財源の強制的吸い上げを図る中央と、それに抵抗する地方との争いのなかで、財政権の分裂が進行したのである。

続く第三章は、前章で中央統制の崩壊という側から指摘された清末の財政権の分裂の動向を、地方督撫を核とする外省財政の側から論ずる。釐金などの新財源の徴収を行う「局」は、総督・巡撫の人事権のもとにある半公半私の機構であったこと、戸部による集権的かつ「非人格的」な管理に代わり総督・巡撫間の私的関係を通じて協餉の確保が目指されるようになったこと、が指摘される。第四章では、「外銷」という概念を軸として、清末地方財政の性格に対する著者の理解を提示する。著者によれば、「外銷」は「内銷」に対比される語で、一八世紀後半から史料上に見え、当初は、地方政府の支出のうち、戸部などの中央官庁に報銷（報告し承認を受けること）することのできない正額外の支出を指すものとして用いられていたが、一九世紀前半には、省財政を統括する総督・巡撫に報告しその承認を経て使用される地方経費を指すようになった。太平天国以後の財政難のなかで、外銷款項の資金を中央に吸い上げようとする戸部とそれに対抗する地方督撫との綱引きが演じられた。外銷款項の増大は一面では督撫の統括する省財政の強化を示すが、他面では正規の外銷款項のさらに外側に、外銷すらされない州県レベルの付加税や中飽など、私的な資金調達の領域を成長させていたことに注目すべきである、とする。

以上、第一部の諸章は、清朝財政の展開を跡づけながら、清代財政制度の基本特質を鮮やかに読者の眼前に提示する。中央政府の集権的な財政管理が清末に至って崩れ、督撫中心の地方財政が成長してきたという概略の動向に関しては、従来の研究の殆どが一致するところであろうが、著者の観点の独自性は以下のような点にあるといえよう。第一に、上記の変化を通底する財政の基本構造として、集権的な正額財政とその外側に付着する非正額財政との表裏一体の二重構造を示したことである。中央財政と地方財政との間の制度的区分が存在しなかった当時の財政制度において、地方官衙は戸部の指令のもとで出納を行う中央の出先機関と観念され、正額財政に関しては極めて集権的な財政管理が行われた。一方で、中央の監督する正額財政の金額上・運営上の硬直性は、その必然的な補完物として、付加税や手数料などの形で徴収され柔軟に運用される正額外の実質的地方財政を生み出さざるを得ない。「両者は相互に補完的であると同時に、課税対象を共有するという点では対抗的でもある」（一九二頁）。このような観点からみたとき、清末における中央統制の弛緩は、清朝の財政制度の崩壊というよりは、元来の基本的財政構造のなかに「種の遺伝子」として含まれていた「財政の重層性や分散性という形質が全面開花」した局面として捉えられることとなる（一六五頁）。清代中期の集権的システムと清末の督撫財政とは、同じ財政構造が時に応じて示す二つの面貌なのである。

第二に、このような二重構造を、中央対外省の関係のみならず、省と地方政府、さらには州県衙門の内部にも存在する入れ子構造的同型性の問題として示した点に、本書の新味が存在する。二重構造論の機能概念化ともいえるこの観点は、第二・第三章では必ずしも明示されていないが、二〇〇四年発表の第四章において強調される（なお、一九九四年原載の第八章、三九二頁にも関連の指摘がある）。その結果、清末の省財政について、単なる分権化というのみならず、省財政内部の緊張関係をも含みこんだ、より立体的かつ動態的な歴史像が提示されることとなった。督撫を中心とする清末地方財政の集権化・正規化の側面を強調する議論は山本進らによってなされてきたが、著者の入れ子型構造論は、山本の議論を受け止めつつ、著者独自の重層的なモデルを示したものといえよう。

さて、清朝財政の全体像を論じた第一部に対し、第二部では、上述の二重構造のうちの非正額財政を構成する付加的・追加的徴収の問題に焦点をしぼり、清代を前後にはさむ明代と現代に焦点をあて、国家と社会との相互作用の長期的動態を考察する。時代順の論述ではなく、まず最初の第五章で現代中国の請け負い財政が扱われていることは、読者の意表をつく構成ともいえようが、その考察は新聞・雑誌や新版地方志など史料の博捜に基づく着実なものである。著者によれば、改革開放政策下の中国農村において社会問題化している「攤派」(租税外の分担金の徴収)と「義務労働」の過重という事態は、各級地方政府が上級に対し一定の送金の義務を負うとともに地方経費を自前で調達する「財政包干(財政請け負い)」制度のもとで、収入を増加させようとする地方幹部の行動に由来する。即ちそれは、「国家の管掌する法定的な財政――預算内の財政――と、下部の権力機構が支配する攤派や付加税を財源とする預算外経費とが併存する、二重構造の財政体系のなかで生じる構造的問題」(二四三頁)であり、そこには明清時代の徭役をめぐる社会問題と同根の構造が看取される、という。

第六章から第八章は、時代をさかのぼって明代の徭役制度にかかわる若干の問題を取り上げ、財政の二重構造という観点から分析する。第六章では明代前期の重要な改革の一つである均徭法を扱い、これを里甲単位で雑役を割り当てる方式とする従来の解釈に対し、本来の均徭法はそうでなかったこと――即ち、当該年の一県の応役戸全体を所属里甲に関わらず負担能力順に並べた簿冊を作り、上から戸ごとに役を割り当ててゆくという方式であったこと——を論証する。里甲役の場合は在地の指導力といった要素が重要であるが、雑役の場合はそうした要素を必要としないので、このような方式の方が寧ろ自然である。ここから示唆されるのは、明初の里甲制は、もともと徭役の収取を中心的な目的として構想されたものではなかった、ということである。続いて里甲正役の性格を論ずる第七章では、まず里甲正役の「正役」と古代国家の「正役」との相違が指摘される。明代徭役の負担基準における「人丁」の要素は、古代の「正役」における成人男性への一律科派と異なり、戸の資産評価の一部にすぎず、これを以て古代的体制の残存と見なすことはできない、という著者の議論は、小山正明や重田徳の有力学説に対する鋭い批判である。それでは「里甲正役」とは何なのか。著者は、里甲制度の発足時において里長戸の主要な職責とされた「催辦銭糧、勾摂公事」の二事のうち、多様な公的事務一般の負担をさすものとして従来理解されてきた「勾摂公事」について再検討を加え、新たな解釈を示す。著者によれば、同時代史料に見える「勾摂公事」とは事件・訴訟関係者の拘引をさす語であり、公務一般をさすものではない。即ち、里長戸の職務は州県官府の指揮のもとに徴税と治安維持の補助を行うという限定されたものにすぎず、その他の徭役負担は本来の義務ではなかった。それにもかかわらず、追加的・付加的な課徴としての徭役の増大に伴い、その負担が里甲に課せられたところに、明代の深刻な徭役問題の根源がある、という。

こうした徭役問題を解決するために明末には、各種の徭役負担の一本化と定額化を目的とした一条鞭法が施行される。第八章で著者は、一条鞭法の施行後も継続した徭役問題を検討し、それをかつての徭役の単なる残存としてとらえるべきでなく、一条鞭法により徭役部分を繰り込んで成立した新たな正額財政の外に再び成長してきた非正額財政の問題として理解すべきことを強調する。明末の改革は確かに徭役問題を緩和したが、「それが徴収方法についての改革に終わるかぎり、すなわち財政体系の構造そのものに手を着けずに終わるかぎり、一種の「いたちごっこ」でしかない」（四四七頁）という。

以上、第二部の諸章は日本の学界において膨大な蓄積のある明代の徭役制度を扱うが、その特色はまず第一に、徭役問題をトータルな財政構造のなかに位置づけて考察しようとする明確な姿勢にある。社会構成論的な関心をもつ従来の明代賦役制度研究が、もっぱら徭役の科派方法と在地の階級構造との関係に着目し、国家の階級的基礎という観点から賦役改革の歴史的意義を論じようとしてきたのに対し、著者は明代の徭役問題の基礎に、非正額財政の膨脹に伴う不正・中飽の盛行を見いだし、一条鞭法などの賦役改革は、そうした問題に対応するために非正額財政を正額化し中央の管理のもとに置こうとする試みであったとする。その結果として、明末清初の賦役改革に対する歴史的な位置づけも大きく異なってくる。階級的視点からする研究が、明末清初の改革における賦役の土地税への一本化や優免の限制に「重層的身分関係の崩壊」（小山正明）、「中国における封建体制の成立」（重田徳）といった時代を画する大きな意義を見いだしてきたのに対し、著者はむしろ、それら諸改革を超えて継続する基本構造としての正額・非正額財政の二重構造に問題の根幹を見るのである。むろん、個々の徭役制度の背景にある歴史的条件も分析されているが（例えば第八章第一節の里甲制論）、ここでは徭役制度の歴史的変化が主要な論点となっているのではない。

第二に、第六・第七章で行われた均徭法や里甲制の再検討により、里甲制に対する通説が大きく見直しを迫られたことも、本書の意義として特筆すべきである。里甲制はもともと徭役収取を目的に作られた制度ではなく、里長の主要な職掌の一つである「勾摂公事」とは事件・訴訟関係者の拘引をさす語であってそれ以外の意味はない——こうした著者の主張は、本書全体の議論の本筋から見れば副次的論点かも知れないが、里甲制研究に与えた衝撃は大きい。特に著者が小説などの口語的用法に着目しつつ展開した「勾摂公事」論は、鉄案というべきであろう。

如上の分析を経て、本書の終章で描かれる著者の中国政治秩序像は、以下のようなものである。「巨大で複雑な、又持続的に発展する社会のなかに、貧弱な管理能力と部分的な秩序形成の能力しかもちえぬものでありながら、国家がすべてを管理するという幻想にとりつかれ、また、こうした政治文化に沿ったものであることによってのみ、正統性を保証されている専制的な権力団体が屹立する」。国法や正額財政の領域では確かに集権的な管理が実現されているが、それが国家の機能をすみずみまで覆うことは想定されていない。「このいささか硬直した中心の領域を超えたところに、中心の領域からの圧力にたくみに対応しつつ、……社会の現実に即した二次的な秩序をつくりあげる柔軟な構造がぶ厚く存在している」。「柔らかいゲル」のようなこの周辺構造によってこそ、中心の領域は社会から養分を吸収することができ、また権力の実質的分散があってこそ、皇帝の「万機総攬」の理念が保たれる、と。著者は、中国専制国家の集権的政治秩序が直接に人民まで及んでいた（ないしは原則上及ぶべきものであった）ことを論ずる中国史研究会の吉田浤一・足立啓二等の観点――「法は中間的諸団体によって阻止・変容されることなく、ストレートに人民にゆきわたる」（吉田）、「社会的な意志決定の機能は……、中間諸団体を飛び越して、官僚機構を軸に、最終的には皇帝権のもとにまで集中されている」（足立）など――を批判しつつ、中国の専制権力の絶対性はまさに権力の分散構造によって支えられていたことを強調するのである。

以上のように、集権的な中央管理の固い殻の外側に付着する柔軟な分散的構造、という著者の中国政治秩序像は、各章の実証的な議論のなかで繰り返し提示されながら、最後の結論へと収斂してゆく。本書の議論の独創性と研究史上の意義については、第一部・第二部の紹介の末尾でそれぞれ私見を述べたので、ここで繰り返すことは控えよう。以下書評の常道として、本書の議論をクリティカルに吟味してゆくべきところであろうが、それは大変難しい。その理由は、評者が賦役制度史の専門ではないということもあるが、本書の実証と論理との堅固さにもよる。本書は国家の支配構造全体を射程にいれ、時代的にも長期にわたるスケールの大きな議論をしているにもかかわらず、極めて緻密な、隙のない書物である。著者の方法が、外在的な枠組の適用でなく、当時の人々の観点に密着して「構造」を理解しようとするものだからであろうか、無理な解釈に伴う違和感が殆ど感じられない。また、ありうべき批判や疑問に対しては、著者自身が本書のなかですでに周到な反論や回答を準備している。従ってここでは、著者の議論に触発されて思い浮かんだ若干の感想を述べることによって、書評の責を塞ぐことをお許しいただきたい。

本書の論点のなかで評者が最も刺激を受け、また反省もしたのは、里甲制をめぐる議論である。里甲制が役困のなかで解体してゆく明末清初の時代を専門とする評者の目から見て、里甲制は、経済の自然な変化に対応できない不合理な制度のように見えていた。それは、朱元璋の独特の理念によって強引に作られた特殊な「固い体制」として明初体制を見る見方にもつながっていた。しかし著者によれば、里甲正役の本来の目的は「徴辦銭糧、勾摂公事」即ち村内の銭穀と刑名に関する補助的な業務にすぎず、それは「本来官府の財政的資源を獲得する目的で設定された役ではない」（三五一頁）。一六世紀以降顕在化した「役困」は「本来の里甲役という「正役」そのものから発した問題であるというよりは、その時代の財政の構造から派生した里甲役にたいする附加的・追加的な課徴の問題である」という（六六頁）。著者のこうした主張は説得的なものであり、固い不合理な制度としての評者の里甲制イメージは大いに変更を迫られたのである。

里甲正役が財政的資源獲得のための「本来の意味における差役・徭役」と無関係に設定されたものであった、とする著者の指摘は鋭い。しかし、里甲正役は財政的負担を直接に負う筈のものではなかったとしても、むしろ賦役徴収におけるリスクを負うといった意味で財政上大きな意味をもっていたといえるのではなかろうか。納税戸が先を争って税を納めるならば、里長の役務はほとんど負担にならないこともあるだろうが、納税戸の納税拒否や逃亡、或いは胥吏の勒索といった事態のもとでは、里長戸の負担は無限大となり得る。そして、そのリスクが「徴辦銭糧」のなかに本来埋め込まれていたという点では、明末の役困はやはり「正役」そのものの問題とも言えるのではないだろうか。そして、一条鞭法以後も糧・里系統の「正役」が根強く残存したということは、リスク負担に関わる徭役の定額化がとりわけ困難であった事情を示唆しているように思われる。

財政問題としての徭役問題とは、追加的課徴自体の問題であると同時に、正額と非正額を含めた課徴を実現する際のリスクの負担のさせ方の問題でもあると考えられる。そしてリスクという計量しえないマイナス要因をどのように負担するかという点から見るならば、やはり明代と清代以降との間には「いたちごっこ」という語では表現しきれない大きな変化がある。明末の里長戸がリスク負担を義務化されているが故に異常な圧力にさらされたのに対し、清代にはそのような義務化の制度はほぼ解体し、リスクは包攬などの形でいわば市場的に処理される傾向にあったといえよう。そして、本書第五章の分析から見る限り、現代中国でも、里甲制のようにリスク負担そのものが農民の義務とされているという事態はないように見える。

むろん、著者にとってこのような問題は、すでに解決済のものかもしれない。本書における里甲制への言及は「里甲正役は本来徭役収取とは無関係であった」というネガティブな方向の論証に重心を置いているが、本書未収録の論文「公課負担団体としての里甲と村」（森正夫他編『明清時代史の基本問題』汲古書院、一九九七）で著者が扱っているのはまさに「団体的税・役負担システム」としての里甲の性格である。この論文で著者は「財政」という語をキーワードとして用いてはいないが、「団体的税・役負担システム」の問題は、財政におけるリスク処理の問題として扱うこともできるのではないか、というのが評者の未熟な感想である。

第二に、本書の「反歴史」的「構造」論について述べたい。本書の焦点は、中国近世・近代財政の「二重構造」問題、即ち集権的に管理される正額財政とその周囲に生み出されてくる曖昧なしかし不可欠の非正額財政との表裏一体の「構造」へと、息苦しいまでにぴったりと据えられている。「構造」という語は、戦後日本の中国史研究のなかでも盛んに用いられてきた。「中国古代国家の形成と構造」（西嶋定生）、「郷紳支配の成立と構造」（重田徳）、「中国封建国家の支配構造」（川勝守）など、「構造」という語を冠した著作は枚挙に暇なく、「構造」という語は戦後日本の中国史学の意識されざるキーワードであったともいえよう。しかし本書でいう「構造」は、従来の「構造」論とはやや異なる。時代区分的問題関心と結びつき、ある時代の国家や社会を一つの社会的実体ととらえて、特定の階級的基礎の上に成り立つその全体構造を分析しようとする上記のような諸研究に対比して、本書でいう「構造」は、時代的変化やマクロ・ミクロの諸局面を通底して発現する秩序生成のかたち、いわばその形態学的な共通性をさす。

議論の出発点として第一章・第二章で提示されるのは、清代におけるウルトラ集権的な国家財政とその周辺に成長する実質的地方財政の二重構造であるが、著者によれば、このパターンは財政の分野のみに限定されるものではなく、「財政においては正額・正額外の部分、また官庁機構内における官僚組織と幕友・胥吏組織、裁判・法制における「上申」案と「州県自理」案」（六二頁）など、官僚制や司法制度にも発現している。第四章で検討される「外銷」の概念が、裁判における「外結」、諸事務における「外辦」、人事における「外補」など、中央の指示・認可を受けず地方レベルで処理し得る範囲を示す諸概念と共通性をもっていることは、著者は特に論じてはいないものの、読者にとっては自ずと想起される事柄であろう。またこの二重構造は前述のように、中央と外省との関係のみならず、省と州県、さらに州県衙門や中央官庁の内部にも「マトリョーシカ人形のように」出現する（一九三頁）。時代的な変化という観点から見ても、明代の里甲制から明末の諸改革を経て現代中国に至る税・役制度の大きな転変の背後に同じ構造が持続している。

著者自ら「五百年間の歴史を超えて等質性を見いだそうとする「反歴史」的考察」（三九二頁）とやや挑発的に述べるように、どこを切っても同じ構造が遍在するこのような秩序像に、「超歴史的」「停滞論的」といった否定的レッテルを貼ることはたやすいであろう。しかし本書において、こうした基底的な構造への関心こそが、五百年間の税・役制度の変遷を内在的に理解する鍵となっていることは疑いを容れない。一見多様な現象を相互に切り離されたバラバラの問題ととらえるのでなく、多様性の背後にある一貫した秩序生成の論理への着目を通じて整合的に理解しようとすること――ここにこそ「歴史学」の面白さがあるともいえ、本書はその鮮やかな成功例の一つと見なすことができよう。

ただ同時に、著者がこのような構造を「両税法体系」（その説明は二五一―二五二頁の「補記」でなされている）の特質としてとらえていることにも注意しなくてはならない。それでは、両税法以前と両税法体系とはどのように区別されるのか。たしかに古代国家の力役が戸を単位としない人丁そのものへの一律の科派を原則とするものであったという点（三二四頁）では、明代との相違が見られるだろう。しかし、「中央集権的な管理を指向する法定的な租税と、主として地方的な科派たる附加的・追加的な諸負担との二層構造、法定的な財政の体系のなかに地方官府の経費がきわめて不十分にしか用意されていないことによる地方財政の不在ないしは脆弱、法定的財政においてしばしば預算額の固定化・硬直化を導く原額主義の傾向、以上の三点によって決定づけられる実質的な地方財政の請け負い的構造」（二五〇頁）を「両税法体系」の財政的特質とするならば、両税法以前においてそのような構造が存在しなかったといえるだろうか。少なくとも「郷官部吏は、職は斯《いや》しく禄は薄く、車馬衣服は一に民より出づ。廉なる者は足るを取り、貪なる者は家を充たし、特選の横調は紛々として絶えず、送迎の煩費は政を損い民を傷つく」（『後漢書』左雄伝）とある如き正額外の附加的徴収は、古代においても稀ではなかったと想像される。本書の中心課題である財政の二層構造の始まりについては、より明確な説明が必要なのではあるまいか。

最後に、本書の研究史的位置づけについて述べたい。本書においては、財政史・徭役史上の実証的先行研究に関して、極めて周到な言及がなされている。一九六〇年代の明代徭役研究を理論的にリードした小山正明・重田徳などに対する批判の緻密さ・的確さも敬服に値する。ただ、本書を一貫する財政の二重構造というアイデアに関しては、先行研究への言及がもう少しあってもよいのではないかと感じられた。というのは、評者の管見の範囲でいうならば、例えば村松祐次が『中国経済の社会態制』（初版、一九四九年）のなかで、中国の政府が清代以前から「極めて統一的な、中央集権的な外形の下に、甚だ複元的・分散的な傾向を包蔵していた」と指摘していることに評者はかつて強い印象を受けた記憶があるからである。村松は、民国期の財政を主要な題材として中国財政の性格を素描し、田賦の「額征」主義とそれに付随する各級政府の連鎖的な「定額請負」的関係、また私人的性格と威力的性格を併せ持った中国各級政府の性格、といった諸点を強調している。村松の中国財政論は四〇頁弱にすぎないが、そこには、本書の論点と呼応する鋭い指摘をいくつか見いだし得るように思われる。

私がここで村松の研究に言及するのは、本書のオリジナリティーに限定を付そうという意図では全くない。分厚い実証に支えられた本書の議論の独自の価値は明らかである。ただ、戦後日本の中国史学のなかでともすれば「停滞論的」と見なされ忽視されてきた潮流のなかに、このような論点が先駆的に提示されていたことに興味を覚えるのである。また、同じく国家と社会との相互作用に関心をもちながら、中央集権的な財政を起点にそれが生み出す「二次的な秩序」としての非正額部分に注目する本書の議論に対比して、村松の場合は、第一義的な関心の対象は中国の一般的経済秩序の形態であり、財政に表現される政府の性格は村落・ギルドなどと並ぶ中国経済の「競技規則」の一つとして取り上げられている、そうした視点の方向性の違いも面白い。その意味では、終章において著者が、中国史研究会のややストレートすぎる専制国家秩序論を論争対象とし、これに対する批判を以て本書をしめくくったことは、いささか残念にも思われる。より洗練された視点から中国財政の重層性に着目しつつ秩序のかたちを論じようとした研究が、従来存在しないわけではないからである。

以上、未熟ながら率直な感想を述べさせていただいた。本書の緻密な実証と重厚な論理を十分理解しえないが故の妄言もあることと思われる。謹んで著者・読者のご海容を乞うとともに、明末の中央政治や辺境社会、また明清時代の郷村の職役などに関し、次々と大作を発表しておられる岩井茂樹氏の研究の更なる展開を祈念して擱筆したい。

（京都大学学術出版会、二〇〇四年）

原載『東洋史研究』六三巻三号、二〇〇四年

【書評】山本英史『清代中国の地域支配』

本書の著者、山本英史氏は、清代前期を中心に、明末から民国期までの中国の地方社会に関する多様な史料を博捜しつつ、伝統中国の在地社会の実態の解明に努めてこられた研究者である。本書は、山本氏の三〇年間にわたる研究の主要部分を集成し、「一つの新たな体系」（本書四七三頁、あとがき）にまとめた論著として、二〇〇七年に出版された。出版時からかなり時間がたってしまったが、このたび（二〇一一年一月）編集部から書評を依頼された機会に、この大著の紹介を試みたい。

まず、本書の構成を以下に示そう（括弧内は論文としての初出年次）。

序章　清代中国の地域支配についての理解と史料（書き下ろし）

第一篇　徴税機構の再編

第一章　税糧包攬の展開（一九七七年。改稿）

第二章　自封投櫃制の構造（一九八九年）

第三章　紳衿による税糧包攬と清朝国家（一九九〇年。改稿）
第四章　黄六鴻の編審論（一九八五年）
第二篇　清朝と在地勢力
第五章　清朝の江南統治と在地勢力（二〇〇四年）
第六章　康熙年間の浙江在地勢力（二〇〇〇年）
第七章　雍正紳衿抗糧処分考（一九九二年）
第八章　浙江観風整俗使の設置について（一九九三年）
第三篇　郷村管理と地方文献
第九章　地方志の編纂と地域社会（書き下ろし）
第一〇章　郷村組織再編の一過程――蘇州呉江・震沢の場合を例にして――（一九八一年）
第一一章　郷村組織と地方文献――蘇州洞庭山の郷村役を例にして――（一九九九年）
第一二章　浙江天台県の図頭について（一九八〇年）
終章（書き下ろし）
以上のほか、附篇として、書評二篇（岸本美緒『明清交替と江南社会』、岩井茂樹『中国近世財政史の研究』）が収録されている。
以下、本書の内容を簡単に紹介する。
第一篇では、税糧の包攬（請負）問題を中心に、明末の里甲制の解体以降の時期における在地徴税機構の再編過程が考察されている。第一章は、主に清初の江南を対象に、税糧包攬の展開過程を検討する。明末以来の役困（徭役負担の過重問題）を解決するため、清初には税糧の徴収・納入を担当する里甲正役について、負担の低減・分散をめざす様々な改革が行われたが、富裕な戸は賄賂を用いて不正に役を忌避し、小戸にとって徭役負担の不平等と過重の問題は未解決のままであった。そのため、役に当てられた小戸が多額の手数料を支払って生員や「勢豪」に税糧徴収・納入の役の代行を委託する慣行が広がった。その後、一六八〇年代までに江南では税糧の徴収・納入の徭役は廃止され、各納税戸が直接納入を行う「自封投櫃」方式が採用されるが、納税戸は納税時の官府での胥吏らによる不正収奪を逃れるため、依然として郷紳・生員などの有力者に納税を委託し、彼ら有力者による包攬は、一八世紀における事実上の徴税機構として全国的に展開することとなった。第二章では、明末に試行され清初一八世紀初までに各省に広まった自封投櫃制度の仕組みと施行過程が概観される。自封投櫃は、小戸にとっては、納税時の県城への往来や胥吏らの収奪のために弊害の大きいものであって、その弊害を避けようとする彼らは、包攬に頼らざるを得なかった。結局清朝は、一七三五年以降、小戸の零細な税糧については包攬を容認することとなった。第三章は、税糧包攬問題を通じて、紳衿の在地支配の具体像を検討する。主に用いられるのは雍正年間の上奏文であり、一八世紀初には、紳衿による包攬は全国的に大規模な税糧横領行為へと発展していたこと、雍正期にはこれに対し厳しい取り締まり方針をとったが、乾隆朝に至ってその禁令は緩和されたこと、を論ずる。第四章は、康熙年間に山東・直隷で地方官をつとめた黄六鴻の著した官箴書（官僚の心得を説いた書）『福恵全書』のなかの編審（税糧割り当て）関係部分を翻訳・分析した史料紹介的な論文である。

　第二篇は、清朝が江蘇・浙江の諸地域で支配を確立する時期の、清朝と在地勢力の関係を検討している。中国第一歴史檔案館所蔵の『清順治朝題本』のほか、清初の地方官の公牘（秦世禎『按呉疏稿』、韓世琦『撫呉疏草』、劉兆麒『総制浙閩文檄』、朱昌祚『撫浙疏草』など）を中心に、従来の研究で本格的には使われてこなかった史料が活用されている。各章の概略は以下の通りである。明清交替後の江南には、「衙蠹」と貶称される悪徳胥吏・衙役や、明末以来の紳衿が在地勢力として存在した。清朝は、巡按御史秦世禎、江寧巡撫韓世琦などの地方高官を派遣して江南の在地勢力の統制に努めたが、在地勢力は、このような国家権力の統制下にあっても、執拗に独自の勢力を保ち続けた（第五章）。康熙年間の浙江については、地方官の公牘が多数残されているが、これら官僚の眼に在地勢力として映ったのは、「衙蠹」「棍蠹」「衿蠹」など「蠹（きくいむし）」のように官に寄生しつつ内部から地方政治を食い荒らしてゆくと考えられた悪徳胥役や生員たち、及び「土豪」「勢豪」など「豪（やまあらし）」のように官が容易に手を出せない凶暴さをもつ在地の勢力家たちであった。浙江においては、これらの在地勢力は、互いの人的ネットワークを利用して、江蘇以上に強固に存続した（第六章）。雍正年間には、紳衿の抗糧（税糧不払い）に対し厳しい処分規定が設けられ、査察官が派遣されて調査が行われた。しかし実際には摘発数は少なく、処分も恩情によって緩和された。その理由は、郷紳からよい評判をとろうとして宥和的な態度を取る地方官の姿勢にあった（第七章）。文字獄で処分された汪景祺・査嗣庭らの官僚がともに浙江出身であったことから、雍正帝は浙江の風気の悪劣を指摘し、風俗の粛正を図るべく浙江観風整俗使を派遣したが、そこには、浙江郷紳と、李衛ら浙江地方官僚との癒着を牽制する意図があった。しかし、雍正帝の李衛に対する信頼が確立するに伴い、浙江風俗の改善を理由に浙江観風整俗使は廃止された。その裏には、地方の既存の利益を守りつつ官僚の査察に柔軟に対処した李衛の手腕があったと推測される（第八章）。

第三篇は、清代の賦役徴収・賦役帳簿管理のための郷村組織・郷村役の問題を中心として、史料の性格に留意しつつ、郷村社会の実態を考察する。第九章は地方志の性格についての概説であり、一般の地方志が「善を挙げ悪を隠す」傾向をもつ一方、それを批判して地方の弊害を率直に書こうとした黄卬『錫金識小録』のような私撰地方志も、科挙に合格せず官途を断念した著者の複雑な感情に基づく「恣意的・偏向的」な面を持っている、と論ずる。第一〇章は、蘇州府呉江県・震沢県における徴税組織編成の変遷を追い、均田均役法から版図法、順荘法、そして版図順荘法へ、という四段階を抽出する。第一一章では、蘇州洞庭山の郷村役の性格を検討する。地方志のほか、「現総」という郷村役の廃止に関する地方文書を集成した稀覯の刊本『洞庭山禁革現総案』及び、日本の国会図書館所蔵の当該地方の地方檔案『太湖庁檔案』を用い、他の地域との比較検討のもと、里甲制以後の郷村組織の変遷の道筋をたどる。また、官の威を借りて民を苦しめる悪役のイメージを付与されてきた地保や経造などの郷村役について、『太湖庁檔案』によって検討し、「地域社会の多種多様な用件に頻繁に駆り出され、地域住民のために奔走してその利益を代表する役割を演じていた」という異なった像を提示する。第一二章は、戴兆佳『天台治略』を主な史料として、一八世紀初頭の浙江天台県において税糧などの帳簿を管理していた図頭の不正行為について考察する。天台県では、明末以来帳簿が整備されておらず、図頭は一部の民の脱税を援助しつつ、他の民に負担を転嫁した。図頭に当るのは、生員・監生が多く、取り締まりを行おうとする官も結局彼らと妥協せざるを得なかった。彼らの郷村における勢力は、いわゆる郷紳の地域支配の具体例といえる。

以上、本書全体を通じて、清朝の一見集権的な支配のもとでの在地勢力の強固な存続を強調する著者の論旨は明確である。江蘇・浙江を中心とする在地社会の「実態」――そこで活動する人々のしたたかさが多様な史料を用いて生き生きと描かれている点が本書の魅力といえよう。特に、基層的な徴税機構の廃止をめざした自封投櫃の制度が却って包攬という形での自生的な中間的組織を生みだしてゆく点は、中国社会における独特の秩序形成メカニズムをよく表している事例であると思われる。また、里甲制の解体以後、試行錯誤を経て清代型の郷村役が定着してくる過程――著者によれば「明代の里甲正役から派生・分化した銭糧催辦の役が、康熙年間の制度改革によって廃止されたのち、必要に応じて設けられた新たな郷村役がなおも徭役的性格を遺し、そのための就役困難や不法請負を伴ったことによる弊害を一掃し得なかったため、ついに輪番制に基づかず、これまで実態として業務を担ってきた人間をもって村落行政を担当させるに至ったという、ある種共通の過程」（三六九頁）――も、中国の在地社会における秩序形成のあり方について読者の興味をそそるところであろう。

以下、数点にわたって、本書の主な論点をとりあげ、検討してみたい。

第一に、「在地勢力」の歴史的性格、および国家支配と在地勢力との関係をどのように捉えるのか、という点である。清代を通じ、在地勢力は執拗に存続しており、国家権力はそれを取り締まろうとする数次のキャンペーンにもかかわらずその統制に成功せず、結局在地勢力との妥協のもとに支配を行わざるをえなかった――著者のこうした観点は本書を一貫して、非常に明快に示されている。しかし、「在地勢力」がどのように形成されてくるのかという秩序形成の論理に関していうと、本書には、微妙に異なる二つの見方が十分に統合されないままに重なりあっているという印象をぬぐうことができない。その一つの見方とは、自らの利益を追求する在地の勢力家が、不当な手段でその勢力を拡大し、小民から収奪し、郷曲に横行する、というもので、在地勢力を糾弾する当時の史料は、しばしばこのような描写を用いる。もう一つの見方は、集権国家がその支配の末端では十分な秩序形成機能を発揮できないために、リスクを回避しようとする人々が在地の有力者に頼って私的な秩序形成を行わざるを得ない、というものである。第一篇で扱われる自封投櫃から包攬への動きは、このような見方を裏付けるものである。むろんこの二つの見方は、実際問題としては重なり合うものである。在地勢力が小民から収奪することと、在地勢力が小民に頼られることとは矛盾しない。しかし秩序形成論としてみたとき、そこには違いがある。前者（仮に第Ⅰ型とする）は、在地勢力の小民支配という現象から出発し、集権国家は在地勢力の強力さの故に、これと妥協せざるを得なかった、という説明の仕方をする。それに対し後者（第Ⅱ型）は、集権国家の秩序形成機能の末端における不全と、小民のリスク回避行動によって、在地勢力の形成を説明しようとするのである。でき上がった秩序の全体像を見れば、そこには集権的国家秩序と在地勢力による秩序が二重性をもって共存するという相似た像が描かれる。

しかし、なぜ在地勢力は強いのか、なぜ国家権力は在地勢力を根絶し得ないのか、という説明において両者は必ずしも一致しない。私見によれば、著者が序章で回顧する「《国家と社会》の研究史」における一九七〇年代から八〇年代にかけての変化は、この第Ⅰ型から第Ⅱ型への移行という形で理解することができる。

本書の「在地勢力」論には、二つの理論的モデルがある。著者自身が本書第三章の補足のなかで述べているように、「紳衿による包攬」に対する著者の当初の問題関心は、重田徳の提唱した「郷紳支配」の一具体例としてこれを分析するところにあった。周知のように重田のいう「郷紳支配」とは、明代中期以降の「下からの封建化」の動きを基盤としつつ、「領主化しえなかった封建的支配者が、集権制の傘の下で、事実上の関係として極限的に展開した支配」（重田『清代社会経済史研究』岩波書店、一九七五、一七〇頁）即ち「特殊中国的形姿をもつ封建制」として説明されていた。「下からの封建化」という見方をする限り、秩序形成論としては第Ⅰ型となる。しかし著者は、「普遍的発展段階論」「階級論」の枠を超えることのなかった（六頁）重田モデルを現時点では放棄しているようで、「いま（本書出版に当たって補記が書かれた二〇〇六年頃の時点——岸本）この問題を改めて考えるにあたって、ヒントとなるのは岩井茂樹が提示した清朝財政構造に対する見解である」（一〇五頁）という。岩井の議論は、具体的な実証作業としては、一四世紀から二〇世紀に至るまでの中国の財政構造を対象としつつ、「硬直性をおびた正額（正規の税額として国家によって規定されたもの——岸本）部分と、その外側に生長する柔軟な非正額部分との相補的関係」（岩井『中国近世財政史の研究』京都大学学術出版会、二〇〇四、一九頁）を論じたものであるが、その射程はより広く、中国の国家全体が「集権的な中核と、分散的かつ独立性の高い末端との複合体」（岩井書、四七九頁）として構成されている、という議論へと拡大し得る。岩井モデルでは、国家の中央集権的な理念こそが末端における分散的な秩序形成を生みだすという逆説的な関係が強調される。即ち、中央ですべてを管理しようとする国家の理念的志向は、当時の国家の貧弱な管理能力に規定されて、末端においては機能不全を生じざるを得ない。「このいささか硬直した中心の領域を超えたところに、中心の領域からの圧力にたくみに対応しつつ、かならずしもその圧力のままにではなく、社会の現実に即した二次的な秩序をつくりあげる柔軟な構造が、ぶ厚く存在している。」「政治と財政の構造における法的また理念的構成が徹底して中央集権的であることとは、こうした法的また理念的な構成からはみ出した機能がこれまた徹底的に分散的であることと、表裏一体なのである」（岩井書、四七八—四七九頁）。岩井モデルは第Ⅱ型の秩序形成論の一つの典型といえよう。

本書を通読してやや物足りなく感ずることは、この二つのモデルの相克が著者のなかであまり意識されておらず、従って二つの型の説明がしばしば無造作に並置されているように見えることである（或いは評者がかつて取り組んできた秩序論の核心がこの点にあるため、評者のほうが意識しすぎているのかもしれないが）。著者の関心が重田モデルから岩井モデルに移っていることは明示されているが、重田モデルがなぜいけないのか、という理由については、内在的な批判ではなく、「普遍的発展段階論」「階級論」の時代はもう終わった、という表面的な説明に終わっているように思われる。

この曖昧さは、著者が清代中国の秩序形成における集権国家体制と在地権力との二重性を「当為と実態」という一般的な語で表現し、それを本書全体を通じるキーワードとしてしまっていることにも由来しよう。著者のいう「当為」とは即ち「皇帝による集権的な支配権力が中国各地域の末端にまで広汎に浸透していたと見る、ないしはそうあるべきだと見なす」（四二六頁）王朝の理念であり、「実態」とは即ち「地域における在地勢力を排除しえず、逆にその地域における既存の支配力に相当部分を依拠」（同上）していたという現実である。著者は、この当為と実態との二重性こそが、清代中国の国家支配の特色であるとするのである。岩井は「中心の領域と周辺の構造とは、対立しているのでもないし、当為とそれから逸脱した現実という単純な関係にあるのでもない」（岩井書、四七九頁）と述べているが、著者はこの二重性をあえて「当為と実態」という分かりやすい語であらわしてしまうことによって、岩井モデルのもつ内的緊張感及び、重田モデルとの相違といった重要な論点を、却って見えにくくしてしまっているのではないだろうか。

「当為と実態」論の曖昧さは、この二重性の歴史的位置づけの曖昧さにも連なってゆく。即ち、重田モデルは「明末清初」の時代的変化に焦点を当てていたのに対し、岩井モデルは意識的に一四世紀から二〇世紀までという長いタイムスパンでの構造的同一性を強調しているのであるが、一般に、第Ⅰ型の議論は時代ごとの在地勢力の性格とその変化に関心を持ってきたのに対し、第Ⅱ型の議論は中国の帝政時代を通じる秩序形成のメタパターンに興味を集中する傾向があったといえよう。著者は岩井著書に対する書評のなかで、「中国社会の「発展」をどう見るか」という問題を提起し、岩井の所論が「著者の意図に反して、はるか昔に葬り去られたはずの中国社会停滞論やさらには王朝交替史観の棺の蓋を開けかねない「危険性」を生みだしている」(四五五頁)と指摘する。それでは、著者自身は、清代の史料にあらわれる在地勢力の歴史的形成やそれに伴う社会の「発展」をどのように考えているのだろうか。本書では、「衙蠹」という語が清代になって初めて史料上に頻出する、といった非常に興味深い指摘(第五章)はあるものの、在地勢力の形成過程についての明確な考察は見られない。本書がもっぱら清代を分析対象としていることもあって、在地勢力については、前代からすでに存在し、清朝官僚による取り締まりにもかかわらずしぶとく存在しつづけるもの、といった見方を大きく出てはいないように思われる。著者は「清朝の国家支配は……いわば当為と実態との共存を不可欠とするものであった」とするが(前掲引用文参照)、それは清朝のみの特徴なのか、それともより古い起源を持つものなのか。それを明示することによって、重田モデル・岩井モデルに対する著者の議論の位置づけが、より明確になるだろう。

第二の問題は、史料における言説性と事実性の問題である。本書において、「当為と実態」という語は、上記のように王朝の集権的理念と在地勢力との関係を指すものとして用いられることもあるが、史料読解上の留意点として挙げられることもある。即ち、「(支配構造上の当為と実態の二重性を反映して——岸本)我々に求められるのは、官撰書から地方志・文集、さらには檔案に至るまでの史料の発信する情報がいかなる「当為」の反映であるかを見極め、そこからどういった「実態」が掘り起こせるかを常に意識しなければならないことである」(一〇頁)とされる。これが歴史研究者にとって、言うは易く行うは難い重要な指摘であることは、言うをまたないであろう。ただ、本書では、支配構造上の当為と実態の二重性が史料上の言説性と事実性の問題に直接重ね合わされているために、あるゆがみが生じているように思われる。すなわち、王朝や官僚を称揚したり社会の安定を指摘したりする史料が「当為」の反映とされる反面、在地勢力の強力さ・横暴さを強調する史料がそれだけで「実態」と見なされるという傾向である。

本書には、在地勢力の不正行為や横暴さを糾弾する官僚の報告が多数引かれているが、著者がそれらの内容の事実性に留保を付すことはほとんどないといってよい。むしろ、「州県行政権力に優越する紳衿の実力を如実に伝えている」(九四頁)、「この題本は……衙蠹集団による詳細な行状の報告を付していて、その実態を知る上での有用な情報を提供している」(一五七頁)、「これによって巡撫という地方行政権力を後ろ盾にした在地勢力の地域支配のあり方を如実に知ることができる」(一五八頁)、「(これらの)証言は様々な方法によって官署との関わりを維持し、容易にその足場を手放さない「衙蠹」の姿を如実に伝えている」(二一三頁)、「右は実際に戴兆佳の手によって発せられた告示であって、その信憑性は高く、天台県における士習の状態の実際を正しく伝えているといえよう」(四〇九頁)のように、著者は官僚の文章に書かれた在地勢力の姿の事実性をおおむね積極的に肯定しているのである。しかし、在地勢力の取り締まりという明確な目的をもって書かれたこれらの報告は、本当にその実態を「如実に」伝えているのか。伝統中国の政治的キャンペーンにおいて、政敵や取り締まり対象の悪事や横暴さがどぎつく誇張して描かれ、小民の被る冤抑もそれに応じて強調されるということは、我々にとってなじみ深いことではないだろうか。著者は第一一章においては例外的に、一般的な史料にみられる地保の悪役イメージを批判の対象とし、地方檔案に描かれる地保の地道な日常業務に焦点を当てているが、官僚の報告に見られる在地勢力の悪役イメージと、ここで批判される地保の悪役イメージとは、同じ政治文化の土壌のなかで形成されてきたものであると思われるのである。

おそらく著者が、集権国家の理念という「当為」に対比して中国の在地勢力の強力さという「実態」を強調しようという姿勢で史料に臨んでいるために、取り締まりキャンペーンのなかで在地勢力の強力さ・横暴さを指摘する史料はそのまま「実態」としてとらえられ、一方、取り締まりキャンペーンの終息は、問題の解決ではなく「在地勢力に対する統制の不成功」としてとらえられる（第二篇所収の諸論文）ことになるのだろう。こうした傾向は、在地勢力の強さという結論を先取した上で、それを裏付ける史料を「実態の反映」とし、それに抵触する史料を「当為の表現」として選別してゆくという、恣意的な史料使用への道を開きかねないものではないだろうか。

第五章、第六章で著者は、在地勢力を表現する際の「蠹」や「豪」といった暗喩について、具体的なイメージも含んだ興味深い検討を行っているが、そこでも、「在地勢力の実態」といった見出し（二四六頁）が示すように、史料に描かれた「蠹」や「豪」のふるまいは、比較的素朴に「実態」視されているように思われる。しかし、官僚に対する顕彰や王朝に対する賛美と同様に、在地勢力批判の言説のなかにも、さまざまなレトリックや誇張、特有の語り口があったであろうことは、容易に想像し得る。むしろそうした語り口の分析を通じて、当時の政治文化に接近することもできるであろう。

最後に、清初江南の吏治粛正に関する著者の見解について、簡単に触れておきたい。というのも、著者は本書に収録されている書評において拙著を批評する労を取ってくださったのみならず、第三章、第五章、第六章などにおいて、評者の見解に対する実証的な批判を行ってくださっているからである。その批判の主眼は、評者が、清朝の江南統治の初期（一六四五年から一六八〇年代ころまで）に関して、清朝の吏治粛正・豪強排除政策を通じた秩序回復の成功、及び在地勢力の弱体化を強調しすぎている、という点にある。確かに、著者が引用する評者の「一六八〇年代における清朝の江南統治の方針は、地方社会内部の自立的極としての土豪勢力を一掃するとともに、官府を浄化して皇帝の一元的支配に服せしめ、一君万民的徳治主義のもとに民衆世論を糾合することによって、秩序を回復しようとするものであった」といった文章などは、あたかも江南において在地勢力が実際上も一掃され、清朝の個別人身支配が成功した、と評者が主張しているかのような印象を与えたかもしれない。しかしここで述べていることは、清朝の標榜する政策の方向性についてであって、その成功も、むろん程度問題に過ぎない。著者が一七五頁で用いている教室の譬えを借りて感覚的にいえば、評者が主張したかったことは、一人として私語をしないような完全な統制状態が達成されたということではなく、とりあえず学級崩壊の心配をする必要がなくなった、という程度のことである。なお、地域的な限定に関していえば、江南といっても、江蘇は清朝の江南統治のモデル地区として積極的なテコ入れが行われたのに対し、浙江ではそうした政策が行われておらず、両者の違いに留意すべきである、という著者の指摘は、評者の気付かなかったところであって、著者の教示の通りであると思う。

清初の吏治粛正キャンペーンがどの程度まで基層社会を動かしたか、ということは、簡単に実証できる問題ではない。しかしこの種のキャンペーン（本書の扱う範囲では、清初と雍正年間が重要である）が清代の政治において持った意味は、軽視されるべきではない。もしわれわれが中国の秩序形成に関して、上記第Ⅱ型の理解を採用するならば、基層社会にもともと国家権力の侵入を拒むような堅い在地勢力が存在するわけではない。清朝の統治政策は、明初の里甲制のように在地勢力を公的基層組織のなかに組み込むのでなく、むしろ、著者の考察した自封投櫃が象徴するように、中間的組織を解体して民と官とを直接に結び付けようとする方向性をもつものであった。こうした政策が包攬という形で新たな二次的秩序形成を促したことは、著者の論ずる通りである。しかしこうした過程に示される在地勢力のしぶとさというものは、何十年にもわたって固定したメンバーで存続していく基層的社会集団の強固さというよりは、臨機応変、人々の選択によって絶えず新たに作られてくる人間関係の根絶し難さである。そしてそれが人々の選択によるものであるからには、人々の支持し頼ろうとする方向が在地有力者ではなく、官に向かうことも当然あり得るだろう。官が主導して地方住民を動員し、在地の秩序に変化を起こさせる余地は開けている。著者は、清初の民間史料に記される清官顕彰記事が「清朝の思想弾圧のもとで本心を隠した」ものであることを示唆する（一七五―一七六頁）が、同じ史料のなかに、悪徳官僚を激しく糾弾する記事も平然と書かれていることを忘れてはならない。当時の人々の「本心」が何であったのかということは知りがたいが、清初の江南における清官人気は当為であって実態ではなく、在地勢力のほうは実態である、として峻別することはできないと思われるのである。

国家が一時的なキャンペーンとしてしか在地社会に介入できなかった、として国家統治の限界を論ずることも一面では正しいであろうが、国家が時として強力に発動する政治的キャンペーンというものが、西欧などと異なる中国近世国家の（ひいては二〇世紀にまで至る）特徴的な政治スタイルとして秩序形成に大きな役割を果たしていたことも否定できないだろう。この点は、寺田浩明の「「約」の性格」論（寺田「明清法秩序における「約」の性格」溝口雄三他編『アジアから考える4　社会と国家』東京大学出版会、一九九四）とも関連し、中国秩序論の重要な課題として、今後考察してゆくべきものと思われる。

以上、本書に対する疑問の点を率直に述べさせていただいたが、本書には、ここで紹介しきれなかった興味深い事実発見が豊富に含まれている。多彩な引用史料には、平明な訳がつけられ、地の文章も著者のお人柄を反映して肩ひじ張らないリーダブルなものであるため、専門家のみならず、一般読者にとっても親しみやすい書物となっている。なお、第四章の『福恵全書』の訳文は、原文の文字を生かしてルビで意味を説明した漢文書き下しと現代語訳の折衷的文体であり、必ずしも読み易くはないが、史料を正確に読解するための一つの試みということができる。史料の訳には疑問の点が無くはないが（一例を挙げれば、三二〇頁、「概曰今人不如古人者過矣」は、「おおむね「今人は古人の過ぎたるにしかず」といえよう」ではなく、「「今人は古人にしかず」と一般化して言うのは誤りである」と訳すべきだろう）、それは些細な問題に過ぎない。誤解に基づく批評もあったかと思うがそれについては著者及び読者の海容を乞うとともに、著者の研究の更なる発展を祈念して、拙い書評の筆を擱きたい。

（慶應義塾大学出版会、二〇〇七年）

原載　『史学雑誌』一二〇編一一号、二〇一一年

【書評】

谷井陽子『八旗制度の研究』・杉山清彦『大清帝国の形成と八旗制』

二〇一五年二月、ほぼ同時に出版された谷井陽子氏と杉山清彦氏の右記著書はいずれも、入関以前の八旗制度に焦点を当て、実証的検討に基づきつつ、同時期満洲政権の性格について明確かつスケールの大きな主張を行った大著である。満洲史の門外漢である評者にとって、両著の内容は軽々に論評できるようなレベルをはるかに超えた重厚さを持ち、そうした事情もあって書評の執筆が大変遅れてしまったことをお詫びしたい。

両書の出版後、谷井著書に関しては鈴木真氏（『満族史研究』一四号、二〇一五）、岡洋樹氏（『東洋史研究』七四巻四号、二〇一六）、杉山著書に関しては柳沢明氏（『満族史研究』一四号、二〇一五）、鈴木真氏（『内陸アジア史研究』三二号、二〇一七）の充実した書評が発表されている。また、杉山氏の所論がもともと谷井氏の主な論争対象の一つであったこともあって、谷井・杉山両著書のなかでは、既に両氏の既発表論文に基づいて議論の対立点が明示され、批判や応答がなされている。また二〇一六年には、杉山著書に対する論評を主要内容とする谷井氏の研究ノート「清朝と「中央ユーラシア的」国家——杉山清彦著『大清帝国の形成と八旗制』に寄せて——」（『新しい歴史学のために』二八九号）も発表された。

著者自身及び専門の近い研究者によって行われたこれらの作業を通じ主な論点は出尽くして、専門外の評者が両著書の内容を整理・論評する余地は殆ど残っていないようにも思われる。しかし、両氏の研究のもつ世界史的な広い射程を考えるとき、日本史・西洋史を含む広範な研究者を対象とする本誌において改めて両著書を紹介することにも何がしかの意義はあると考え、敢えて拙い書評を試みる次第である。なお、入関前の満洲人の国家の名称については、時期により、また漢語的表記か満洲語的表記かにより様々であり、名称の選択そのものが学説的立場を反映する場合もある（例えば杉山氏は、「清朝」という語は中華王朝のイメージを伴うとして、使用を避けている〈杉山著書五頁〉）。本書評では、両著書の用語法にそれぞれ密着した表現を用いると煩雑になることから、なるべくいずれとも抵触しない表現として、便宜的に「清初国家」という語を使用することをお許しいただきたい。

以下まず、両著書の構成と主要な論点を紹介する。

谷井著書は、序章「連旗制論批判」で従来の八旗制研究——八旗制が満洲人の国家建設の中核となったという意味では、それは即ち清初国家研究でもあるが——を批判的に検討した後、『満文老檔』を中心史料として実証的な考察を行う。即ち、第1章「経済的背景」、第2章「財政構造」、第3章「ニルの構成と運営」、第4章「軍事的背景と戦略」、第5章「軍隊の編制と指揮・管理」、第6章「政治構造とエートス」という順序で、入関前のマンチュリアにおける経済的・軍事的環境との関係で清初国家体制の諸側面が検討される。第7章「新しい秩序の創出」では先立つ諸章を総括して、清初国家の創出した新しい政治秩序の特質を論ずる。1～7章では論じられなかった個別のトピックや入関後の八旗制の変化については、附論1「入関後における八旗制度の変化」、附論2「清朝入関以前のハン権力と官位（hergen）制」、附論3「清朝入関以前における漢人官僚の対政治的影響」で扱われている。本書の主な論点は以下の如くである。

八旗制については、戦前の孟森の研究以来、「政治的・経済的・軍事的に自立性の高い組織であって、旗主たる王がその旗の旗人たちを支配し、旗を勢力基盤として連合体的な政権を形成するという「連旗制」論的な理解」（二頁）が継承されてきた。しかしこのような理解は、①「連旗制」論の主要論拠の一つであるヌルハチの旗主共治体制に関する言明は彼の死後の体制についての指示であり、その後の事実を見れば諸王がハン（ホンタイジ）の権力に掣肘を加えた例は殆ど見られないこと、②旗王は属下の旗人を恣意的に支配できたわけではなく、中央の政策のもとで管理責任を負わされていたに過ぎなかったこと、などの点で、成り立たない。一方、①個人の功績によって与えられる官位の制度がハンによって一元的に運営されていたこと、②八旗所属の人員が直接ハンに忠誠を誓っていること、など、中央集権的要素は顕著である。従来の研究は、①中国的皇帝独裁体制との対比、②「ハンも旗王の一人」であることを論拠としたハンと諸旗王との同列性の推定、③唯物史観の観点からの封建制論、④旧来の部族集団的規制の残存という推定、⑤モンゴル史からの類推、などにより、自明の如く連旗制論を受け入れてきたが、この説は事実に即した再検討を要する（序章）。

満洲人の生活基盤は自給的農業であり、ヌルハチ政権は、捕虜や投帰した住民を農業生産や軍事に動員するため、強制移住政策を取った。しかし、その過程で生じた食糧不足問題は遼東征服（一六二一年）後に深刻化し、ホンタイジ即位後も経済的窮乏状態は続いた（第1章）。この食糧危機のなかで、領域内の人口を支えつつ、可能な限りの人的・物的資源を動員して外征を成功に導くことが清初国家の課題であった。八旗制のもとでは、王・官人や一般旗人の家はそれぞれ経済的に独立しており、その間には階層的な収取関係はなく、余剰物資や労働力の徴収・分配を行う財政運営の主体は原則として中央政府のみであった。諸王は旗下の貧者を「養う」などの負担を義務づけられ、その負担に対応する利得の均等化のため「八家均分」（「八家」の「家」とは、八旗とは別概念で、同旗の諸王の家計を単独或いは複数組み合わせて編成した単位とされる）の規範が定められた（第2章）。

第3章では、八旗制の基礎単位であるニルの運営につき、行政・司法などの非軍事的側面から検討を行い、諸王のニルに対する管理が限定されたものであったことを指摘する。ニルには「外ニル」と「家のニル」とがあり、後者は王の家の経営下で活動する人々（奴隷〈アハ〉と称される人々を含む）を「八家」それぞれでまとめてニルに編成したものである。それに対し圧倒的多数を占める「外ニル」は、王家に所属しない一般官民から成り、グサイエジェンなどを通して国家が管理運営するものであった。「家のニル」の構成員は主人である旗王・宗室の家に奉仕する使用人であったが、彼らに対し主人は生殺与奪の権をもつわけではなく、その帰属は国家の管理下にあった。外ニルにおいても、ニルを管理するニルイエジェンは世襲の職ではあったが利益は少なく、その権力は国家により厳しく制限されていた。

続く二つの章は軍事面からの分析であり、まずヌルハチの自立から入関に至る軍事行動を時期順に述べ、遼東征服後の対明戦争において清初国家が人員・物資調達の面で困難に直面していたことを指摘する（第4章）。軍事行動に際しては、各ニルから兵種を指定して一定数の兵士が動員され、作戦に応じて編成された。即ち、八旗の組織がそのまま軍団の編制となったわけではなく、兵力の効率的利用を目標にその都度流動的に編成されたのであり、特定の王が大規模な軍団を長期にわたり掌握することは不可能であった（第5章）。

第6章は、清初国家の政治構造について論ずる。ヌルハチ統一以前の女真においては、近親の小領主が連合するという形の勢力形成が一般的であったが、内紛・分裂を恐れたヌルハチは、そうした伝統に反し、兄弟の別城居住を禁ずるなど集権的な方策を取り、ハン・諸王の集住という方針はその後も継承された。清初国家において、民を分与された王・宗室は比較的多かったが、国政に参与できる者は一〇人程度であり、その資格は血統ではなく資質・能力に応じて、ハン及び現執政諸王から与えられるものであった。諸王の合議が重視されたのは、意思統一の必要性からであって、政治構造の分権性を意味するものではなかった。王・宗室と配下の旗人との私的な忠誠・庇護関係は分裂・滅亡につながるものとして警戒され、ハンに忠誠を尽くし一致団結することが強調された。

以上の諸章を踏まえ、第7章では、清初国家を部族制の伝統をひく「北方民族」的性格のものとみる研究動向を批判し、むしろ一六世紀末から一七世紀初の女真社会では統一国家の規範となるべき政治的・社会的伝統が希薄であったからこそ、清初国家は白紙状態から新秩序を創出し得た、とする。効率を追求する方針のもと、出自や系統よりも個人の資質を重視し、功・罪を明らかにし、法度を厳格にすることで、ヌルハチは伝統から自由な形で国家建設を行った、という。附論1はその後の動向を展望し、このような特質が入関後も維持されることによって清朝は求心性を維持しつつ大帝国を統治することができた、と論ずる。

清朝の「北方民族」的性格を否定する谷井著書に対比して、杉山著書は、大清帝国の「中央ユーラシア国家」としての性格を強調する点に特色がある。杉山著書は全体の序論に続き、形成期の八旗の構成の実証的検討を中心とする第一部「清初八旗の形成と構造」と、大清帝国の形成を「近世」（一六世紀から一九世紀前半）のユーラシア史のなかに位置付ける第二部「「近世」世界のなかの大清帝国」とに大きく分かれる。第一部には、八旗の構成について人的関係を中心に検討した五つの章、即ち、第一章「八旗制下のマンジュ氏族」、第二章「八旗旗王制の構造」、第三章「清初侍衛考」、第四章「ホンタイジ政権論覚書」及びこれら諸章を総括する第五章「中央ユーラシア国家としての大清帝国」が含まれる。第二部は、第六章「大清帝国の形成とユーラシア東方」、第七章「「華夷雑居」と「マンジュ化」の諸相」、第八章「大清帝国形成の歴史的位置」の三章で構成され、最後に補論「近世ユーラシアのなかの大清帝国」が付せられている。

序論では、一国史的枠組みを超えて清初国家の形成を共時的な動向のなかに位置付けつつ、その独自の特徴である八旗に着目するという方向のもと、「八旗の制度的規定やその沿革からではなく、各旗の旗王・旗人の人的構成とそこで展開される諸関係に着目して、個別具体的な事例研究から八旗制の内実を照らし出し、そこから清初史・清初国家像を築きなおす」（一七頁）という方法が示される。

以下、第一部の諸章では、『八旗満洲氏族通譜』その他の宗譜類、『八旗通志』、『満文原檔』などを始めとする多様な史料を駆使した詳細な考証が行われる。第一章では、在来のマンジュ有力氏族の嫡系が八旗制下にどのように組み込まれたかを、①八旗官の最高位であるグサ＝エジェン、②高位の世職、③六部トップの管部ベイレ・承政、に任用された者の氏族的出自を調査することによって検討し、いずれにおいても有力氏族の特定家系が圧倒的多数を占めていたことが論じられる。これら在来勢力は、「ニル・世職の授与・世襲を存立基盤としつつ、旗制・国政ポストを配分されて、各旗にあってはその首脳、グルン全体においては高位高官として政権中枢を構成」していた、としてマンジュ＝大清グルン政権の本質を、帝室を中核として有力氏族が重要な地位・職掌を分有した「連合政権」と性格づける。第二章では、海西フルン四国の旧王家ナラ氏を例として、その嫡系の各旗への編入過程と分属状況から旗王と旗人の関係を考察する。例えばヌルハチ直属の両黄旗については、ヌルハチの正妃ウラ＝ナラ氏（後に同旗を継承するアジゲら三兄弟の生母）の一族をはじめ、ヌルハチの姻族が多く編入された。他旗でも同様に、旧王家の諸系統はそれぞれ姻戚関係にある旗王に分与されて高位の世職を授与されており、ヌルハチ一門の受封する旗王のもと、これら在来勢力は各旗の構成単位としてその存在を保証され、政権に参画していた、とされる。

第三章は、如上の「連合政権」をまとめ上げる「求心構造」の核心としてのヒヤ即ち親衛・側近集団を扱い、その形成過程及び職務と特徴を考察する。ヌルハチ時代に形成されたヒヤ集団の任務は、①ハンへの近侍、②平時の宮殿警備、③ハンの側近として委ねられる様々な職務、であり、側近を構成する上層部と日常業務を掌る一般部門という二重構造が存在した。出自としては、帰順した勢力の首長層の若年の子弟が多いことが特徴的であり、ヒヤ制は、君主との間に密接な人格的・私属的繋がりを持ち政権中枢に参与し得る人材の養成という役割も持っていた。ヒヤ制は、モンゴル帝国のケシク制に酷似しており、直接の継承関係は不詳であるものの、中央ユーラシア諸国家の組織伝統に連なることは明らかである、とする。第四章は、ホンタイジ政権の諸側面を扱ったもので、ホンタイジの生母・本名、尊号・国号の由来、即位後の旗人の人事などにつき考証し、特に一六三五年の乙亥の変(正藍旗の獄)を取り上げる。正藍旗旗王の謀反疑惑を契機とするこの事件は、「ホンタイジによる、正藍旗が旗王を失ったのに乗じた粛清と乗っ取り」であり、その目的は、他の何れの旗王家に対しても優位を占め得る三旗の掌握にあった。この獄は一見するとハン権力強化の表れのように見えるが、他旗への介入に、謀反という名目と暴力的手段とを必要としたという点で、むしろ逆にハン権力の限定性と分封の不可侵性を見ることができる、とする。

第五章は第一部の総括として、八旗制の構造・特質・淵源とその歴史的特質を論じ、著者の八旗制理解が概念図等を用いて示される。八旗制には、①垂直構造として、グサ・ニルといった制度上の階層組織体系と、明文の規定をもたない旗王の属下支配(旗王制)との二重構造、②水平構造として、左右翼制、八分均分、家のニルと外ニル、満・蒙・漢の区分、③求心装置として、親衛隊制や世職制、があった。このような諸側面をもつ「八旗制は、中央ユーラシアに伝統的な階層組織体系をとりつつ、ハン＝皇帝の強力な求心力のもと、垂直方向の厳格な統御と水平方向の緊密な聯合によって全体を構成した、軍事組織兼国家組織」であった。さらに、モンゴル帝国との類似点として、①階層的組織体系、②左右翼制とその並列的体制、③一族分封制、④親衛隊と側近組織、を挙げ、清初国家を「非遊牧的な集住・非分士を特徴としつつも、基本的に中央ユーラシア国家の一パターン」として性格づける。

第二部では、第一部の成果を世界史的視野の下に位置付けることが試みられる。第六章では、一国史的枠組みを超えて近世のユーラシア東方における歴史の動向を捉えようとする隣接分野の近年の諸研究が、華夷観念の変容、広域的社会・経済変動といった諸側面から整理され、「中央ユーラシア的性格＝言わば通時的側面」と近年の研究が強調する「一六―一七世紀における秩序の流動化と辺境の商業ブーム＝言わば共時的側面」との関係が課題として設定される。第七章は、当該時期の遼東〜南マンチュリアの「華夷雑居」状況とそれに対する清初国家の対応即ち組織化・戦力化の手法を分析する。清初国家に帰順した人々として、「漢化」したマンジュ人、清初漢軍旗人のほか、朝鮮人、モンゴル人の諸例が具体的に検討され、彼らのエスニック・アイデンティティの多義性・流動性が指摘される。彼らは、①ニル編成や世職授与を通じて八旗に編入され、さらに②子弟のヒヤ登用、③マンジュ名の使用、④宗室・マンジュ旗人との通婚、⑤マンジュ語の学習などを通じて準マンジュとして政権に組み込まれた。この「マンジュ化」を条件として、政権側の拡大戦略と来投者側の個別生存戦略との合致のもと、彼らの支配層への参入が実現した。一方で、大清帝国は、支配のための戦略として、官制・法制や文化装置の移入などの「中国化」や、また囲猟やチベット仏教信仰など「もう一つのモンゴル化」を進めたが、そのバックボーンはあくまで中央ユーラシア的組織法＝八旗八分体制と「マンジュ化」に存在した、とする。

第二部の総括と本書全体のまとめとを兼ねる第八章は、日本も含め同時期の東アジアに成立した新体制の共通点を、①強固に集中された軍事力、②華夷意識の再編成、とまとめ、大清帝国においては、①規律ある軍事組織兼国家組織であった八旗制、②大元ハーンの継承・再現という正統性の論理という、いずれも中央ユーラシア的特質が中華の征服を可能にした、とする。続いて、入関後の大清帝国の支配構造につき研究史上の様々な図式を論評しつつ、概念図を用いて自らのモデルを提示する。そのモデルの主な特徴として、中国中心の同心円モデルと異なり、帝国を形成する諸構成部分（マンジュ、モンゴル、漢など）を並列のブロックとして示し、帝国の拡大とともにそのブロックが増加するという形で描いたこと、及び各ブロックのなかに支配層と被支配層の区分を入れることで、在地レベルの統治を在来の支配層にゆだねるという大清帝国の姿勢を表したこと、などが挙げられよう。著者によれば、こうした大清帝国の統治構造は、「マンジュ人による支配」という大原則のもと、現実的な判断に基づき、一定の制約を条件として「多様なものを多様なままに共存させるしくみ」であったとされる。補論では、同時期のアジアの諸帝国（オスマン、サファヴィー、ムガル）の統治体制の特徴を概観し、大清帝国も含めて、帝国の形成・維持を担う「固い」核と、多様なものを受入れ帝国の拡大・安定を支える「柔らかい」ひろがりという二面性を共有することを指摘し、その共通性の淵源をモンゴル帝国というルーツに求めている。

以上、二冊の著書の内容を要約してきたが、両著書の豊富な論点のなかには、紙幅の関係で紹介できなかったものも多々存在する。両著書は、扱う時代や対象は重なっているが、基本的主張の違いは、上記の拙い要約でも明らかであろう。いずれも着実な実証研究に基づいており、用いる史料もそれほど性格が異なるというわけではないのに、このような相違が出てくることは、大変興味深い。二冊を合わせての書評を依頼されたということは、この争点についてのコメントをせよという趣旨だと思うので、能力不足は重々承知しながら、若干の感想を述べてみたい。その争点とは主に、集権―分権をめぐる問題、及び、これと深く関わる「中央ユーラシア的」性格をめぐる問題である。

まず、「集権―分権」問題について見よう。これが、集権か分権かという単純な二者択一問題でないことは、谷井・杉山両氏を含め清初国家の性格を論ずる多くの研究者が認めるところであろう。杉山著書でも、八旗制を直截に「分権的」とする主張は見られず、以下のような書き方がなされている。「皇帝の最終的決定という専制性と、それを侵すものではない重臣一同による合議制の伝統とは、相補うものであって対立するものと捉えるべきではないし、また合議制と側近政治は、むしろ強大な皇帝権力の異なる補助手段であったといいえよう。しかし、にもかかわらずそれが分節的・重層的に組み立てられたところにこそ、八旗制・マンジュ国家的特徴があるのである。……重要なことは、皇帝の強力な求心性と機動的・効率的な組織運営とを両立させるに際し、遠心的にみえる分封制・分節構造が選択されたということである」(四一八頁)。この議論は、谷井氏の主張とそれほどかけ離れてはいないように見える。ただ谷井氏は、こうした「分節制」論に対しても批判的で、「ハンの命令が実に細かい所まで末端の統治に直接及んでいる」八旗制を「分節的」ということはとてもできない、と述べる(前掲谷井「清朝と「中央ユーラシア的」国家」八一頁)。

実のところ、自明の如く「中央集権的」と見なされがちな同時期中国の官僚制的統治体制に関しても、「集権—分権」問題についてはそれほど単純な答があるわけではない。皇帝権力を制約するような世襲的な貴族の特権や社会団体の自治的権利が存在しない、という意味で集権的であることは、皇帝権力が末端まで直接及ぶということとは全く別のことだからである。明末清初に中国で盛んになった「封建」論議においては、黄宗羲『明夷待訪録』のように皇帝専制に対する批判という方向で封建的要素の導入が主張される場合もあったが、一方で、過度な中央集権化によって国家が基層社会を把握できなくなっているという認識のもと、規律ある社会組織の構築をめざすという文脈で封建論的な主張がなされることもあった。即ち、顧炎武が『日知録』巻十一「郷亭之職」で、北魏の孝文帝の語を引きつつ「(隣里郷党の制を定めれば)大を以て小を取り締まり、近きより遠きに及ぶこと、あたかも身が手を使い幹が枝を統べるが如くになって」天下の政治も筋が通って乱れなくなるだろう、と論ずるように、皇帝政治の触手をより効率的に地方社会の末端まで届かせる手段として社会の集団的編成が提言されることは珍しくなかったのである。

一般的にいって、「集権—分権」が論じられる際には、いくつかの位相があるといえよう。第一は、国家の基本的な法的構造として、統治権の所在が論じられる場合である。国家の作る制度の形は様々であれ、正当な統治権の行使としてそうした制度を制定し得るのは誰か、その人物にそうした正当性を付与し得るのは何か、といった基本的なレベルでの法的な構造がそこでは問題になる。成文或いは不文の「憲法」・「国制」(constitution)という形で明確化されていなくても、例えばある国家について「部族の共治」といった性格付けがなされる場合には、そのようなレベルでの「分権」性が含意されているといえる。第二に、行政制度の編成法の問題として、持続性をもつ集団が単位とされているかどうかで「集権—分権」が論じられる場合も多い。例えば、その集団の長が世襲であるか、独自の財政を持っているか、といった点がその指標となるだろう。しかし、そうした世襲性や財政の自立性が、不可侵の権利として中央に対して主張され得るものなのか、或いは行政の効率性という観点から中央が管理責任を分与したものなのか、という点は、制度の外形のみからはわかりにくい。第三に、法的・制度的というよりは現実の状況として、誰がどの程度人々を服従させ得ているかというレベルの問題がある。例えば、現実の力関係によって、下位者の専横に対し上位者が黙認せざるを得なかったり、上位者の専横に対して下位者が抵抗できなかったりする場合に、それを分権或いは集権と称することも誤りではないだろう。なお、ここでいう「専横」といった語には、それに対比される正当性が想定されているわけだが、その正当性主張そのものの通用力が、現実の力関係に依存する場合も多いだろう。

清初国家の場合、第一のレベルの法的構造が史料のなかに明示されているわけではない。また、日本語として、「集権―分権」という際の「権」という語が、権利・権限といった法的意味と同時に実権・権勢といった事実的意味を持ち得ることも、議論を難しくしているのかもしれない。分権論に対する谷井氏の批判は、旗王が旗人に対し「正当に行使し得る権力」「公的に認められた権力」（三九頁、三四三頁）を持っていなかったという点にある。氏は、分権論の強調する旗王と旗人との主従関係とはその実、「「旗王」が旗人に対して不当な搾取・使役を行っていたといった、いわば今日のパワーハラスメントに属するような性格のものである」として、「ここでは、旗王の旗人に対する単なる立場上の力関係に基づく不当な権力行使は考慮の対象外とする。国政における権力のあり方を論じる上で、このような矮小な次元の権力を問題にすることは意味がないと考えるからである」（三四三頁）という興味深い主張を行っている。ここでの谷井氏の論点は、「公的に認められた正当な権力」と「単なる力関係に基づく不当な権力行使」との峻別にあるといえようが、その正当・不当を判定する権力の正当性はいかにして公的に保証されているのか、という一段高次の問題（上記第一の問題）がすっきりと解決しにくいところに、問題の困難さがあるように思われる。これは、清初国家のみの問題ではなく、一般的に、法を超越した専制的権力に付随するパラドックスともいえる。本評では、谷井・杉山両氏の主張のどちらに妥当性があるかということよりも、「集権―分権」論のもついくつかの位相を明示的に区別することによって議論のもつれがいささかでも解きほぐされるのではないか、ということを示唆するに止めたい。

次に、清初国家をめぐる経済的・社会的環境について見よう。谷井著書は、第1章で「経済的背景」について詳論しており、また杉山著書も、当該時期の「秩序の流動化と辺境の商業ブーム」に着目している。興味深いのは、広域的社会・経済変動から見た清初国家形成論が主に商業ブームを強調してきたのに対し、谷井氏がむしろ、清初国家の直面した問題として、食糧難に基づく窮乏状態に着目している点である。一六世紀から一七世紀初頭の商業ブームが一七世紀半ば——その転機の具体的時期については諸説あるが——には沈静して、いわば拡張から収縮への転換が見られたことは従来から指摘されてきたが、その収縮局面と清初国家の成長とを実証的に関連付けて論ずる試みは殆どなかったと思われるのである。

谷井氏は「当時のマンジュ国—清朝の経済は……東アジア全体の、見方によってはさらに広い世界の動きの中にあった。しかし、この時期には、地域的特質と政治状況に局限された、領域内のみの特殊な問題が顕著であり、これが八旗の財政基盤形成に、より直接的な影響を与えたと考えられる」（五〇頁）と述べている。しかし、第1章で詳論される一六二〇年代以降の遼東における飢饉・食糧難といった状況は、必ずしも「領域内のみの特殊な問題」とはいえず、これをより広い視野のもとで捉えることも可能なのではないだろうか。少なくとも、李自成などの農民反乱の背景となった華北の自然災害との直接的関係は見て取れるであろうし、さらには、グローバルな「一七世紀の全般的危機」を強調する欧米の研究者においては、満洲政権の興起と明朝の衰亡とを世界的な気候変動と関連付けて概説する例も見られる（Geoffrey Parker, *Global Crisis: War, Climate Change and Catastrophe in the Seventeenth*

Century, Yale University Press, 2013 など)。二次文献に依拠するこうした「大きな」議論に便乗することには慎重であるべきだが、清初国家における「経済危機と国家形成」の関係の問題は、単に「特殊」事例として扱うには惜しいようにも思われる。

「政権に参加する八家の諸王が、自らの利得を制限された上、多大な経済的負担を余儀なくされ、なおかつそれに甘んじていたのも……国全体の慢性的な窮乏という危機意識を共有していたからに違いない」(二二六頁)といった記述の示すように、谷井氏は清初国家の「集権」的性格の形成を危機管理の文脈のもとで捉えているように見える。ここで想起されるのは、日本の寛永期(一六二四―一六四四)における対外的危機や大飢饉が、幕府の全国的な統制強化の画期となったという議論である。日本近世史においてそうした指摘は少なくないと思うが、より広い視点では、William Atwell が「一七世紀の危機」に対する異なる対応として、明朝の崩壊と日本における幕府の統制強化とを対比的に論じている(“Some Observations of the Seventeenth Century Crisis in China and Japan,” *Journal of Asian Studies*, 45-2, 1986)。清初国家の形成を、このような比較史的文脈で論じてみるならば、どのような像が描けるであろうか、興味深いところである。

清初国家の形成を状況への対応として捉えるこうした方法と関連して、最後に「本質論と選択論」とでもいうべき問題について考えてみたい。谷井・杉山両氏の著書は、それぞれ「集権制」、「中央ユーラシア的」という形で清初国家の性格を明確に特徴づけながら、同時に、状況に応じて柔軟に体制を構築してゆく満洲政権のいわばプラグマティックな対処能力を高く評価しているように見える。谷井著書では、マンジュ国—清朝の体制は「既存の政治的伝統の上に成立したのではなく、むしろ伝統から自由であったところに成立し、それによって成功を見た」として、その体制は「実質的効果と効率に目的を絞って」構築されたものだと論じている（三八六—三八七頁）。杉山著書は、「大清帝国は本質的に中央ユーラシア国家」（三八七頁、傍点評者）とするが、その「中央ユーラシア」的性格とは、狭い意味では「ピラミッド型の組織体系をとりつつ各単位が高度に自立しているという分節的・重層的な構造」（二九〇頁）として捉えられ、またより広い意味では「軍事力と政治的意思決定は遊牧集団を核とした支配層が独占するものの、それ以外は納税と服従のみを求めて、治安上の問題がない限り在来の社会・慣習・信仰には干渉しないという、ローコストの経営」（三〇〇頁）、「中央ユーラシア的合理性・組織力・包容力」（三九〇頁）といった語で表現されている。清初国家の中核としての八旗制については、門地や姻縁といった旧来の社会構造を重んじつつ、「ジュシェン的伝統をある部分で断ち切って」（二七八頁）ヌルハチによって創出され、それが「祖法」として確立されていった（一五六頁）ものと見なされる。

評者は、多様な側面に目を配った杉山氏の周到な議論に異を唱えるわけではないが、杉山著書の所々に見える「本質」という語に対しては、より丁寧な説明が必要だと感じる。杉山著書の第七章で論じられているように、他地域の制度・文化の主体的・自覚的・選択的な移入の柔軟性にマンジュ＝大清グルンの特色があるとするなら、八旗制における「中央ユーラシア的」組織形態の導入にも同様に選択的な要素を見出すことが可能であろう。とするなら、プラグマティックな「選択」と「本質」との相違はどこにあるのか。中央ユーラシア的性格も功利的な見地から自覚的に選び取られたものであるとするなら、その根底に、谷井氏のいうような「伝統から自由な」フリーハンド性を清初国家建設の基本的特質として見て取ることも、不可能ではないだろう。これは、清という国家を、中央ユーラシア的伝統に引き付けて捉えるのか、或いは様々な文化伝統に対しても功利主義的な選択の論理が働く辺境市場の落し子として捉えるのか、という大きなイメージの相違にも関わってくるであろう。

以上、不十分ながら二つの力作の紹介と論評を行ってきた。理解の及ばない点や論評の浅薄な点について著者・読者のご海容を請うとともに、知識・方法において多くのことを学ばせていただいたことに感謝しつつ擱筆したい。

（谷井著書　京都大学学術出版会　二〇一五年）
（杉山著書　名古屋大学出版会　二〇一五年）

原載　『史学雑誌』一二八編三号、二〇一九年

岸本 美緒（きしもと みお）
1952年、東京都生まれ
お茶の水女子大学名誉教授
著書 『清代中国の物価と経済変動』（研文出版、1997年）、『明清交替と江南社会――17世紀中国の秩序問題』（東京大学出版会、1999年）、『世界の歴史 12 明清と李朝の時代』（宮嶋博史氏と共著、中央公論社、1998年）、『東アジアの「近世」』（山川出版社、1998年）、『中国史』（尾形勇氏と共編、山川出版社、1998年）、『中国歴史研究入門』（礪波護氏・杉山正明氏と共編、名古屋大学出版会、2006年）、『風俗と時代観――明清史論集１』（研文出版、2012年）、『地域社会論再考――明清史論集２』（研文出版、2012年）、『中国の歴史』（ちくま学芸文庫、2015年）、『礼教・契約・生存――明清史論集３』（研文出版、2020年）、『明末清初中国と東アジア近世』（岩波書店、2021年）など

研文選書132

史学史管見――明清史論集４

2021年11月５日初版第１刷印刷
2021年11月15日初版第１刷発行
定価［本体2800円＋税］

著　　者　岸本美緒
発 行 者　山本　實
発 行 所　研文出版（山本書店出版部）
東京都千代田区神田神保町2-7
〒101-0051　TEL 03-3261-9337
FAX 03-3261-6276
印　　刷　富士リプロ
カバー印刷　ライトラボ
製　　本　大口製本

ISBN978-4-87636-464-0

岸本美緒著

清代中国の物価と経済変動

A5判上製　9500円

風俗と時代観　明清史論集1

I　歴史変動と時代区分
II　身分と風俗
III　歴史のなかの風

研文選書112　2800円

地域社会論再考　明清史論集2

I　市場と貨幣
II　国家と社会秩序
III　驚く歴史家、驚く読者

研文選書113　2800円

礼教・契約・生存　明清史論集3

I　契約文書研究の動向
II　契約・紛争・裁判
III　史料に触れる・本を読む

研文選書131　3500円

史学史管見　明清史論集4

I　中国社会論の系譜
II　現代歴史学との対話
III　明清史研究の現在

研文選書132　2800円